HANGIL
GREAT BOOKS
171

국가론

마르쿠스 툴리우스 키케로 지음 | 김창성 옮김

한길사

HANGIL
GREAT BOOKS
171

Marcus Tullius Cicero
De Re Publica

Translated by Kim Changsung

Published by Hangilsa Publishing Co. Ltd., Korea, 2021

팔라티움(위)과 로물루스의 궁전터(아래 왼쪽), 로물루스의 오두막(아래 오른쪽)
팔라티움 언덕에는 구석기 시대부터 사람들이 살았던 것으로 확인되며,
기원전 8세기를 전후로 철기 시대가 되면서 도기 제작기술이 획기적으로 발전했다.
이곳이 발굴되면서 초기 로마의 역사가 신빙성이 있는 것으로 확인되고 있다.
팔라티움 언덕은 로마의 부유층이 거주하던 곳으로 집값이 폭등했다는 기록이 있다.
아우구스투스가 이곳에서 자랐고, 후에 원로원이 이곳을 사저로 헌정하면서 궁전터가 되었다.
이 언덕의 명칭에서 영어의 궁전을 뜻하는 '팰리스'(palace)가 유래했다.

카일리우스 언덕(위)과 비미날리스 언덕(아래)

카일리우스 언덕은 로마의 일곱 언덕 가운데 하나인 카일리우스(로물루스를 도와서
사비니인과 싸운 장군) 언덕 자리로, 지금은 성 요한과 바울 예배당이 있다.
로물루스는 이 언덕에 해자(垓字)와 방벽을 쌓았으며 후대의 왕들이 이곳에
성벽을 둘렀다고 한다. 비미날리스 언덕 자리의 이름 유래는 예전에 버드나무(비멘Vimen)가
많이 자라났던 데서 기원한다. 제6대 세르비우스 왕이 비미날리스를 로마의 영역으로 만들었다.
이곳에 유피테르 신전이 있었던 연유로 유피테르 신의 별명 가운데 하나가 비미날리스였다.

아벤티눔 언덕(위)과 팔라티움 언덕(아래)

아벤티눔이라는 이름은 'ab avibus'(새들에 의해서)에서 나왔는데,
이는 '새들이 좋아하는 곳'이라는 뜻이다. 한편, 알바의 왕인 아벤티누스가
이곳에 묻힌 데서 유래했다고도 한다. 앙쿠스 마르키우스 왕이 이곳에 사람들이 집을 짓고
살도록 함으로써 개발되기 시작했는데, 이 지역은 로마 시 경계로 인정되지 않다가
티베리우스 황제 때 인정된다. 그 까닭은 이곳이 로물루스의 동생 레무스가 죽어
부당한 피를 흘린 곳이라 흉조의 지역으로 간주되었기 때문이다.

퀴리누스 언덕의 현재 모습

퀴리누스 언덕의 이름은 원래 '아고니우스'(Agonius)였는데,
후에는 '콜리누스'(Collinus)라고 불렸다. 오늘날에는 퀴리날레라 불리게 되었는데, 이는
타티우스 왕 아래서 지배받고 있던 사비니인이 이곳에 오면서 이들의 이름이
'퀴리테스'였던 데서 연유한다. 후에 퀴리테스는 로마인과 통합 과정을 밟는다.
이곳은 한때 '카발리누스'라고 불리기도 했는데, 이는
조각가 페이디아스와 프락시텔레스의 말 조각이 있었던 데서 비롯된 것이다.

티베리스 강 건너 야니쿨룸 언덕에서 바라본 로마 시내 전경
야니쿨룸 언덕은 앙쿠스 마르키우스 왕에 의해서 로마에 합쳐졌다.
이곳에는 공기가 좋지 않아서 사람이 많이 거주하지 않았고,
요새로 이용되었다. 제2대 왕 누마가 매장된 곳으로 알려져 있으며,
내란기에는 원로원 의원들이 옥타비아누스의 노여움을 피해
이곳으로 모였다. 현재 야니쿨룸 언덕에는 이탈리아 통일의
영웅 가리발디를 기리는 공원이 있다.

군신의 광장터 마르티우스

로마의 군신 마르스에게 바쳐진 곳이라고 하여 '마르티우스'라 한다.
이곳은 원래 로마 영역인 포메리움 밖에 있는 곳으로, 젊은이들이 각종 무예를
훈련하고, 백인대회가 소집된 장소이기도 했다. 로마의
마지막 왕인 타르퀴누스 수페르부스가 이곳을 사유화했는데, 이 일을 빌미로
그는 왕좌에서 쫓겨나게 되었다. 로마인은 주로 이곳에서 화장(火葬)을 했다고 한다.

로마 정치의 일번지 로마 광장

로마 광장으로 현재는 '포로 로마노'라고 일컬어지고 있다.
위 사진은 로마의 언덕 가운데 가장 중요한 카피톨리움에서 바라본 모습이다.
'포룸'은 광장이라는 뜻으로 일반적으로 도시의 중심에 위치한다.
수도인 로마 광장은 로마의 공공건물과 신전이
밀집되어 있는 곳으로, 이른바 로마 정치의 일번지다.

'길들의 여왕'(regina viarum) 아피우스 도로
이 도로는 기원전 312년 호구조사관인 아피우스가 주도해
아우구스투스 시기에 완성되었다. 로마에서 카푸아를 거쳐
브룬디시움에 이르는 길이가 총 연장 560킬로미터에 달한다. 이 도로는
견고해 수백 년간 사용되었다. 기본적으로 군사적인 목적으로 만들어졌고,
길 양편에는 소나무를 심어두어 병사들에게 휴식을 제공했다.

포룸 보아리움에 있는 헤라클레스 신전
베스타(Vesta) 여신의 신전이라고 잘못 알려진 건물이다.
신전의 정확한 용도는 알 수 없는데 그리스식으로 지어졌다.
원래 이곳은 '포룸 보아리움'이라고 불렸으며
'우시장'(牛市場)이라는 뜻이다. 초기 로마에서 교역과 거래가
이곳에서 이루어졌으며 건립시기는 기원전 3세기로 추정된다.

에트루리아와 라티움 지방을 가로지르는 티베리스 강

티베리스 강은 아펜니노 산지에서 발원해 티레네 해로 흘러들어간다.
원래는 강의 색이 하얗다는 데서 '알불라'(Albula)라고 불렸는데,
알바 왕국의 왕인 티베리누스가 이곳에서 익사한 뒤로
'티베리스'라는 이름을 갖게 되었다.
한편 개혁가 그라쿠스 형제의 시신도 이곳에 버려졌다.

반역자를 처형시켰던 타르페이우스 절벽터
이곳은 타르페이우스 절벽이 있던 자리로,
국가를 반역한 자들을 추락사시켰던 곳으로 전해진다.
타르페이우스 산은 카피톨리움 언덕과 같은 이름으로 간주되며,
이곳의 이름은 타르페이우스의 딸이 로마의 적인 사비니인에게
성문을 열어주었다가 처형당한 데서 유래한다.

키케로의 『국가론』 첫머리

키케로의 『국가론』을 수록한 팔림프세스트(사용된 파피루스에서
글씨를 지워내고 재생한 파피루스). 바티칸 도서관 소장.
라틴어 사본 *Codex Vaticanus Latinus 5757*의 처음 면(1.1.1).

HANGIL GREAT BOOKS 171

국가론

마르쿠스 툴리우스 키케로 지음 | 김창성 옮김

한길사

국가론

일러두기

1. 이 책의 번역 텍스트는 Ziegler, *De Re Publica: Librorum sex quae manserunt*, BSB B.G. Teubner Verlagsgesellschaft, 1969에 의거한다.

2. ( ) 안의 내용은 번역상 의미를 분명히 하기 위해서 옮긴이가 첨부한 것이다.

3. [ ] 안의 내용은 없어진 내용으로 다른 문헌을 참조해 복원했다.

4. 고딕체는 『국가론』이 아닌 다른 문헌의 내용으로 본문의 내용을 참조하기 위해서 제시한 것이다.

5. 번역문의 권, 장, 절의 번호는 Ziegler, 1984에 따른 것이다.

6. 주요 번역어의 원문은 각주란에 표기했다.

7. 인용처의 권, 장, 절 표기는 아라비아 숫자로 통일하고 숫자 사이는 마침표(.)를 찍어 구분했다.

1. 인명과 지명의 경우 그리스명은 그리스어식 독음으로, 라틴명은 라틴어식으로 표기한다. 예를 들어 원문에 Panaetius라고 되어 있어도, 파나이티오스로 표기한다.

2. 관례화된 표기는 그대로 따른다. 예를 들어 Athenae는 아테나이라고 하지 않고 아테네로 표기한다.

3. 라틴어의 이중자음은 하나의 음으로 표기한다. 즉 Atticus는 앗티쿠스로 하지 않고 아티쿠스로 한다. 단 그리스어의 이중자음 중에서 콧소리인 μμ와 νν은 각각 ㅁㅁ과 ㄴㄴ으로 표기한다. 즉 γάμμα는 감마로 표기한다. 라틴어도 이에 따른다. 예를 들어 Hannibal은 한니발로 한다.

4. 참고 사항: 서양고전어 한글 표기일람.*

	자모	로마자	한글		보기
			모음 앞	자음 앞 또는 어말	
자음	β	b	ㅂ	브	βῆμα 베마 βροτός 브로토스
	γ	g	ㄱ	그	γάμος 가모스 γνώμη 그노메
	γγ	ng	ㅇㄱ		ἄγγελος 앙겔로스
	γκ	nk	ㅇㅋ		ἄγκυρα 앙퀴라
	γχ	nch	ㅇㅋ		ἄγχω 앙코
	δ	d	ㄷ	드	δῶρον 도론 δράω 드라오
	ζ	z	ㅈ	즈	ζωή 조에 Ζνόθεμις 즈노테미스
	θ	th	ㅌ	트	θεός 테오스 Θράκη 트라케
	κ	c	ㅋ	ㄱ, 크	καλός 칼로스 κράτος 크라토스
	λ	l	ㄹ, ㄹㄹ	ㄹ	λᾶθος 라토스 τέλος 텔로스
	μ	m	ㅁ	ㅁ, 므	μαθητής 마테테스 μνήμη 므네메
	ν	n	ㄴ	ㄴ	νομός 노모스 Ἀπόλλων 아폴론
	ξ	x	ㅋㅅ	ㄱㅅ	ξένος 크세노스 Νάξος 낙소스
	π	p	ㅍ	ㅂ, 프	πατήρ 파테르 πνεῦμα 프네우마
	ρ	r	ㄹ	르	ὥρα 호라 Δημήτηρ 데메테르
	σ	s	ㅅ	스	σῶμα 소마 Χαός 카오스

---

* 유재원, 『그리스 신화의 세계』, 현대문학, 1998 참조.

τ	t	ㅌ	트	ταῦρος 타우로스 πάτρα 파트라
φ	ph	ㅍ	프	Φάρος 파로스 φράσις 프라시스
χ	ch	ㅋ	크	χώρα 코라 Χρῖστος 크리스토스
ψ	ps	ㅍㅅ	ㅂㅅ	ψυχή 프쉬케 Καλυψώ 칼립소
	h	ㅎ		ἑπτά 헵타

	α	a	아	θάλαττα 탈라타
	ε	e	에	ἔθνος 에트노스
	η	e	에	ἥλιος 헬리오스
	ο	o	오	λόγος 로고스
	ω	o	오	ὥρα 호라
	υ	y	위	ὑπόθεσις 휘포테시스
	ι	i	이	ἰδέα 이데아
모	ᾳ	a	아	λάθρᾳ 라트라
음	ῃ	e	에	λέγῃ 레게
	ῳ	o	오	τραγῳδία 트라고디아
	αι	ae	아이	αἶσχος 아이스코스
	ει	ei	에이	εἷς 헤이스
	οι	oe	오이	οἶκος 오이코스
	αυ	au	아우	αὔξω 아욱소
	ευ	eu	에우	εὐδαίμων 에우다이몬
	ου	ou	우	οὐρανός 우라노스
	ηυ	eu	에우	ηὐλόγει 에우로게이

그리스 표기	영문 표기	굳어진 표기	원어에 따른 표기
Αἰγαίων	Aigaion	에게	아이가이온
Αἴτνα	Aetna	에트나	아이트나
Ἀθῆναι	Athenae	아테네	아테나이
Ἀττική	Attica	아티카	아티케
Διόνυσος	Dionysos	디오니소스	디오뉘소스
Εὐριπίδης	Euripides	유리피데스	에우리피데스
Καλυψώ	Calypso	칼립소	칼립소
Κύπρος	Cyprus	키프로스	퀴프로스
Λυδία	Lydia	리디아	뤼디아
Μυκῆναι	Mycenae	미케네	뮈케나이
Νύξ	Nyx	닉스	뉙스
Σικελία	Sicily	시칠리아	시켈리아
Τροία	Troy	트로이	트로이아
Φαίδρα	Phaedra	페드라	파이드라

키케로를 통해 본 고대국가의 이상과 현실

김창성 공주대학교 교수·역사교육과

현대 국가의 기본 원칙이 로마의 국가체제에서 비롯하고 있음은
잘 알려진 사실이다. 마이어(Ernst Meyer)에 따르면,[1] 로마는 단순히
세계를 지배했을 뿐 아니라, 국가의 형태와 원리를 오늘날의 우리에
게도 남겨주었다. 이런 사실에 비추어서 키케로의 국가론을 읽고, 이
해하려는 노력은 고대 로마에 대한 이해뿐만 아니라 현대 국가의 모
색에도 큰 지침이 된다고 하겠다. 이 자리에서는 키케로의『국가론』
발견 과정과 이 책을 비롯한 일련의 저술에서 피력하고 있는 국가관
에 관해서 살펴보고, 마지막으로 저술에 관해 평가해보겠다.

발견과 정리[2]

중요한 역사적 발견이 그러하듯이 이 책의 발견도 우연의 산물이

---

1) Ernst Meyer, *Römischer Staat und Staatsgedanke*, Artemis-Verlag, 1948, pp.
9~10.
2) 이 글을 작성하는 데에는 주로 Karl Büchner, *De Re Publica-Kommentar*,
Heidelberg, 1984를 참조했다.

었다. 1819년 바티칸 도서관의 관장이었던 추기경 마이(Angelo Mai)는 성경의 「시편」 119~140편에 관한 아우구스티누스의 주석을 기록한 필사본을 도서관에서 발견했다. 이 필사본은 두루마리가 아니라 코덱스(Codex)라는 책의 형태로 간행된 것이었다. 검토 결과 이는 보비오 수도원에서 7세기에 필사되었던 것이며, 1618년에 교황 파울루스 5세에게 헌정되었던 것으로 밝혀졌다. 마이는 이를 자세히 검토해, 작게 씌인 주석 글씨 아래에 기원후 4세기에 사용되었던 필사체인 이른바 웅시알(Unciale) 서체로 다른 원문이 기록되었음을 발견했다(〈그림-1〉 참조). 그 내용을 읽어 이 원문이 키케로의 『국가론』의 내용을 많이 포함하고 있음을 확인했다. 이 사실이 알려지자 이 원문을 판독하고 정리작업을 하는 데 많은 사람들이 참여했다. 우선 최초의 판독작업에는 마이를 비롯해 『로마사』의 저자로 유명한 니부어(Niebuhr)가 참여했다. 이 작업은 신속히 진행되어 1822년에는 마이가 로마와 슈투트가르트에서 『국가론』을 초간했다. 이 고사본은 1828년에 2판, 1846년에 3판이 발간된다. 그러므로 키케로의 이 책은 책명만 알려진 채 실로 1800년이 지난 후에야 발견되었으며 이는 고전학에 해박한 한 사제의 역사적인 공로라고 할 것이다.

　이같이 이중으로 기록된 양피지 문서를 팔림프세스트(Palimpsest)라고 한다. 이 단어는 원래 그리스어 팔림프세스토스(παλίμψεστος)에서 유래했다. 양피지가 귀했으므로, 먼저 기록된 문서를 지우고 그 위에 다시 쓰는 것, 다시 말해 재활용된 양피지(Codex rescriptus)를 지칭한다. 그런데 이 책처럼 완전히 지워지지 않아서 아래 씌인 글자가 드러나는 경우가 있는데 그 내용이 이처럼 세기적인 발견이 되는 경우도 있다. 하지만 팔림프세스트 형태로 작성된 양피지 문서의 판독은 매우 어려운 작업이다. 고문서의 각 장을 판독하려면 화학적인 절차를 통과해야만 했는데, 이는 필연적으로 고문서에 피해를 끼

se descriptam	rae genus in
cuius omne	quo solis et
ornatum et	lunae motus
descriptione	inessent et
sumptam ab	earum quin
eudoxo mu	que stellarum
ltis annis post	quae errantes
non astrolo	et quasi vagae
giae scientiae	nominaren
sed poetica	tur in illa sphae
quadam fa	ra solida non
cultate ver	potuisse fini
sibus aratum	ri atque in eo ad
extulisset hoc	mirandum
autem sphae	esse invent

〈그림-1〉 위의 사진은 『국가론』 1.14.22이고 아래는 판독 내용이다.

치게 마련이다. 게다가 문서를 하나씩 분리해 보관했으므로, 고필사본이 전체적으로 이용되지 못했다. 마이 이후에 고필사본을 대조한 사람이 리외(G. N. D. Rieu)였으며, 데틀레프센(D. Detlefsen)은 그의 새로운 판독에 조력했다. 이들의 작업은 할름(K. Halm, ed., *M.T. Ciceronis De republica*, Zürich, 1861)의 간행에 도움이 되었다. 더 나아가 고필사본을 사진으로 촬영하려는 계획은 1903년경 이루어진다. 마침내 1934년에는 영인본(影印本)이 간행되었다(G. Mercati, *Facsimile*, I. II, Rome, 1934). 치글러(K. Ziegler)는 사진본과 원본을 검사해 1969년에 텍스트를 간행했다. 이 번역서는 이 책을 기준으로 한다. 이처럼 우리가 키케로의 명저인 『국가론』을 볼 수 있게 된 것은 전문연구자들의 이 같은 헌신적인 연구 덕이라고 할 수 있다.

그렇지만 현재 우리가 읽을 수 있는 전체 분량은 『국가론』 원저 전체의 약 4분의 1에서 3분의 1 정도에 불과하다고 추정된다. 더군다나 원문이 담긴 낱장은 네모로 잘라져 섞여 있었다. 이를 재구성해 하나의 책으로 재구성하는 작업은 치글러와 메르카티가 했다. 필사본은 이른바 '콰테르니오'(Quaternio)라는 방식으로 제본되었다. 옮긴이는 이를 사분철(四分綴)이라고 번역해보았다. 이는 중세에 널리 쓰이던 양피지 문서의 제본 방식으로, 겹으로 된 낱장을 4개씩 묶어서 만든 책이다. 따라서 사분철은 전부 8장, 즉 16면으로 구성되었다. 이 제본의 특징은 양피지의 내피는 내피끼리 외피는 외피끼리 겹쳐 놓여 있으며, 처음 면과 마지막 면이 내피로 이루어져 있다는 점이다. 이런 제본의 원칙은 낱장의 순서를 정하는 데 매우 중요한 단서가 될 수 있다.

고필사본의 구석에는 면수가 적혀 있었는데, 이는 시편 주석 필사자가 적은 것이므로 국가론의 내용을 정하는 데에는 별로 가치가 없었다. 각 겹장의 위치를 정하기 위해서는 묶음의 말미에 적혀 있는 사분철의 번호와 앞면에 적혀 있는 'lib. I', 'lib. II' 등의 기호와 후면의 여백에 있는 'De re publica'라는 표기가 매우 중요했다. 치글러는 자신의 책(1969)의 도표 pp. XI~XV에서 아우구스티누스 주석의 면과 원문의 문단이 어느 사분철의 어느 면에 들어가는지를 그림으로 묘사하고 있다. 사분철의 숫자가 없어지고 단지 사분철의 일부만 있을 경우에는 내용을 검토해봄으로써 사분철의 위치를 결정할 수 있었다. 하나 이상의 사분철이 상실되었을 경우 남아 있는 낱장의 전후에 있는 것으로 위치를 추정했다. 사분철 중에서 단지 바깥 장이나 안쪽 장만 남았을 경우에는 결손 부분의 크기가 얼마인지를 더 알기 어렵다. 겹장이 아니라 낱장만 남았을 경우 위치를 알 수 있는 근거가 없어진다. 이처럼 남아 있는 문서의 낱장을 순서로 배열하고 어느 부분이 얼마만큼 빠져 있는지를 결정하는 노역은 치글러에 의해서 완료되었다. 그러나 이 작업이 완벽한 것은 아니어서 배열의 순서에 관해서 이의를 제기하는 연구자들이 있기도 하다.

필사자(librarius)는 두 사람인 것으로 추정되어 이를 각각 A와 B로 칭하는데, 둘 다 오류가 많다고 판단된다. 이런 오류들을 한 수정자 (corrector)가 개선한 바 있다. 치글러는 이 수정자에 관해 악평을 남긴다. 일찍이 니부어와 할름은 수정이 잘 되었다고 평가했으나, 치글러(1969)는 그들이 수정자를 제대로 이해하지도 못한 채 그런 평가를 했다고 비판한다. 이에 반해 슈트렐리츠(Strelitz)가 수정자의 개선이 탁월한 것임을 지시했다.[3] 아울러 파프(K. Pfaff)는 2명의 수정자가 있었다는 견해[4]를 보여주었는데, 이도 또한 치글러의 견해가 전

---

3) Strelitz, *De antiquo Ciceronis de re publica librorum emendatore*, Diss. Breslau, 1874.

4) K. Pfaff, *De diversis manibus quibus Ciceronis de republica libri in codice Vaticano correcri sunt*, Diss. Heidelberg, 1885. 파프의 의견을 따른 견해는 L. R. Taylor, "The Corrector of the Codex of Cicero's De republica," *AJPh* 82, 1961,

적으로 옳은 것이 아니라는 점을 대변한다. 이런 논쟁이 보여주듯이 새로 발견된 『국가론』의 내용은 어디까지가 원문이고, 어디까지가 끼워넣기인지를 분명하게 구별하기 어렵다. 현재로서는 적어도 필사자나 수정자가 라틴어 실력이 탁월했으며, 나름대로 세심한 작업을 통해서 필사본을 전한 것으로 인정되고 있다. 이런 문제를 포함해 『국가론』의 재구성에는 고전문헌학 전문가들의 노고가 컸으나, 아직 완전한 것은 아니고, 내용의 진위나 순서의 문제에 여전히 의문이 있다. 이와 관련해 전문연구자의 새로운 시도가 아직 필요하다.

이에 비해서 「스키피오의 꿈」의 편집은 완전히 다른 사정 아래 놓여 있다. 이 부분은 마크로비우스(Macrobius)가 주석을 붙였으며, 이 주석이 붙은 표제어는 「스키피오의 꿈」의 상당 부분을 간수하고 있어서 원문을 확보하고 있는 셈이다. 게다가 한 편집자가 「스키피오의 꿈」의 원문을 이 주석에 첨부했다. 그래서 『국가론』의 다른 부분과는 비교할 수 없을 정도로 손쉽게 작업이 이루어질 수 있을 정도다.

그러나 아주 문제가 없는 것은 아니다. 이 주석 그리고 그 첨부물과 관련해 문제인 것은 중세의 필사다. 이 두 가지 교본, 즉 주석의 표제어와 「스키피오의 꿈」의 원문, 다시 말해 마크로비우스가 제시한 원문과 치글러가 제시한 원문은 독법에서 서로 상위한 점을 보여준다. 이를 연구한 지헐(Sicherl)[5]은 양자의 공통된 잘못을 지적함으로써, 두 텍스트가 하나의 전거에서 유래했음을 밝히고자 했다. 그럼에도 어느 것이 키케로의 시기까지 소급되는 기술인지는 알 수 없고,

---

337~345쪽; Idem, "On Length of Lines in the Tradition of the De republica," *AJPh* 84, 1963, 66쪽 이하.

5) 어떤 점에 차이가 있는지는 M. Sicherl, "De Somnii Scipionis textu consti-tuendo," *RhM* 102, 1959, 266~286쪽에서 취급한 바 있다.

두 개의 상이한 간행물이 존재했을 가능성도 제시된다. 고대 말에 이르기까지 『국가론』은 자주 읽혔다. 이 번역서에서 보다시피, 원문이 누락된 부분은 수많은 인용구들로 보충되는데 이런 보충물이야말로 키케로의 이 책이 중시되었고 널리 읽혀졌음을 시사한다. 특별히 많은 인용구를 제시하는 아우구스티누스의 저술들은 이 점에서 특별한 위치를 차지한다. 키케로의 저술이 어떻게 고대인의 의식형성에 영향을 미쳤는지 알 수 있는 계기가 이 인용구를 통해서 마련된다. 아울러 「스키피오의 꿈」은 중세에 그대로 전해짐으로써 중세의 사상에 풍부한 자료를 제공했던 것이다.

『국가론』의 배경

우리가 키케로의 생각을 잘 평가하기 위해서는 그 배경이 되는 사상과 인물 그리고 상황을 잘 이해할 필요가 있다. 대표적으로 스토아 사상에 관한 이해가 필요할 것이며, 아울러 이 번역서의 중심인물인 스키피오 서클의 면면을 파악할 필요가 있다. 끝으로 이 책이 출간될 시기의 로마의 정치정세를 알아보면 독자들이 이해하는 데 도움이 될 것이다.

스토아 사상과 국가관

기원전 323년 아리스토텔레스가 죽은 이후부터 기원전 1세기 중엽까지는 정치사상의 측면에서 매우 애매한 기간이다. 왜냐하면 이 시기를 지배한 위대한 정치학자가 없기 때문이다. 그렇지만 이 시기는 두 개의 중요한 사회·정치적 이상 사이의 과도기를 포함하고 있으므로 중요하다. 플라톤과 아리스토텔레스의 정치적인 견해는 우리가 폴리스라고 칭하는 국가에 속박되어 있다(이하 도시국가라는 말 대신에 폴리스 국가라는 표현을 쓰기로 한다). 이들의 철학은 폴리스 국가의 정치조직이 지니는 이상과 그에 비춘 현실의 문제점을 파헤친 것이다. 그러나 아리스토텔레스의 사후에 폴리스 국가는 더 이상 새로운 환경에 적합한 정치체제로서 기능하는 데 한계를 노정하고 있었다. 그것은 세계제국에 자리를 물려주었으며 보편적인 공동체의 이상에 알맞게 재구성되어야 했다. 새로운 사조는 스토아 학파가 자연법의 이론을 창출한 이후에 중세의 교부철학을 거쳐서 근대 인권사상까지 연속되는 지속적인 발전을 해왔다. 이렇게 형성된 단일한 인류라는 관념은 근대 민족주의가 등장할 때까지 1500년 동안 서구의 정치철학을 지배했으며 하나의 의식으로 자리 잡았다. 이렇게 본다면 아리스토텔레스와 키케로 사이의 시기는 사라져가고 있던 폴리스 국가의 이상과 대두하는 세계제국의 이상 사이에서 하나의 사상적 과도기로 설정될 만하다.

폴리스 국가가 이룬 정치적인 업적을 보면 인간 역사상 최초의 입헌체제, 자유로운 시민권, 통치의 이론과 실체 등이 발견된다. 그리스의 지성인들은 자신들의 천재성을 문학·예술·철학에서 발휘했을 뿐만 아니라 정치 면에서도 그러했다. 오늘날 현대인이 누리는 정치이론의 뿌리는 그리스인의 경험에서 찾는다. 플라톤과 아리스토텔레스의 글은 하나의 마르지 않는 샘으로서 정치사상에 늘 활력을 부여하고 있다. 우리는 아테네의 전성기처럼 개인이 사회생활과 일치되었던 적은 없었다고 평가한다.

그러한 찬사에도 불구하고 폴리스 국가의 생활은 그 이후부터 우리에게 이르는 기간에 인류가 경험해온 정치적인 현실과는 동떨어진 것이라는 사실을 감출 수 없다. 특히 아테네의 경우 시민의 생활은 정치적 이해관계의 대립이 매우 격렬했다. 아테네인이 생각한 최고의 윤리적 선은 공공의무의 탁월한 수행이었다. 이로부터 연극공연은 시민정치의 필수물이 되었고, 조형예술은 공공기념물의 장식을 위한 것이었으며, 종교는 국가의 관리에 의해서 주도되는 시민의 의무사항으로 간주되었다. 경제생활에서도 시민의 생계는 국가의 공무에 참여하는 것에서 확보되었다. 이처럼 긴밀한 관계는 더욱 큰 정치 단위에서는 모사되기 어려운 것일 수밖에 없었고 그점에서 아리스토텔레스의 시도는 폴리스 국가라는 틀 속에나 적용의 가능성을 발견할 수 있었다. 폴리스가 세워놓은 입헌정부의 틀은 단지 작은 규모의 집단에서나 실현 가능성이 있는 이상이었다.

외교나 국제관계의 측면에서 폴리스 국가의 결점은 가장 두드러지게 드러났다. 그리스 세계는 평화와 질서를 유지하지 못했던 것이 분명하다. 노예와 외국인은 폴리스 국가 경제의 일부였을 뿐, 더 이상의 의미는 없었다. 당파성과 내분은 그리스의 정치가 탈출하지 못했던 저주와 같은 것이었다. 폴리스의 생활은 개인의 독립성과는 동떨어져 있는 것이었으며, 모든 개인적인 결사는 국가의 체계 속에 포함되었다. 정치이론은 정치보다는 교육을 강조했고 국가의 법률적인 측면을 무시하는 경향이 생기기도 했다. 아리스토텔레스도 국가를 법률적인 조직이라기보다는 시민간의 관계로서 생각했다. 그리스인에게 국가가 법률적인 조직이라는 생각은 아직 친숙하지 않은 것이었다.

이 같은 이론상의 한계가 노정되었을 뿐 아니라 실상 폴리스 국가는 해결하기 어려운 하나의 딜레마를 지니고 있었다. 폴리스 국가는 정치적·경제적 독립을 얻는 대신 고립이라는 대가를 치러야 했고, 그 결과 문화나 사회의 정체를 초래했으며 나아가 시민 사이의 알력만 남을 뿐이었다. 만약 고립을 원치 않는다면 즉각 다른 폴리스 국가들과 동맹을 추구해야만 했다. 실제로 기원전 4세기 중엽에 그런 시도가 있었으나 그것이 제대로 결실을 보지 못하고 외교정책에서 실패함으로써 페르시아의 우월권을 확립시키고 말았다. 이 상태는 마케도니아가 페르시아를 장악할 때에야 사라질 수 있었다. 알렉산드로스 대왕의 아버지 필리포스 2세는 기원전 338년 카이로네아 전쟁을 통해서 그리스 폴리스 국가들에 대한 지배 권력을 확립했고, 나아가 그리스 군사력을 동원해 아시아의 정복을 이루고 동서간의 융합을 꾀할 만큼 오랜 기간의 통합에 기여했다. 궁극적으로 알렉산드로스의 정복은 폴리스 국가에 대한 세계제국의 승리를 의미했다.

그리스인 식자층도 이러한 변화를 예감하고 있었으며, 페르시아의 위협에 대항해 폴리스 국가들이 연합해야 할 필요성을 깊이 인식하고 있었다. 소피스트로 알려진 레온티노이의 고르기아스는 올림피아에서 행한 연설을 통해서 헬레네스, 즉 전체 그리스인이 야만인에 대항해 단결할 것을 촉구한 바 있다. 이런 대의명분을 추구한 사람은 이소크라테스였다.[6] 그는 그리스의 단결을 촉구하기 위해서 연설과 교육에 전념했다. 그러나 그의 정책은 단지 폴리스 국가 사이의 협조를 주장하는 선에서 머물렀으며 기존 폴리스 국가를 해체하거나 수정하는 것에는 이르지 못하는 한계를 지녔다.

폴리스 국가의 한계는 사회 내부의 문제에서도 드러났다. 기원전 5세기 후반에 전통적인 종교적 믿음이 공격받기 시작했다. 이러한 전통에 대한 회의는 사회질서에 대한 공격으로 진전될 수 있었다. 아테네의 문학은 우리에게 기원전 4세기로 넘어가는 시점에 아테네의 사회문제에 관한 논의가 얼마나 치열했는지를 짐작할 수 있도록 해준다. 특히 에우리피데스의 작품에서 발견되는 흔적에 따르면 귀족이

---

6) 국내 연구서로는 유일하게 김봉철, 『이소크라테스: 전환기 그리스 지식인』(신서원, 2004)이 있다.

천부적으로 우월하다는 주장에 대해서 그리고 노예가 인간의 지위 이하로 격하되는 것이 본질적이라는 주장에 대해서도 회의적인 시각을 볼 수 있다.

또한 여성의 사회적인 지위에 대한 관심도 그의 작품에서는 일반적인 관념을 제시한 것에 불과했다. 플라톤이 제시한 공산주의도 새로운 것이 아니었다. 이처럼 전통과 사회적 차별에 관한 회의주의가 만연한 배경에는 중요한 철학적 이념이 자리 잡고 있었다. 그것은 자연적이고 영원한 것과 지방적이고 전통적인 것의 대비에서 비롯하는 것이었다. 이는 일상의 사물이 형성되는 것과 관련되어 있는데 근본적이고 영원한 본질과 사물의 다양성 사이의 구분이었다. 이런 사상은 기원전 5세기 중엽경에 소피스트들이 표명하기 시작해 널리 확산되기 시작했다. 결과적으로 이상적인 삶의 방식과 기존의 법질서 사이의 현저한 대조를 인식하게 되었고 이는 전통적인 도덕을 용해시키는 결과를 가져왔다.

여기서 자연을 무엇으로 보느냐에 따라서 각 학파는 다양한 관점을 가질 수 있었다. 소피스트들은 자연을 개인의 이익, 권력, 쾌락과 동일시할 수 있었다. 따라서 그들에게 진실한 삶의 법칙은 자기이해의 추구로 파악된다. 즉 남의 이해에 관한 고려는 자기의 이해에 기여한다는 조건에 의해서만 정당화될 수 있다. 나아가 정부와 법은 인간이 다른 인간의 침략을 피하기 위해서 자신의 무제한한 이익의 추구가 제한된다는 암묵의 계약에 의존한다. 실로 이는 하나의 필요악이지만, 자연적이고 이기적인 충동에 따라서 필연적으로 생기게 마련인 '만인에 대한 만인의 투쟁'보다는 덜한 악이다. 이런 이기주의적 국가이론은 에피쿠로스 학파를 통해서도 계승되었다. 반면에 자연의 법칙을, 이성적인 행동규범에 복종하는 이념으로 받아들이는 것도 가능했다. 이런 생각은 전통에 대한 맹목적인 고수를 반대하고 윤리규범 자체의 합리성에 의해서 강화된 현인의 이상적인 도덕을 세우는 데로 나아간다. 나아가 그것도 역시 폴리스 국가와 그 제도에 대한 비판으로 연결된다. 소크라테스는 아테네 민주정의 숭배자가 아니었으며, 그의 후계자인 플라톤과 아리스토텔레스 역시 기존의 국가체제에 찬성하지 않았다. 물론 이런 비판은 파괴적인 것이라기보다는 건설적인 것이었다고 보아야 한다.

이와 대비해보면 소크라테스의 또 다른 유파인 견유학파는 훨씬 더 급진적인 결론에 도달하고 있었다. 이들은 폴리스 국가의 이상을 버렸다. 이들이 주장하는 이론의 기반은 현인은 완전히 자급자족적이라는 가정이다. 즉 현인은 자신의 능력 안에서 자신의 사상과 성품만으로도 행복한 삶을 사는 데 충분하다는 것이다. 이처럼 현인은 덕의 법칙에 의해서 지배받으므로 재산과 결혼, 가족과 시민권, 학문과 명성, 인습과 신앙 등은 중요하지 않다. 심지어 자신이 태어난 폴리스 국가의 독립도 바라지 않는다. 그들에게 진정한 사회관계는 현인들 사이의 관계이며 지혜는 보편적인 것이라 세속 폴리스 국가들의 지방적인 차이와는 무관하다. 따라서 모든 현인은 어느 곳에서나 단 하나의 사회, 즉 단일한 세계국가를 이루고 이것이야말로 진정한 국가다. 그런 점에서 현인은 세계의 시민이고, 모든 인간보다 더욱 우월하며 종래의 인간구분은 무의미해진다. 이처럼 견유학파의 사상에서 세계시민주의의 원형을 찾을 수 있다. 이는 돌이켜보면 새로운 사회의 수립이라기보다는 모든 시민적 유대의 파괴와 사회적 제한의 철폐를 목표로 한다. 자연으로의 복귀라는 명분을 내세웠으나 견유학파는 한마디로 철학적 프롤레타리아의 초기의 예라고도 할 것이다.

스토아라는 말은 기둥이 늘어서서 보행하기 좋게 만들어진 주랑(柱廊)을 의미한다. 이곳에서 설강되었다고 해서 흔히 스토아 학파

라고 불리는 이 학파의 시조는 제논(Zenon, 기원전 335~기원전 263)
이다. 그는 견유학파에 속하는 크라테스(Crates)의 제자였다. 그의 국
가에 관한 저술들은 견유학파에 몸담았을 때 이루어졌다. 남겨진 단
편으로 미루어보건대 그의 저술은 시노페의 디오게네스(Diogenes)
가 남긴 저술과 유사한 것이었다고 보인다. 이상적인 국가에서는 모
든 사람이 가족과 국가의 구별이나, 법정이나, 돈의 구별이 없는 자
연 상태의 국가 내에서 무리지어 살아야 한다고 그는 주장했는데, 유
사한 견해가 크리시포스(Chrysippos)의 저술에서도 보인다.

　따라서 제논은 견유학파의 정치적인 가르침에서 크게 벗어나지 않
는다. 그렇지만 제논은 마케도니아의 안티고노스 2세와 절친했던 것
으로 보이고, 왕세자를 교육하기 위해서 제자를 보내기도 했다. 그는
아울러 지배에 적합한 존재인 현인의 이념을 제시하면서 군주정이
나 귀족정의 도래를 예견한다는 점에서 견유학파의 정신을 다소간
수정했다.

　마케도니아의 지배기가 끝나고 기원전 229년에 아테네에 제한된
독립이 허용됨에 따라서 스토아 학파는 약간 다른 정치적 양상을 보
여준다. 이때 아테네에서 가장 중요한 학파로 자리 잡는 데에는 크
리시포스의 활약이 크게 기여했다. 그가 이 학파의 장을 맡아(기원
전 232~기원전 206) 스토아 사상이 하나의 체계를 갖추게 되었으므
로, 그는 제2의 창시자라는 찬사를 듣기도 한다. 그에 의해서 스토아
학파는 인간의 정치·종교 신념을 지적으로 지지하는 역할을 했으며,
세계국가와 보편적인 법에 대해 적극적인 의미를 부여했다. 즉 세계
시민주의라는 이상에 명확한 내용을 부과하는 과제를 떠맡았다고
하겠다.

　스토아 학파의 윤리학은 자연에 따르는 생활이 선하다는 공식에
의거한다. 그렇지만 그보다 중요한 질문은 무엇이 자연적인 것인가

하는 것이다. 앞에서 본 것처럼 견유학파도 순수한 자연의 상태로 돌아갈 것을 요구하면서 이에 반한 것은 전부 부인해야 한다고 했다. 그러나 스토아 학파의 주장은 원리상 견유학파와 차별점이 있었다. 그것은 다름 아니라 종교적 감각이 그들의 정치철학에 근원으로서 자리 잡고 있었던 점이다. 이들의 자연관에 따르면 인간을 포함해 각 부분이 순응해야 하는 보편적인 의미와 목적이 있다는 것이다.

즉 자연의 질서는 마치 각 사람이 배우처럼 지정된 역할을 하는 각본과 같다. 그 개체의 의무는 자신이 맡은 부문에 최선을 다하는 것이고, 그 역할은 전체의 목적에 종속된다. 이처럼 초기 스토아 학파의 주장은 어떻게 보면 범신론의 모습을 띠게 되었다. 이처럼 세계는 진실한 하나의 도덕적 질서로 구성되었다는 확신 아래 자연에 따르는 생이야말로 신의 섭리에 귀의하는 것이었다. 아울러 인간이 어떠한 목적이 선한 것인지를 이해하는 한, 어떤 힘도 정의로운 인간을 압도할 수 없다는 믿음에서 나오는 마음의 평정을 중요시했다.

스토아 학파의 인간관은 이런 우주의 본성에 대한 견해와 밀접히 관련되었다. 인간은 진실로 자연의 일부분이며, 따라서 자연법에 종속된다. 그렇지만 인간은 이성을 지니고 있으므로 단순한 도구는 아니다. 오히려 이성 때문에 인간은 신과의 관계에서 특별한 위치를 점하고 있다. 왜냐하면 인간에 생기를 불어넣는 정신은 자연에 생기를 불어넣는 정신과 하나이기 때문이다. 그러므로 인간의 본성은 신의 창조물 중에서도 특별한 것이다. 동물은 자연에서 그들을 유지시키는 힘을 부여받은 데 비해 인간은 이성을 부여받았다. 이러한 이성에 따라서 사는 한, 인간은 가장 완전하게 삶을 살 수 있다. 그런 삶은 본질적으로 도덕적이며 사회적인 삶이다. 따라서 인간의 삶은 도덕적 세계질서의 부분으로서 사는 것이다.

이런 인간들의 결합인 사회를 유지하는 것이 바로 정의와 법이다.

이것들도 자연에 의해서 존재하는 것이다. 이는 자연이 부여한 사회적 충동이 인간을 결합시킨다는 의미를 지닐 뿐 아니라, 정의와 법에 따른 삶에서 이성의 발달이 나타난다는 것을 뜻하기도 한다. 그런 이성의 발현이 바로 법이므로 법은 인간과 자연 모두에 합리적인 것이며, 이성을 보유한 모든 존재를 사회적으로 결합시킬 수 있다. 이성이 있는 한 인간과 신은 함께 하나의 사회를 형성하는 것이고, 세계는 그들의 공통적인 도시이며, 이 도시를 다스리는 이성이 바로 법이라고 한다.

세계국가에서 외적인 사회적 특성은 아무런 의미가 없다. 현자에 관한 원칙이 되는 것은 인간의 완전한 평등이라고 스토아 학파는 보고 있다. 이 점에서 스토아 사상은 견유학파에 의해서 시작된 전통을 계승하는 것이다. 스토아 사상에서 그리스인과 야만인, 지배계급과 일꾼, 부자와 평민, 노예와 자유인의 구분은 현자와 우자의 본질적인 도덕적 구분에 비한다면 대수로운 것이 아니다. 아무도 본질적인 노예는 아니다. 오로지 우둔함과 악함이 인간을 그렇게 만드는 것이다. 반면에 진실로 고상하지도 못하면서 고귀한 신분을 누리는 것은 쓰레기 같은 행동이다. 왜냐하면 진실로 고상한 것은 현명함과 선함이기 때문이다. 이처럼 스토아 사상은 와해되어가는 폴리스 국가의 질서를 부정하는 것에서 출발하면서 인간 사이의 결합을 가져오는 것으로서 이성을 강조한다는 점에서 윤리적인 것이며, 인간과 신의 유사성을 찾아냈다는 점에서 종교적인 것과 불가분의 관계를 맺게 되었다.

이런 초기 스토아 사상은 회의주의로부터 공격받을 만한 여지가 많았다. 일반적인 관심으로부터의 초연, 일상의 도덕적·정치적 현실에 대한 무관심 등이 그러했다. 아카데미아파인 카르네아데스 (Carneades)는 이러한 결함을 신랄하게 비판했고, 이는 초기 스토아 사상에도 적잖은 영향을 미치게 된다. 우선 지적할 수 있는 것은 스토아 사상이 극단적인 이원론으로 빠져드는 경향이 있었다는 점이다. 현실적인 국가와 세계국가, 현자와 우자의 구분 등에 철저하다 보니 그러한 구분이 현존하는 제도에 대한 비판의 근거를 제시한다는 효과는 있으되 이론상 일상의 도덕적·정치적 현실에 철저하게 무관심할 수 있었던 것도 부정할 수 없다. 이런 무관심과 더불어 지적할 수 있는 것은 지나친 주지주의(Barren Intellectualism)의 경향이었다. 이성만이 전형적인 인간의 능력이라는 원칙에 충실하다 보니, 이에서 어긋나는 감정과 정서는 현자가 배척해야 하는 불완전하고도 허구적인 것으로 파악된다.

이런 의미에서 현자는 냉정한 것인지 감성이 부족한 것인지 구분하기 어렵게 된다. 이런 점과 관련해 카르네아데스는 현자란 부자연스럽고 비인간적이며, 아울러 감정과 정서를 근절하는 것이 불가능하다는 사실을 확신한 것으로 보인다. 그는 선한 삶은 본성에 따르는 것이라고 주장하면서도 동시에 본성의 욕망과 충동에 대해서는 그것이 선하지 않다고 하는 주장의 모순에 논의를 집중시켰다.

아울러 키케로가 『국가론』 제3권에서 필루스의 말을 통해서 알 수 있듯이 카르네아데스는 자연적인 정의의 존재를 철저히 논파하면서 상호이익에 기초한 계약에 의해서 이루어지는 사회를 설명했다. 실상 스토아 사상이 주장하는바, 자연법은 현실의 정치나 사회생활과 일치하는 것이 아무것도 없다. 반면 회의주의의 견해에서는 법과 관습의 다양성은 있으되 보편적으로 인식되는 도덕원리는 발견되지 않는다. 이러한 비판은 스토아 학파에서 현존하는 국가나 법의 다양성과 진정한 법 사이의 관계를 새로 들여다보는 자극제가 되었고, 중기 스토아 학파의 사상으로 넘어가는 계기를 마련해주었다.

초기 스토아 사상의 전통을 계승하면서 다소 수정적인 견해를 제시한 자는 파나이티오스(Panaitios)다. 그는 크리시포스보다 약 1세기 이후에 등장했는데, 그는 세련된 문체로 유명했고 특히 『국가론』에 토론자로 등장하는 이른바 스키피오 서클을 비롯한 일반 로마 귀족들에게 큰 영향을 주었다. 로마의 귀족들은 현실적인 인간들이었으므로 견유학파의 사변적인 순수함은 그들에게 별로 매력을 끌지 못했다. 오히려 로마의 귀족들이 지니는 위상과 결부해 적합한 것은 스토아 학파의 사상이었다. 왜냐하면 모든 인종과 국가를 초월해 범세계적이랄 수 있는 법 그리고 모든 관습을 넘어서는 보편적 윤리를 표방하는 스토아 사상만큼 로마의 지배라는 현실과 부합할 수 있는 사상도 없었기 때문이다.

이러한 분위기 속에서 세계를 지배하는 로마 귀족에 대한 교육에 열성을 보인 사람이 바로 파나이티오스였다. 그의 철학은 절충주의적인 성격을 보였다. 이는 카르네아데스의 회의주의에게서 약점을 지적받아 스토아 사상이 더 이상 독단적일 수 없게 된 데서 연유한 결과다. 파나이티오스의 절충적인 견해는 플라톤과 아리스토텔레스의 저술로 되돌아가는 형태를 취했다. 키케로는 파나이티오스가 두 위대한 철학자를 찬미했다고 말한다. 이로 보아 중기 스토아 철학이 기원전 4세기의 위대한 사상가로 회귀하면서 좀더 폭넓은 인간관·사회관을 지니고 영향을 미쳤음을 파악할 수 있을 것이다.

우선 파나이티오스는 인간을 이성적으로만 파악하려 했던 전통적인 방식을 포기하고 플라톤의 구분에 따라서 정신을 이성적인 부분과 비이성적인 부분으로 이분했다. 이에 따라서 과거에 스토아 학파가 무관심했던 건강과 재부 같은 것을 좋은 것으로서 수용했다. 또 자애(self-love)는 정당하다고 인정했는데 이는 카르네아데스의 주장을 수용한 것이라고 인정된다. 명예와 명성에 대한 욕구라도, 현자가 추종할 만하다면, 선한 것으로 받아들여진다. 파나이티오스는 자신의 『의무론』(*Περὶ τοῦ καθήκοντος*)을 저술하면서 그 동기를 밝히기를, 현자를 위해서가 아니라 자신의 지혜를 증진시키려는 감정과 의지를 지니고 있는 사람을 위해서라고 말한 바 있다. 이처럼 그의 윤리사상은 감정을 뽑아버리거나 무관심을 유지하는 것이 아니라 각자가 지닌 충동과 경향성을 합리적으로 설명해보고자 한 것이었다. 한마디로 그는 스토아 사상을 좀더 유화시키고 좀더 인간적인 것으로 만들고자 했다. 그는 스토아 철학의 주제였던 의지와 자아에 대한 통제를 유지하면서도 인간의 동정심과 감정을 살리는 방향으로 논의를 전개했다.

그는 현자로 구성되는 세계국가와 우인들로 구성되는 일반 사회의 간극을 메우려고 했다. 이성은 현자만 아니라 모든 인간의 법으로 존재한다. 따라서 인간의 처지나 출신이 어떠하든지 모든 사람은 이성이 구현된 정의에 종속되어야 한다는 점에서 평등하다. 국가도 시민을 다루거나 국가 사이의 외교적인 관계를 처리하거나 일반적인 정의의 원칙에 일치해야 한다. 그러므로 정의는 개인이나 국가나 다 같이 지켜야 할 도덕이며, 그것이 없다면 화합의 토대가 붕괴될 것이다. 이처럼 파나이티오스는 자연법이란 단순히 가설적인 현자의 국가에 해당하는 것이 아니라 오히려 현존하는 국가에 내재되어 있는 이상, 그리고 실정법과 현실의 통치제도에 대한 비판과 시정의 근거로서 구실을 한다고 보았다. 그에 따르면 아무리 다양한 형태를 지닐 수 있다고 하더라도 정치권력을 정당화시킬 수 있는 것은 사실상 권력이 행사되는 선상에서 현실적으로 정의가 구현되는지의 여부다. 그래서 국가는 그 목적과 목표에서 본질적인 정당성을 지닐 때에야 단순한 조직 이상의 의미를 지닌다. 이처럼 법과 정치가 윤리적 비판에 종속되어야 한다는 믿음은 어떻게 보면 근대적인 정치사상의 중요한 맥이 되고 있다.

파나이티오스의 정치사상은 혼합정체(The Mixed Constitution) 사상으로 구체화된다. 이는 그의 독창적인 생각이 아니라 스토아 학파의 전통에서 우러나온 것이다. 혼합정체란 정치체제의 순수한 세 형태인 왕정·귀족정·민주정의 요소가 혼합된 것을 지칭하는 것으로 이에 대한 인식은 플라톤에까지 거슬러 올라갈 수 있다. 파나이티오스 시기에 이르러서 이는 하나의 상식으로 널리 확산된 상태였다. 이 사상은 특히 로마에서 그라쿠스 형제의 개혁이 실패로 끝난 이후에 기존의 질서를 유지하는 데 관심이 많았던 귀족 집단의 이해관계에 호소하는 바가 많았다. 원로원이 기사와 평민의 세력신장으로 약화되는 상황에서 이에 대한 저항의 이념적인 도구로서 이용할 수 있는 것이 균형을 지지하는 혼합정체의 이데올로기였다. 한편 그라쿠스 형제의 개혁도 같은 이데올로기에서 출발했다는 주장도 있고 보면, 스토아 학파의 혼합정체론은 로마의 정치에 지대한 영향을 미친 정치사상으로 보아도 틀리지 않을 것이다.

이처럼 로마인이 자신의 이론을 수용해 나아가자 스토아 학파는 로마의 체제에 대해 찬사를 보내기 시작했다. 파나이티오스의 견해를 잇고 있는 폴리비오스는 저술을 통해서 로마 정치체제의 우월성을 국가발전의 토대로서 이해했음을 보여준다. 그에 따르면 로마의 안정과 힘의 비결은 권력 사이의 견제와 균형이었다. 로마의 경우 왕정에 비견될 수 있는 통령, 귀족적인 원로원, 민주정이라 할 민회가 상호 견제함으로써, 다른 정체에서 나타나는 자연적인 순환과 변천이 예방된다고 보았다. 이로써 국가의 현상유지는 상호 이해관계를 달리하는 세력 사이의 압력에 의해서 보장되는 것이라는 이론이 사실상 로마의 정체에서 구현되었다. 이는 오늘날의 정치이론에서 3권분립이라는 형태로 변형되었으나 그 원리는 동일한 것임을 알 수 있을 것이다.

스키피오 서클

정치이론이 아무리 고매해도, 이를 실현하는 것은 인간이다. 그런 점에서 이런 사상을 수용하고 실제 정치에 구현했던 집단을 주목하고, 이들을 분석하는 것은 로마 정치를 이해하는 데 매우 중요하다. 그들은 아마도 스키피오 서클로 대변되는, 이 책에 등장하는 주역들일 것이다.

스키피오 서클은 스키피오 아이밀리아누스의 서클에 가입해 파나이티오스와 폴리비오스의 가르침을 받았던 로마의 유복한 귀족집단을 가리킨다. 이들은 그리스의 문학과 학문을 닦는 데 정진했으며 파나이티오스가 수정한 스토아 철학에 심취했다. 이들의 성격은 흔히 우리의 역사에서도 보이는 붕당이라고 보아야 할 것이다. 이 집단은 제도나 학파가 아니었다. 어찌 보면 친구들의 모임(amici)이라고 할 수 있을 것이다. 이들은 정치적 목적을 실현하기 위해서 모인 집단도 아니었다. 오히려 새로운 사조와 삶에 흥미를 가졌던 사람들의 모임이었다. 이 모임의 중심인물인 스키피오는 그의 친부인 파울루스의 지도로 그리스에 관해서 이미 많은 것을 깨우치고 있었다. 그는 파나이티오스와 폴리비오스와의 교제를 통해 그런 관심을 더욱 성숙시켜나갔으며 로마인 나름의 문예진작에 일조했다.

제2차 포이니 전쟁이 끝난 이후에 로마와 동방의 관계가 밀접해짐으로써 로마의 전통적인 관습은 새로운 이념에 접해 많은 영향을 받게 되었다. 로마의 전통을 고수하려는 카토 같은 인물은 이런 외래사상의 유입을 금지하려고 했으나 이미 그 같은 시도는 성공할 수 없는 지경에 이르렀다. 카토 다음 세대의 로마인들은 그리스의 학문, 특히 스토아 사상을 받아들였다. 그들은 스토아 사상이 인간의 감정과 의지를 잘 조화시킨 점에서 자신들의 이상을 보존하기에 적합한 것이라고 믿었던 것이다. 로마인들은 이 이상을 사람다움, 즉 후마니타스

(humanitas)라고 불렀는데 이런 명칭은 로마인의 야만성과 로마를 타락시키는 사치심을 치유해줄 수 있는 것이라는 뜻으로 사용되었다. 이런 사상의 핵심은 파나이티오스의 저술에 잘 나타나 있었다.

파나이티오스의 영향력을 알기 위해서는 로마법 연구를 살펴보아야 한다. 스키피오 서클은 스토아 학파의 영향으로 로마법을 발전시켰기 때문이다. 스키피오 서클이 있기 1세기 전에 로마에는 외국인의 문제를 다루는 특별 법무관(praetor peregrinus)이 있어야 했다. 이 법무관은 외국인이 지닌 국지적인 법과 관행이 다양하므로 법정에서 공정하게 이들의 문제를 처리할 수 있는 원칙이 필요했다. 이런 필요 때문에 다른 폴리스 국가의 시민들에게도 적용될 수 있는 만민법(ius gentium) 개념이 등장하게 되었다. 이로써 스토아 사상의 자연법 개념은 로마법의 만민법 개념과 합쳐지는 것이 가능했다. 이 두 단어는 기원후 2세기 법률가들에 의해서 법률적인 원칙을 나타내는 동일한 의미로 사용되었다. 두 개념의 통합으로 고대법이 지녔던 관습적이고 종교적인 성격을 배제하고 그 대신 공정성·형평·정의 등을 채택하고 법 앞에 만인이 평등하다는 사상의 기초를 마련하는 것이 가능했다.

아울러 행위자의 의도를 겉으로 드러난 행위를 규정하는 요인으로 보아 법의 관심분야로 다룰 수 있게 되었다. 또한 심판할 때 고문에 의하고 정당함에 의해서 판단되지 않던 법의 비이성적인 부분을 완화할 수 있게 되었다. 이런 과정을 통해서 로마법은 윤리적인 판단을 법시행의 중요한 원칙으로 간주하였다. 이 판단은 넓게 보면 스토아 철학에서 말하는 진정한 법으로서 이성적이고 공정하고 정의로운 것을 의미하는 것이다. 이런 의미에서 키케로는 필루스의 입을 빌려서 불의가 국가의 통치에 필요하다는 일반론을 제시하면서도 궁극적으로는 그러한 이해가 그릇된 것이고 참다운 정의가 없다면 국가의 유지는 불가능하다는 생각을 결론적으로 제시한 것은 스토아 사상의 수용을 보여주는 중요한 국면이다. 이것은 당시의 상황을 고려하면 로마의 귀족들이 인종과 국경을 초월해 인간의 존엄성에 기초한 범세계적인 인간상을 수용했고, 국가는 제도와 법을 통해 그런 인간의 가치와 권리를 보호해야 한다는 이상을 품게 되었음을 의미한다. 다른 면으로 본다면 이는 세계제국으로서의 로마 정부가 그들의 지배 아래 속하게 된 신민들에게 단순한 힘을 통해서가 아니라 자발적인 충성을 이끌어낼 수 있는 도덕적 요구를 제시해야 한다는 당위의 표현이기도 했다.

『국가론』에 대화자로 등장하는 인물들은 당시에 스키피오 서클의 성원으로 간주되고 있다. 물론 각 인물이 말한 내용이 당시 있었던 대화를 그대로 전한 것은 아니다. 당대 최고의 인물들을 자신의 저술에 등장하는 화자로 삼은 것은 허구의 기법이며, 이는 아리스토텔레스의 영향을 크게 받은 것으로 밝혀지고 있다. 이런 점을 고려하면, 스키피오 서클의 구성원 면면을 살펴볼 수 있다는 점에서 『국가론』은 중요한 사료로서의 가치도 지니고 있다. 이들 9명의 인사를 소개해보자.

1) 푸블리우스 코르넬리우스 스키피오 아이밀리아누스(Publius Cornelius Scipio Aemilianus Africanus): 기원전 185년이나 184년에 아이밀리우스 파울루스의 아들로 태어난다. 그는 소년 시절에 노(老)스키피오 아프리카누스에게 양자로 입적된다. 17세 되던 해 퓌드나 전투에서 무공을 떨친 후에 기원전 147년, 134년에 걸쳐 두 차례의 통령을 역임하면서, 카르타고와 누만티아를 정복한다. 이를 통해서 두 개의 존호, 아프리카누스와 누만티누스를 획득한다. 기원전 142년에는 호구조사관을 역임했다. 이를 마친 후인 기원전 141년부터

기원전 138년까지 로마 제국의 동부 지역에 대한 3인 조사위원으로 활약한다. 기원전 129년에 의문사하게 되어 지금까지도 많은 논쟁거리를 제공한다. 특히 처남인 티베리우스 그라쿠스의 죽음을 긍정적으로 보았다고 해서 일족에 의한 피살일 가능성이 제기되고 있다. 벨레이우스의 평가에 따르면, 탁월한 인물임이 틀림없으며, 칭찬받을 일 외에는 아무것도 하지도 말하지도 느끼지도 않았다는 것이다.

2) 카이우스 라일리우스 사피엔스(C. Laelius Sapiens): 기원전 190년경에 태어났으므로, 스키피오 아이밀리아누스보다 5~6세 연장자다. 그는 일찍이 그리스 문화에 관심이 있었다. 기원전 155년에 스토아 학자인 디오게네스가 아테네 사절로 왔는데, 그의 주목을 받는다. 기원전 146년 이전에 그는 파나이티오스와 깊은 관련을 맺게 된다. 그러나 언제, 어떻게 구체적으로 관련되었는지는 알 수 없다. 라일리우스는 제 나이에 관직에 진출하지 못했다. 카르타고 정복 때 용맹을 발휘했고, 기원전 145년에는 법무관으로서의 능력을 보인다. 기원전 140년에 스키피오의 강요에 못 이겨 통령이 되었다. 이때 그는 농민의 빈곤 문제를 해결하기 위해 해결책을 제시하는데, 이는 훗날 그라쿠스 형제 개혁의 효시로 생각된다.

그러나 그는 플루타르코스에 따르면 강한 반발에 부딪치게 되자 이를 과감히 철회했고, 이로써 '현자'(Sapiens)라는 별명을 듣게 된다. 그렇지만 귀족들이 그런 칭호를 그에게 정말로 수여했는지는 매우 의심스럽다. 호라티우스는 루킬리우스가 지은 풍자시에서 이 서클의 존재와 스키피오·라일리우스·루킬리우스 세 사람이 서로 나눈 이야기를 알고 있었을 것이다. 라일리우스는 스키피오보다 늦게 죽기는 했지만, 이후 가이우스 그라쿠스에 관련된 사건에 언급되지 않는 것으로 보아서 오래 살지는 않은 것으로 보인다. 복점관인 스카이볼라는 키케로의 스승인데, 라일리우스의 사위가 된다. 키케로는 이런 관계 때문에 루킬리우스, 스승의 부인인 라일리아 등에게서 들어 두 사람의 각별한 우정에 관해서 잘 알았을 것이다.

3) 루키우스 푸리우스 필루스(L. Furius Philus): 그의 생애 중 초기에 관한 것은 잘 알려진 것이 없다. 본문에서 그는 정의에 대해서 반론을 펴는 화자로서 등장한다. 그는 스키피오 서클과 관련을 맺었던 것이 분명하다. 기원전 136년에 섹스티우스 아틸리우스 사라누스(Sex. Atilius Sarranus)와 더불어 통령직을 지니고 있었는데, 카이우스 호스틸리우스 만키누스를 누만티아인들에게 인도하기로 결의하자, 이를 수행한 사람이 바로 필루스였다. 포르키우스 리키누스가 남긴 글에 따르면, 스키피오와 라일리우스 그리고 필루스가 서로 관련이 있었던 것을 알 수 있다. 그는 통령 재직 시에 에스파냐에 있었으며, 별로 큰 업적은 내지 못한 것으로 보인다.

4) 스푸리우스 뭄미우스(Sp. Mummius): 평민 가문 출신으로, 코린토스의 파괴자로 알려져 있다. 기원전 146년 형인 루키우스 뭄미우스가 통령을 지내는 동안 그의 사절이 되었다. 코린토스에서 가족에게 보내는 서한을 쓴 것으로 알려져 있고, 키케로는 이에 관해서 그와 동명의 후손을 통해서 알게 된다. 그는 법무관까지만 올라갔는데, 동방의 정세를 파악하기 위한 여행에 참여했다. 이 사실은 매우 중요한데, 스키피오가 메텔루스 칼부스(Metellus Calvus)같이 정치의 방향이 다른 사람을 동반자로서 동행하게 되었을 때, 제3자로서 뭄미우스를 택하는 데 큰 영향력을 행사했던 것이다. 그는 그리스 문화에 대한 전문가로서 교양이 많고 철학에도 깊은 관심을 지니고 있었다. 특히 그의 서신은 호라티우스의 선구자로 간주된다. 파나이티오스가 이

서클과 관련을 맺음으로써 그의 철학에도 심취했다. 이런 점을 종합하면, 그는 스키피오와 단순한 정치적 관계를 넘어서서 정신적으로도 깊은 관련을 맺고 있음을 부정할 수 없다. 키케로는 이런 사정을 잘 알고 있었을 것이고, 그의 연설도 알았을 것이다. 이런 점에서 키케로의 글은 두 사람의 관계를 잘 밝혀주는 증거로서 볼 수 있다.

  5) 마니우스 마닐리우스(M'. Manilius): 기원전 155년 또는 154년에 법무관으로 현재 포르투갈에 해당하는 루시타니아의 원주민들에 대한 전투에 참여했다. 기원전 149년에 통령을 지냈다. 그는 무키우스 스카이볼라(P. Mucius Scaevola)와 유니우스 브루투스(M. Junius Brutus)와 함께 시민법(ius civile)의 기초자로 알려져 있다. 이 책에서 "그는 (법률에) 해박하고 참석자 모두에게 호감을 주었고 소중히 여김을 받고 있어서"(1.18)라고 소개되어 있다. 키케로의 『연설가론』(de oratore), 3.133에 키케로의 스승인 크라수스가 그를 회상하는 내용이 나온다. "마니우스 마닐리우스가 광장을 가로질러 걸어가고 있는 것을 우리가 실제 보았을 때, 놀라운 것은 그가 했던 대로 모든 시민에게 자신의 조언을 제공하는 것이었다." 일찍이 그는 법률지식에 해박한 것으로 유명하며, 보코니우스 법 이전에도 의견을 제시한 것으로 알려져 있다.

  스키피오는 사절로 그의 휘하에서 복무했는데, 이를 계기로 정치적으로만 아니라 사적인 관계를 맺게 된다. 스키피오는 군사적으로 무능한 그의 실수를 최악의 상황이 전개되기 전에 예방해주었다. 그렇지만 스키피오는 그를 대단히 높이 평가하고 있었다. 기원전 133년 티베리우스 그라쿠스의 조치를 불법적인 것으로 보고 이를 철회시키도록 노력했다. 그는 스키피오에게 여러 가지로 영향을 준 중요한 인물이다. 그가 남긴 작품으로는 누마 법의 수집과 해설에 관한 것과 매도 양식에 관한 것이 있다.

6) 퀸투스 무키우스 스카이볼라(Q. Mucius Scaevola): 기원전 174년에 통령을 지낸 동명이인의 아들이다. 그는 '복점관'(Augur)이라는 별명이 있었으며, 기원전 133년 통령을 지낸 푸블리우스 무키우스 스카이볼라의 아들이 동명인데, 전자와 구별하기 위해 후자는 '사제'(Pontifex)라는 별명을 지니고 있었다. 그는 부친이 통령을 역임한 지 오래지 않은 기원전 170년경 태어나서 기원전 87년경에 죽은 것으로 보인다. 라일리우스의 맏사위가 되어, 두 번째 사위인 판니우스(Fannius)보다 앞에 선다. 그의 부인이 된 라일리아에게서 키케로는 스키피오 서클이 활동하던 시절에 관해서 들었을 것으로 보인다.

물론 80대 노인의 기억이 얼마나 정확한 것이고 키케로의 기술에 문제가 없었는지의 의문은 남는다. 특히 그녀의 모범적인 라틴어 구사 실력은 키케로에게 영향을 주었다. 물론 키케로는 '복점관' 무키우스와 밀접한 관련을 맺고 있었다. 본문의 시기인 기원전 129년에 무키우스는 청년(adulescens)으로 소개되어 있는데, 판니우스와 더불어 중간세대를 대표하는 사람으로 나타난다. 기원전 120년에 법무관이 되므로, 아직 관직에서는 이렇다 할 활약을 하지 못했다. 기원전 119년에는 총독재임 시에 독직죄로 알부키우스(Albuccius)에 의해서 고발되었으나 무죄로 방면되고, 기원전 117년에 통령이 된다. 그는 법학에 조예가 깊었으나 저술은 남기지 않았다. 철학에도 깊은 관심을 보여, 기원전 155년에 스토아 학자인 디오게네스를 청강했고, 파나이티오스의 친구로 지낸다. 또한 그라쿠스 형제에 영향을 준 블로시우스와도 밀접한 관련이 있었던 것으로 보인다. 기원전 100년 사투르니누스파가 폭동을 일으켰을 때는 원로원 편에 서기도 한다. 기원전 88년 술라가 로마로 진군해 마리우스와 그 아들의 추방을 제안하자 이에 반대했다. 킴브리인에 대해서 로마를 구원해준 사람을 벌할 수 없다는 이유에서다. 키케로는 이 사람에 대해서 『연설가론』에서 가장 근사한 기념물을 헌정한다.

7) 가이우스 판니우스(Caius Fannius): 이 책에서 대화자로서 별다른 활약은 보여주지 않는다. 이 사본의 발견자인 마이는 2권에서 배제되었을 것이라고 주장하고, 확실하지 않은 단편들은 그를 거론한다. 키케로는 그에 관해서 분명한 말을 하지 않는다. 사람들은 몸젠의 주장을 따라서, 마르쿠스의 아들 가이우스 판니우스(Caius Fannius M. f.)며, 그는 기원전 174년에 태어나서 라일리우스의 사위가 되었다고 생각한다. 이 사람은 티베리우스 그라쿠스와 더불어 기원전 146년에 카르타고의 성벽을 최초로 기어 올라간다. 142년에는 푸블리우스 스키피오 아프리카누스의 판단과 권위에 의해서 천부장이 된다. 다음 해 에스파냐에서 비리아투스(Viriathus)와 전투를 벌였으며(비리아투스는 양치기로 로마에 대항해 싸우다 죽은 포르투갈의 영웅이다) 기원전 132년에 법무관이 된다. 기원전 122년 가이우스 그라쿠스의 영향으로 통령이 되는데, 그의 시민권수여 계획에 반대해「동맹국과 라틴 동맹국에 관해」라는 연설을 했다. 이는 키케로에 의해 찬사를 받고 있다. 이 연설이 본인이 작성한 것이 아니라는 소문이 있었다. 또 폴리비오스의 영향을 받아서 『연대기』(Annales)를 썼다고 한다. 이에 대해 살루스티우스는 그가 그라쿠스 형제의 개혁을 전후한 당시 사정을 진실하게 전하고 있다고 평한다. 그의 역사의식은 스키피오의 의식에도 영향을 준 것으로 보인다. 특히 역사적 판단은 시대와 더불어 변한다는 말이 그러하다. 그가 라일리우스의 소개로 파나이티오스와 인사를 나누었던 점도 중요하다.

8) 퀸투스 아일리우스 투베로(Q. Aelius Tubero): 스키피오의 친누이인 아이밀리아의 아들이다. 스키피오의 친아버지인 아이밀리우스 파울루스의 외손자가 된다. 호민관을 지내면서 공명정대한 자세를 취해 외삼촌과 맞서기도 한다. 나이는 정확히 알 수 없으나, 기원전 154년에 출생한 것으로 추정한다. 이 책에서는 루틸리우스 루푸스와 동갑으로 가장 젊은 집단을 형성한다. 반(反)그라쿠스의 입장을 견지한 것으로 알려져 있으나, 정치적으로는 두드러진 모습을 보이지 못했으며 법무관 선거운동에서 실패했다. 키케로에 따르면, 스키피오의 장례식에서 매우 인색하게 처신했다고 하며, 보궐 통령의 직책을 얻지 못했다. 그는 열렬한 스토아 학파 사람으로 법학을 배워 스토아 철학과 결부하려고 시도했다. 그러나 키케로는 그의 연설이 인색한 스토아 학자의 것이라며 칭찬하지 않았다. 포세이도니오스(Poseidonius)가 그와 스카이볼라 그리고 루틸리우스 루푸스가 유일하게 소비에 관한 판니우스법(lex Fannia sumptuaria)을 정지시켰다고 해서 칭찬한 바 있다. 투베로가 이 서클에 가입하게 된 이유는 친척관계뿐만 아니라 파나이티오스와 이념적인 면에서 밀접했던 데에서도 찾아볼 수 있다. 그는 파나이티오스의 청강생이었을 뿐 아니라 함께 살기도 했다. 아테네에서 파나이티오스는 그에게 편지를 보냈으며 작품을 헌정하기도 했다.

9) 푸블리우스 루틸리우스 루푸스(P. Rutilius Rufus): 그는 스키피오 휘하에서 천부장의 직을 가지고 누만티아에 있었다. 루푸스도 역시 파나이티오스에게서 열심히 청강한 것으로 알려져 있으며, 연설가와 법률가로서 명성을 누리고 있었다. 기원전 118년에는 법무관직에 오르고, 유구르타 전쟁에 참여하고 용맹을 보인 후에, 기원전 115년에 통령선거에서 실패했다. 이때에 그는 경합을 벌였던 스카우루

스와 맞고소해 패배한다. 기원전 105년에는 통령이 된다. 그는 한 소송에서 유명해졌다. 스카이볼라가 총독으로 재직할 때 사절로 있으면서 속주 아시아에서 잠시 총독 대행도 하는데, 기사들의 이해관계에 간섭한다. 그는 속주에 가렴주구한 행위로 기원전 92년에 고발된다. 그러나 기사로 구성된 법정에서 입증된 죄도 없이 판결하는 것에 불복하고, 희생양이 되기로 한다. 키케로에 따르면, 그는 심판원들의 동정을 사기 위해서 자신을 굽히는 것이 자신의 가치에 맞지 않는 것으로 간주하고, 자신의 조카인 카이우스 코타가 변호하도록 한다. 결국 패해 벌금을 낼 돈이 없어서 그가 가렴주구했다고 하는 스미르나에서 망명생활을 한다. 그곳에서 그를 시민으로 받아들였기 때문이다. 키케로는 동생 퀸투스와 같이 스미르나에서 여러 날 그를 방문했다. 그는 루틸리우스를 덕의 기념물로 간주했다. 그곳에서 80세를 넘긴 나이로 죽는다. 그가 스키피오 서클의 일원이었다는 점은 논쟁의 여지가 없다. 자서전과 그리스어로 된 역사서를 쓴 것으로 알려져 있다.

이상 이 책에 등장하는 인물을 통해서 스키피오 서클 구성원의 면면을 제시해보았다. 이 대화편은 플라톤의 아류이지만, 크게 다른 점이 있다. 키케로는 이 대화를 통해서 하나의 이데아를 만들려고 하는 것이 아니었다. 오히려 로마 공화국을 자체로 이상화하려는 노력을 보여준다. 왜냐하면 여기에 참여한 사람들은 유명 인사로서 그들이 일치하고 있던 사상을 지니고 살았으며, 사실 키케로가 이들의 입을 빌려 표현한 것은 하나의 시대상이었기 때문이다.

공화정 후기의 로마정치
어떤 독창적인 저술이라도 시대의 영향을 받지 않을 수 없다. 더군다나 현실의 정체를 다루는 저술에서 동시대의 인식은 어떤 형태로든 저술의 방향을 결정짓는 것이다. 이런 점에서 그라쿠스 형제 사후 우리가 공화정 후기라고 일컫는 시대의 변화상을 일별하는 것이 독자들에게 다소나마 도움이 될 것이다. 특히 키케로라는 개인이 자기 시대를 어떻게 인식했는지를 한번 추체험하는 것은 작품의 구상에 접근하는 데 필요한 작업이다.

지중해 세계를 정복한 로마는 한동안 정복의 과실을 따먹는 듯이 보였다. 기원전 168년에는 배상금과 전리품이 넘치게 유입됨으로써 국고가 충실해졌고, 거의 해마다 거두어왔던 전쟁세 징수가 중지되었다. 또한 소비정책이 실시되고 로마에 여러 공공건물이 신축되어, 많은 인구를 도시로 유입시키는 효과를 가져왔다. 이와 같은 호황은 기원전 140년대까지 지속되었다. 이와 병행해 로마의 토지소유관계에도 변화가 일어났다. 로마가 사활을 건 전쟁의 과실은 대개 부유층에게 돌아갔으며, 이렇게 확보된 자금은 마땅한 투자처를 찾게 되었는데, 당시에 로마로 유입된 다수의 노예와 정복을 통해서 획득된 토지가 주요한 투자대상으로 부각되었다. 로마의 부유층은 도시 로마에 거주하고 그곳에서 활동했으므로, 현금을 확보하는 일이 중요했다. 특히 귀족은 법적으로 상업에 진출하는 것이 금지되었으므로, 화폐 소득을 보장해줄 수 있는 과수재배나 목축에 눈을 돌리게 되었다. 과수농업은 이탈리아의 지형이나 기후에 적합했고, 전문화된 노예노동을 필요로 했다.

아울러 노예공급이 원활하게 되면서 노예의 값이 저렴해짐으로써 노동력의 확보가 수월하게 되었다. 한편 정복으로 획득된 공유지에 대해 로마 정부는 일정비의 지세(곡물 10분의 1, 기타 5분의 1)를 납부하는 조건으로 점유해 이용하게 했다. 이 같은 추이는 로마에서 라티푼디움(latifundium)이라고 불리는 대농장이 공유지에 대한 사적 점유를 통해 널리 확산되어, 국가적인 경제형태가 되었다. 반대로 일반 농민의 사정은 심각했다. 군대에 나갈 수 있는 최소자격이 하강함으로써 병력 자원을 확보하는 데는 문제가 없었는데, 이는 견실한 자영 농민층의 몰락현상을 보여주고 있는 것이다. 아울러 대다수의 농민은 농촌에 정착하지 못했고 대신 기원전 140년대까지 지속된 로마 경제의 호황은 로마 시로 많은 인구를 유입시켰다. 특히 공공건물의 신축과 토목공사는 많은 인력을 필요로 했으므로 유입된 인구를 부양할 수 있었다. 이렇게 유입된 인구의 식량수요는 해외의 속주인 사르디니아와 시칠리아, 아프리카에서 수입되는 곡물로 충당할 수 있었다. 이렇게 해외에 곡물을 의존하게 된 이유는 로마에 인접한 지역의 자연환경이 변화해 곡물을 생산할 수 없게 된 점 등 여건의 변화를 꼽을 수 있을 것이다. 그러나 무엇보다 근본적인 원인은 로마 시 근교에 라티푼디움이 많이 생겨났고, 이 라티푼디움이 기초 식량을 생산하는 것이 아니라 포도와 올리브 등 환금성이 용이한 작물을 주로 재배했으며, 로마의 지배층이 이에 깊은 이해관계를 가지고 있었기 때문이다.

한 나라의 식량을 주로 해외에서 수입되는 곡물에 의존하는 것은 큰 문제에 직면할 우려가 있는데, 그런 우려가 현실이 되었다. 기원전 139년에는 시칠리아에서 노예 반란이 일어났고, 기원전 125년에는 북부 아프리카 지역에 누리떼가 습격했다. 이런 재해로 곡가가 상승함으로써 기원전 140년 대비 기원전 127년의 곡가는 1,200퍼센트의 급등을 가져온 것으로 알려져 있다. 자연히 이런 사태는 도시의 빈민에게 직접 타격을 가했다. 게다가 기원전 130년에 들어서면서 국고는 고갈되기 시작했고, 식민사업은 중단되었다. 이런 상황에서 도시에 밀집해서 살던 빈민은 생사의 갈림길에 놓였고, 세계의 정복자인 로마 시민이 이제 굶주림에 처하게 되었다.

일반적으로 기원전 133년은 로마에서 급격한 변혁이 시작된 해로 본다. 그런 평가는 현대의 학자들에게만 비롯하는 것이 아니라 동시대의 저술가들, 특히 이 책의 저자인 키케로의 경우 분명하다. 키케로는 그라쿠스 형제의 법제정을 지적해 일종의 사회주의적 노선으로 파악하기도 했다. 그래서 '재산의 동등'을 주장하는 것을 가장 문제 있는 것으로 파악하기도 한다.

형인 티베리우스는 농지법(lex agraria)을, 동생인 가이우스는 곡물법(lex frumentaria)을 제정했고, 형제의 활동은 이후 로마사의 분수령이 될 만큼 중요했다. 농지법의 내용은 원문이 전하지 않아서 알 수 없으나 대체적으로 다음과 같은 내용이다. 즉 로마 시민은 누구든 공유지를 500유게라 이상 보유할 수 없되, 단 성년의 아들이 있는 경우에는 2인까지 250유게라씩 1,000유게라를 보유할 수 있도록 한다. 둘째, 보유상한선을 초과하는 농지는 몰수해, 농지가 없는 로마 시민에게 추첨으로 30유게라씩 분배하고 일정액의 농지세를 내도록 한다. 셋째, 이 법을 시행하기 위해서 농지분배 3인위원을 선출한다.

이렇게 간략한 내용을 놓고 판단하는 것은 상당한 추측을 요한다. 당대에 가장 가까운 사가인 아피아누스(Appianus)는 농지분배를 함으로써 군복무의 자격을 갖춘 시민의 수를 늘리고자 했다고 보고한다. 현대의 학자들은 로마 근교에 무토지 시민을 정착시키는 것은 사실상 지배층의 이해를 침해하는 것이었으므로 정치적 반대를 받을 우려가 컸다고 본다. 이를 강행한 것은 로마 근교를 곡물공급지로 만들어서 곡물문제를 항구적으로 해결하는 데에 목표가 있었기 때문이라고 설명하기도 한다. 이런 설명들을 참조하면, 티베리우스의 개혁은 시기에 알맞은 정책이었다고 보이고, 실제 다수의 지지세력이 있었다.

그러나 몰수 대상 농지를 가지고 있는 사람으로서는 그 개혁을 무

로마 공화정 후기 주요 사건

기원전 133	티베리우스 그라쿠스의 개혁
123	가이우스 그라쿠스의 개혁
111	농지법 제정으로 농지보유한계 철폐
107	마리우스의 병제개혁으로 재산자격 철폐
91	동맹국전쟁 발발(~89), 이탈리아인 로마시민권 획득
81	술라 쿠데타로 이탈리아 침공
73	스파르타쿠스의 노예 반란
63	신인 키케로 콘술에 당선, 카틸리나 음모 적발
60	폼페이우스, 카이사르, 크라수스 제1차 삼두정 결성
58	카이사르 갈리아 원정(~51)
49	카이사르 루비콘을 건넘
48	카이사르 폼페이우스 군대 격파
46	카이사르 독재관에 취임, 율리우스력 제정(~A.D. 1582)
44	카이사르 암살
43	제2차 삼두정 결성
31	옥타비아누스 악티움 해전에서 안토니우스에게 승리
27	공화정의 몰락과 프린키파투스 체제 시작
23	카이피오와 무레나의 아우구스투스 암살 모의
9	원로원 아우구스투스를 위해 평화의 제단 봉헌
2	아우구스투스 국부로 선언됨

효화하는 것이 시급했다. 자신의 농지법으로 인기를 한 몸에 모으게 된 티베리우스는 개혁을 실천하는 도중에 귀족들의 습격으로 추종하던 사람들과 더불어 무참하게 살해되었다. 현장에 없었던 동생 가이우스 그라쿠스는 10년이 지난 기원전 123년에 호민관으로 출마해 당선되어, 같은 길을 걷게 된다. 그는 형이 제정한 법을 계승하는 한편, 그 당시에 가장 시급한 문제인 곡물 가격의 앙등을 해결하기 위

해서 곡물법을 제정했다. 그 내용은 시민 1인당 한 달 식량에 불과한 5모디우스를 유상배급하되, 가격은 시중 곡가의 2분의 1 이하로 하는 것이었다. 그뿐만 아니라 그는 이 법을 시행하기 위해서 관련된 법을 제정했고, 부족한 재정의 문제도 독자적으로 해결하고자 했다. 오늘날 이 조치는 생계의 문제를 해결하기 위한 최선의 방안이었던 것으로 평가되기도 한다. 그러나 동생에게도 형과 같은 운명이 기다리고 있었다. 귀족의 공격을 받아서 3,000명에 이르는 자신의 추종자가 죽음을 당했고, 자신은 노예에게 자신을 죽이라고 시켜서 생을 마감한다.

그라쿠스 형제는 이렇게 죽었지만, 이들은 죽어서 더 큰 힘을 발휘했다. 이들을 존경했던 평민들에 의해서 성인처럼 숭배되었다. 로마사에서 인민파(populares)라는 말을 듣는 정치가들이 등장해 형제를 모방했고, 이들은 평민을 위한다는 구실로 평민회를 중심으로 정치 야심을 실현하고자 했다. 일반 평민 출신의 병사들은 자신들의 군복무 이후에는 별다른 대책이 없다는 사실을 알게 되었고, 자신의 요구를 들어줄 유력자들과 결탁하게 되어 그들의 지지자로 때로는 사병(私兵)으로 변모하기 시작했다.

그라쿠스 형제의 농지법은 기원전 111년경에 소멸된다. 그 법 이후에 지세를 내는 조건으로 기존의 보유토지는 사유화된다. 이로써 무제한의 농지보유가 가능해지면서 라티푼디움의 전성시대가 도래하고, 동시에 체제의 위기가 오기 시작했다. 이런 변화를 그대로 반영하고 있는 것은 기원전 107년에 실시된 마리우스의 병제개혁이다. 키케로는 마리우스와 동향이었고 『법률론』에서 보이는 대로 그를 흠모했다.

개혁 내용은 기존의 군복무에 따르는 재산자격을 다 없애고, 무산자라도 지원하면 군복무를 하게 했다. 이 조치는 결국 시민-농민-병사의 일치가 무너지고, 직업군대를 양성하는 결과를 가져오게 되었으며, 제대 후 병사 출신 평민들과 지휘관 출신 정치가들의 상호결탁으로 이어지게 마련이었다. 이는 그라쿠스 형제 개혁 실패의 논리적 귀결이라고 보아도 틀림없다. 이런 구조를 마련한 마리우스는 전무후무하게도 기원전 104년부터 기원전 100년까지 연속해서 통령에 선출되었는데 이는 길게 보면 아우구스투스의 전조라고 볼 수 있다. 이런 인물의 등장은 기존에 유지되어왔던 공화정의 원칙에 따르면 있을 수 없는 현상이었다.

또 하나의 중요한 문제는 이탈리아 동맹국의 시민들에게 시민권을 부여하는 것이었다. 이들은 로마로 보아서는 없어서는 안 되는 중요한 병력자원이었고, 때로는 로마 시민들보다 더 많은 병력을 로마에 제공해왔다. 이제 이들에게 로마 시민권을 부여하는 과제는 그간 수차례 정치가들이 고려하고 제안했으며, 마지막으로 리비우스 드루수스가 기원전 91년에 제시했으나, 그가 살해됨으로써 무산되어버렸다. 로마인이 이 제안에 주저했던 것은 원칙적으로 따지면 로마에 의해 정복된 자들이 시민권을 가질 경우 정치적인 헤게모니를 이들이 차지하게 되리라는 두려움에서 비롯한다. 수적인 우위를 고려할 경우 그것은 현실이었다. 그러나 리비우스 드루수스의 피살은 새로운 형태의 전쟁인 동맹국 전쟁을 초래했다.

기원전 90년 이탈리아라는 국호가 등장하고 이들의 수도가 정해진 상태에서 로마는 이들을 각개 격파했는데, 그 수단이 시민권 수여였다. 로마에 순응하는 동맹국에게 시민권을 수여하는 일련의 법을 제정해 기원전 89년에는 포 강 이남의 이탈리아인들이 대개 시민권을 갖게 되었다. 그러나 원로마인들이 새 시민들에게 주도권을 주지 않으려고 했다. 즉 로마의 민회에서 특히 지역구민회에서 이들을 35개에 골고루 등재하는 대신에 특정 수의 지역구에 국한함으로써 이들에게 결코 수적인 우월권을 허용하지 않았다. 일부 정치가들이 이런 사정을 이용해 새로운 시민의 불만을 부추김으로써 정치적 승진의 기회로 삼는 한편, 체제상의 변혁을 시도했다. 기원전 65년경에 새로운 시민들의 지역구 배정문제가 결정되었다. 시민의 숫자는 90만에서 270만으로 3배가 되었다. 이제 로마는 조그만 폴리스 국가가 아니었다. 또한 혈통상으로 구(舊)로마인의 국가도 아니었고, 전체 이탈리아인의 이해관심사를 반영하고 이를 통해서 움직여지는 상태가 되었다.

이런 상태에서 로마는 행정이라는 거대한 문제에 직면한다. 수백만의 인구와 이탈리아 반도 전체를 아우르는 국가의 통치가 가능한 것인가? 대안은 무니키피움(municipium)이라고 불리는 자치도시의 육성이었다. 자치도시는 해마다 선출되는 관리가 있고, 이들이 각 자치도시의 행정을 맡았다. 그리고 각 지역 사람들은 그곳에서 권리를 지니고 살면서, 또 한편으로는 로마 시민으로서의 권리를 누릴 수 있었다. 당시인들은 이런 상태로 살면서 무엇이 달라졌는지 인식할 수 없었다. 그렇지만 이런 변화는 영역국가로의 대변신이었고, 고대 폴리스 국가가 끝났음을 보여주는 것이었다. 하나의 수도가 있으면서 자치도시와 자치단체로 구성되는 국가의 모습은 현대 국가의 구조와 같은 것이다. 각 시민은 이제 국가로 표현되는 자치단체의 성원으로서 존재할 뿐 아니라 로마라는 대제국의 일원으로서 정체성도 가지게 된 것이다. 이런 변화는 서양 고대세계에서 소리 없이 벌어진 구조변화였다. 이런 변화가 속주민들에게도 미칠 수 있을 것인가.

이런 변화에 수반해, 호민관들이 갑자기 중요해졌다. 민회에서 법을 제정해 이를 정치도구화함으로써 정국을 좌우할 수 있었다. 이로써 기존의 원로원 중심의 기득권층인 최선량(optimates)과 인민파 사이의 대립은 더욱 격화되었다. 기원전 88년 그해의 호민관이던 술피키우스 루푸스(Sulficius Rufus)는 당시 통령인 술라(Cornelius Sulla)가 지니고 있던 미트리다테스 전쟁 지휘권을 박탈해 인민파에 속하는 마리우스에게 넘겨주었다. 이 권한은 이미 원로원에서도 승인된 사항이었고, 더군다나 술라는 이 지휘권을 갖고 전쟁을 수행하면서 성을 공격하고 있는 중이었다. 당장은 어쩔 수 없이 그냥 두고 본 술라는 자신의 권한을 되찾기 위해서 군대를 이용할 수밖에 없었다. 이미 마리우스의 예에서 보다시피 병사들은 장군들과 밀접한 유대관계를 맺고 있었으므로 마치 한 배에 탄 공동운명체같이 되었다. 전쟁을 마무리지은 후에 군대에 로마로 진격명령을 내린다. 1명의 재무관을 제외한 지휘관급의 장교들이 이 명령을 따르지 않았다는 사실은 흥미롭다.

아직 이들에게는 로마 공화정이 남아 있었던 것이다. 결국 병사들의 자원으로 이 쿠데타는 성공했다. 피비린내 나는 시가전이 벌어졌고, 로마의 정복자는 다름 아닌 로마의 최고 관직자가 되었다. 이런 사태는 공화정의 막이 내릴 때까지 반복해서 벌어졌다.

술라가 로마를 떠나서 그리스에서 미트리다테스에 대한 전쟁을 수행하게 된다. 이후 4년간 로마 시내는 다시 반대 세력에게 점거되었다. 이 정국을 주도한 자는 킨나(Cornelius Cinna)인데 그는 매년 통령으로 재선되었던 사람이다. 사람들은 이를 두고 로마사상 최초의 전제정(Dominatio)이라고 부르기도 한다. 그러나 킨나를 둘러싼 인민파들은 공화정 체제를 근본적으로 바꿀 계획은 없었다. 킨나가 국가의 적으로 선포해서 추방한 술라는 원정을 마치자 자신의 군대를 거느리고 기원전 82년에 로마를 정복한다. 이날은 로마의 국가기념일이 되었으며, 이 기념일에 술라의 승리극이 상연되었다.

비록 로마는 정복되었지만, 그는 공화정을 없애고 왕이 된 것은 아니었다. 그의 목적은 원로원의 권위를 회복하는 것이었고, 아울러 귀족의 위신을 높이려는 것이었다. 그래서 원로원 의원 정수를 600명으로 늘리고, 이탈리아 출신 향신들을 이 자리에 대거 등용했다. 보호법을 제정해 관리나 원로원 의원을 보호하고 위신을 높여주었다. 자신의 권위를 세우기 위해서 옛날 제도였던 독재관(dictator) 칭호를 사용했다. 정적을 제거하기 위해서 추적명령을 내리고, 명단공개 처벌을 가해 수많은 사람들의 생명을 빼앗았다. 호민관에게서 모든 권한을 박탈하고 오로지 개인에 대한 보호 기능만 수행할 수 있도록 제한했다. 아울러 호민관을 역임한 자는 다른 관직에 나가지 못하도록 함으로써 이 직책은 인기를 잃게 된다. 이 시기에 상설법정을 확충해서 다양한 범죄행위를 처결했다. 관직의 수도 변경해 재무관을 20명으로 증원했다. 마지막으로 술라는 자신에게 충성을 보인 병사들에게 이탈리아의 토지를 분배함으로써 12만의 자영농이 육성되었다. 그 토지는 반대파와 반란한 동맹국에서 압수한 것이었다. 이로써 반도 내의 로마화가 더욱 촉진된다.

기원전 79년이 되자 술라는 돌연 독재관직을 은퇴하고 낙향한다. 은퇴 목적은 여러 가지로 해석할 수 있겠지만, 귀족정치를 공고화하는 것으로 판단된다. 원로원을 중심으로 한 집단지도체제를 통해서 그런 의도를 관철하고자 했으나, 술라의 의도와는 다르게 사태가 전개되어나간다. 끊임없는 음모와 이해관계의 대립, 그리고 유능한 행정관료의 미비 등으로 복잡한 세계제국을 이끌고 나갈 능력을 가지지 못했다. 이런 사명을 망각한 채, 로마는 권력투쟁의 장으로 변했다. 이런 권력투쟁이 결국은 한 사람의 승리로 끝날 때 로마 공화정은 종언을 고할 것이라는 시점에서 출현한 인물이 바로 폼페이우스였다. 폼페이우스 집안은 이탈리아 피케눔에 토지를 가지고 있었으며, 이를 기반으로 많은 피호민을 거느리고 있었다. 문제는 여기서 그친 것이 아니라 자신이 소집한 사병을 데리고 술라를 대신한다는 명분으로 시칠리아 섬과 아프리카를 점령했다는 점이다.

이때 그는 불과 26세로 로마의 관직을 맡을 수도 없는 나이였지만, 이를 계기로 장군인 임페라토르(imperator)의 칭호와 개선식의 권리를 획득했을 뿐만 아니라, 위인이라는 뜻의 '마그누스'(Magnus)라는 별칭을 얻게 되었다. 이런 명예를 누리게 된 것이 어떤 공식적인 직책이나 직함이 없이도 가능했다는 점에서 옛날의 국가는 이미 기능을 멈춘 것으로 생각해볼 수 있다. 여기서만 그친 것이 아니었다. 원로원은 기원전 77년에 폼페이우스에게 레피두스의 모반을 진압해달라고 부탁했을 뿐 아니라, 에스파냐에서 반란을 일으킨 세르토리우스를 진압하기 위해서 지휘권을 주기도 했다. 이 모든 일을 성공적으로 완수한 후 폼페이우스는 두 번째 개선식을 요구하는 한편 기원전 70년의 통령직도 달라고 했다. 이는 공화정 역사에서 듣지 못한 일이며, 나아가 기존의 질서를 송두리째 뒤집는 행위였다. 이는 자신이 거느린 사병에 근거했던 것이니, 혹자는 이런 상태를 새로운 군사독재라고 표현하기도 한다.

폼페이우스는 나름대로의 독자적인 정치 프로그램이 있었던 것으로 보이지는 않는다. 단지 개인적인 취향에 따라서 최선량, 즉 옵티마테스를 대변하는 처지였다. 그는 단지 개인의 영달과 군사적 업적을 일생의 목표로 삼았던 것 같다. 이런 경향은 자연히 최선량들의 반발을 사게 되고, 그는 인민파들과 제휴하는 쪽으로 방향을 바꾸게 된다. 동료 정무관인 리키니우스 크라수스(Licinius Crassus)는 인민파로, 술라의 명단공개처벌로 매각된 재산을 처분해 로마 제일의 부자가 되었다. 폼페이우스는 자연히 그와 가까워지게 되었다. 이 시기에 호민관 아우렐리우스 코타는 배심원법을 제정해 법정의 심판원을 원로원 의원, 기사 신분, 트리부니 아이라리이 신분에게 각각 3분의 1씩 배정하도록 했다. 이 법을 제정한 목적은 중립적인 법을 제정함으로써 법정의 탈정치화를 이루고자 했던 것이다.

폼페이우스 권력의 정점은 기원전 67년 해적소탕의 임무가 그에게 주어질 때였다. 해적이 기승을 부린 것은 어떻게 보면 로마의 부유층과 관계된 일이었다. 특히 이들을 통해서 조달되는 노예무역은 대단히 중요한 이해관계였던 것이다. 그러나 로마의 관리마저 이들의 습격을 받는 상황은 좌시할 수 없었다. 호민관 가비니우스는 원로원이 특별한 권한을 가진 사령관 한 명을 지명할 것을 제안했다. 그에게는 전체 지중해와 내륙 75킬로미터에 이르는 해안에 대한 지휘권과 속주 총독을 넘어서는 권한을 3년간 수여할 것이며 이를 위해서 국고 전체를 관장하고, 12만의 병력과 200척의 군선을 징발할 수 있도록 했다. 아울러 15명의 레가투스를 거느리는데, 이들에게는 법무관 급의 권한이 부여될 것이었다.

이 제안은 실로 놀라운 것이었다. 이것이 실현되면 공화정이란 이름만 남게 되고, 법을 초월한 인물이 왕처럼 군림하는 상태가 오기 때문이다. 원로원의 반발도 격렬했으나, 상황을 바꾸어놓을 수는 없었다. 그리고 당연히 폼페이우스가 지명되었다. 술라가 폭력으로 최고의 권력을 쟁취했다면, 그는 합법적으로 로마의 민회로부터 최고 권력자가 된 것이다. 특히 폼페이우스가 지휘하는 레가투스는 제정 시기 황제가 임명하는 '법무관 급의 레가투스'(legatus pro praetore)의 효시가 된다고 할 수 있다. 다음 해에는 마닐리우스법이 제정되었는데, 키케로가 법무관으로서 이를 추천하는 연설을 했다. 이 법의 내용은 기존의 대해적 소탕 지휘권에 미트리다테스 전쟁 지휘권을 더하고, 아시아에 대한 지휘권을 포함해 외국과 조약을 체결할 권한을 부여하되 시기제한을 없앤 것이었다. 이번에는 반대도 없었다. 공화정은 이미 끝난 것이라고 체념한 것일까? 다행스러운 것은 이 특별권한을 누린 폼페이우스가 임무를 수행하자마자 권력을 내놓은 것이다. 진정한 공화주의자라서 그랬다기보다는 로마의 왕이 되었다는 불명예를 누리고 싶지 않아서였을 것이다.

눈부신 공을 세운 폼페이우스가 군대를 해산하고, 제대한 군인에게 토지를 분배해달라는 요구를 원로원에 제시했다. 그러나 원로원의 반응은 차가웠고, 이에 폼페이우스는 실의에 빠진다. 그때 또 한 명의 인물이 부상하고 있었다. 그는 율리우스 카이사르(Iulius Caesar)였다. 명문 귀족 출신이기는 하나 큰 세력이 없었던 그는 폼페이우스와 그의 동료인 크라수스를 끌어들여 비밀협정을 맺어, 정권을 나누어 가지기로 합의한다. 물론 이는 아무런 법적 절차를 거치지 않은 협약에 불과한 것이지만 그래도 로마의 정치가 이들 세 사람에 의해서 좌우되었다. 카이사르는 폼페이우스에게 자신의 딸인 율리아(Iulia)를 시집보내어 관계를 강화했다.

그리고 기원전 59년에는 최고의 관직인 통령에 당선되어 폼페이우스의 휘하에서 복무한 노병들에게 토지를 분배했다. 카이사르는 다음 해에 갈리아 총독이 되어서 8년 동안 갈리아 지방을 정복하게 된다. 이 갈리아 원정은 여러 면에서 중요했다. 이때 군대는 국가 내의 국가라고 할 만큼 중요한 세력을 이루어가고 있었다. 장시간에 걸쳐 이 군대를 통솔한다는 것은 장차 로마의 정권을 장악하는 기반을 확보했다는 의미를 지니는 것이다. 또한 갈리아 정복은 유럽대륙의 내륙지방을 고대문명권에 들어가게 함으로써 장차 고대문명의 성격이 변화되는 계기를 만들게 되었다. 이 전쟁은 카이사르 군에게 순조로운 것도 아니었고 유리한 것도 아니었다. 특히 기원전 52년에 웨르킹게토릭스(Vercingetorix)와의 대전은 갈리아 정복의 고비였다. 카이사르는 이렇게 사령관으로서 군사와 관련해 재능을 발휘했을 뿐 아니라, 국내문제에도 관심을 가져 자신을 추종하는 호민관 클로디우스(Clodius)라는 인물을 통해서 기원전 57년에 빈민에게 무상으로 곡물을 배급했는데, 이때 수혜자가 30만 명에 이르렀다. 이 정책은 일단 사회문제를 '빵과 서커스'로 해결한 시도였다. 이를 통해서 그는 인기를 획득할 수 있었다.

아울러 카이사르는 갈리아, 폼페이우스는 히스파니아, 크라수스는 시리아를 맡기로 하는 협약을 체결해 삼두정을 공고히 한다. 그러나 3인의 협조체제는 오래 지속되지 않았다. 율리아가 죽고, 크라수스가 3만 5,000의 병력으로 파르티아를 공략하려다 실패해 전사한다. 이렇게 해서 삼두의 한 축이 무너지자, 원로원은 폼페이우스를 단독 통령으로 삼아서 질서를 잡고 카이사르를 제거하고자 했다. 기원전 49년 원로원은 갈리아에 주둔하고 있는 카이사르에게 군대 지휘권을 연장해주지 않고, 소환명령을 내렸다. 이 명령에 대해서 카이사르는 정예부대를 이끌고 루비콘 강을 건너 로마로 진격함으로써, 기원전 44년 3월 15일 암살당할 때까지 독재권력을 유지했고 자신을 헬레니즘 식의 치장을 통해서 신격화했다. 사실상의 왕정이지만, 이를 드러낼 수 없었고 겉으로만 공화정이 살아 있는 듯이 행세했다. 그가 왕관을 세 번이나 거절한 것은 명분에 집착하지 않은 실용적 태도를 반영한 것이다.

카이사르의 암살은 공화정의 부활을 꿈꾸고 있던 일단의 정객들에 의해서 이루어졌다. 이들은 카이사르의 암살이 바로 시민의 환호를 받을 것이라고 생각했으나 그 기대는 무산되었다. 카이사르의 기병대장이었던 안토니우스는 추도연설을 통해서 카이사르의 암살자들에게 복수의 화살을 돌리게 했다. 이듬해 로마로 돌아온 양아들 옥타비우스(카이사르의 누이가 그의 할머니다)는 카이사르의 유언장에서 자신이 주상속자인 것을 알고는 이름을 카이사르로 고쳐 불렀다(근대 역사가들은 이때부터 기원전 27년 아우구스투스라는 칭호를 받을 때까지 옥타비아누스로 부른다). 그는 카이사르의 유산을 요구했으며 안토니우스가 이를 미루자 카이사르의 고참병을 자신의 수하로 끌어들여 안토니우스에 맞서는 실력을 양성한다. 이들 역시 카이사르의 부하로서 최정예 군단을 거느리고 있던 레피두스(Lepidus)와 결탁해 2차 삼두정치를 결성한다. 이때 이루어진 삼두정치는 전과 달리 민회에서 법으로 확정되었다. 이후 대대적인 정치숙청이 단행되어, 원로원 의원 300명과 기사신분 2,000명이 이른바 공개처벌자의 명단에 들어가 처형되었는데, 이 책의 저자 키케로도 이때에 희생되었다. 안토니우스와 옥타비아누스는 카이사르 암살자였던 브루투스와 카시우스의 군대를 격파했다.

기원전 36년 레피두스의 군대가 병사들의 여론에 따라서 안토니우스의 군대에 병합된 이후 레피두스는 삼두에서 제외되었고, 옥타비아누스는 로마 시를 포함한 서방을, 안토니우스는 동방을 지배했다. 동방을 차지한 안토니우스가 이집트의 클레오파트라와 결탁하자, 옥타비아누스는 이에 대한 반감을 이용해 로마 시민과 서방을 결속해 안토니우스에게 대항했다. 두 사람의 경쟁은 기원전 31년 악티움 해전에서 안토니우스의 패배로 결판났다. 패배소식을 듣고 클레오파트라는 자살함으로써 생을 마감하고 이집트의 프톨레마이오스 왕조는 끝나게 된다. 이집트는 승자인 옥타비아누스의 개인 재산으로 간주되어 그의 권력에 기여했다. 이와 같이 2차 삼두정은 결과적으로 옥타비아누스 개인에게 권력을 몰아다주었다. 이로써 로마는 새로운 체제, 즉 제정을 맞이하게 되었다.

이처럼 키케로가 살았던 공화정의 마지막 세기는 숨돌릴 틈 없는 격변의 시기였다. 공화정의 대안을 모색하면서 영웅들이 명멸하던 시대였던 것이다. 또 세계제국을 유지해야 하는 당위성의 문제와 공화정체제의 고수라는 명분이 충돌했던 혼미의 시기이기도 했다. 이런 구조 속에서 개인적으로 출세의 영광을 질주했고, 또 낙망해 실의에 빠져 있기도 한 키케로와 그의 작품도 이 시대의 산물이다. 그가 렉토르로 표현되는 치자의 상을 상정하고, 소(少)스키피오를 그에 적합한 인물로 표상한 것은 이미 전형적인 공화정의 모습은 퇴색하고 강력한 통치자를 지향하던 시대상을 반영한 것이기도 했다.

키케로의 정치사상

티베리스 강변의 작은 폴리스 국가로 출발해서 거대한 제국을 형성한 로마인은 그 명성에 걸맞지 않게 국가의 이론에 관해 별다른 관심을 보이지 않았다. 그래서 키케로의 『국가론』은 로마인이 국가에 관해 어떤 토론을 벌였는지를 보여주는 유일한 저작이라고 할 것이다. 키케로는 위대한 저술가도 독창적인 저술가도 아니었다. 그렇지만 키케로의 국가에 관한 생각은 다른 위대한 저술가들의 것에 못지 않게 중요하다. 특히 로마의 원로원과 지배층에게서 지배적인 정치이념의 성격과 깊이를 반영하고 있다는 점에서 그의 저술은 유일하다고 할 것이다. 뿐만 아니라 아리스토텔레스 사후에 걸출한 철학자가 없었던 헬레니즘 시대에 축적된 그리스 정치이론의 저장고가 바로 그의 『국가론』과 『법률론』으로 대표되는 일련의 정치 관련 저술인데, 여기에는 로마법에 큰 영향을 주고 나아가 중세의 정치이론에서 나타나는 주요한 개념들이 등장하고 있다.

그의 저술 형태는 플라톤이 『국가』와 『법률』을 저술할 때 사용한 것과 일치한다. 키케로는 자신의 저술을 통해 선량하고 명예로운 사람들이 국가의 공무를 맡아서 활동하도록 종용하고 있다. 그의 저술은 여기에 그치지 않고 로마인에게 카이사르와 폼페이우스의 세력 앞에서 로마 국가를 재건하기 위한 모델을 제공하는 역할도 겸했다. 이를 위해서 키케로는 생경한 형태의 정체가 필요한 것이 아니라, 좋았던 옛시절로 돌아가자는 주장을 펼쳤다. 그 시절은 기원전 3세기 후반에 있었던 백인대회의 재편과 기원전 133년 티베리우스 그라쿠스의 개혁이 있기 전까지의 기간을 의미하는데, 바로 이 시기가 로마사에서 스키피오 서클에 속하는 인물들이 가장 중요한 영향력을 행사하던 때였다. 키케로에게 이 시기가 바로 로마정치사의 황금기로 인식되기에 부족함이 없었다.

키케로는 정치생활이야말로 인간이 성취할 수 있는 것으로서 가장 높은 평가를 받을 수 있는 것이라고 보았다. 따라서 정치가야말로 가장 높은 칭찬을 받을 만한 인물이다. 그 이유는 학자들은 몇몇 사람에게 영향을 주는 데 불과하지만, 정치가들은 선과 악을 판단하는 우리의 감정에 지대한 영향을 미치는 관습을 만들고 법을 제정하는 역할을 함으로써 어떻게 보면 도덕률을 창조하는 사람들이 되기 때문이다. 이것이야말로 인간이 접근할 수 있는 가장 신성한 분야로 신의 활동 범주에 드는 것이다. 이같이 확고한 신념은 키케로 스스로 자신이 이루었던 업적을 선양하고자 하는 시도로 볼 수 있다. 그렇지만 공직에 대한 이 같은 태도는 고대에 널리 퍼져 있던 신념이기도 했다. 이런 신념은 부분적으로는 질서 있는 정치가 얼마나 인간에게 축복을 제공해주는지를 단적으로 표현한 것이다. 아울러 이 생각은 사회질서란 신성한 제도라는 관념에서 비롯한 것이기도 하다. 물론 모든 정부의 기초는 인간에 달려 있다. 인간의 성취물 중에 어느 것도 법과 공인받은 국가에 의해서 통합된 인간존재만큼 신을 기쁘게 하는 것이 없다고 보는 견해가 키케로를 통해서 표명된 것에 불과하다.

신과 인간의 관계에서 두 존재의 연대를 가능하게 하는 것은 이성이라고 파악된다. 자연은 이성에 의해서 다스려지고 신은 그것을 완전한 형태로 소유하나 인간은 단지 부분적으로 지니고 있는 데에 불과하다. 이러한 자연을 지배하는 이성은 모든 이성적인 존재를 하나로 묶고 모든 인간 사회를 포괄하는 자연법으로서 표상된다. 이 법은 그 자체가 시작이고 끝이며 변하거나 중단지도 않는다. 아울러 인간이 세운 모든 나라의 경계를 넘어서며 인간을 올바르게 나가게 하며 사람을 악에서 구해낸다. 이처럼 키케로는 신과 이성을 동일시하면서 강한 어조로 참된 법이란 바로 신의 의지와 통치의 표현이라고 주장했다.

정의란 무엇인가? 만약 법이 일반적인 이성에서 나온다면 정의도 또한 그러하다. 일반적으로 인간의 감정과 이기심의 발로로서 만들어진 것이 정의라는 주장은 정의의 본질을 이해하는 데 완전히 실패한 것이다. 오히려 정의란 이타적인 데에 그 본질이 있다. 왜냐하면 그것은 모든 사람의 이익을 생각하도록 만들기 때문이다. 이 점에서 정의의 본래 목적을 찾아야 한다. 정의는 자연법 속에 존재하기 때문에 정의의 요구는 법령이나 전해오는 관습에 의해서는 고분고분 충족되지 않는다. 오히려 그것은 국가가 본래의 임무를 수행해가면서 조화롭게 해나가는 광범한 원칙이 되는 것이다.

정의에는 형평과 신의가 관련되어 있다. 형평과 신의는 참된 법에 내재되어 있다. 정의가 법의 공정한 특성이라면, 형평은 법이 공정하게 계속 적용되는 것을 의미하며, 신의는 법에 대한 일반적인 존경을 의미하는 것이다. 이런 것들이 자연법, 참된 법의 원소를 이루는 것이니, 이성이 있는 자라면 이러한 원칙에 맞추어서 행동하도록 해야 한다.

키케로는 국가의 기원에 관해서 어떠한 설명을 제시했는가? 그는 인간이 사회와 국가를 형성하게 된 원인은 물질적·신체적 연약함에서 찾을 것이 아니라 인간이 자연적으로 지니고 있는 사회적 본성에서 찾아야 한다는 주장에 동의한다. 그러나 그런 인간의 모임은 몇 가지의 조건이 충족되어야 국가가 될 수 있다. 이를테면 적당한 인원을 확보해야 하고, 공동의 관심사가 있어야 한다는 것이다. 그렇지만 무엇보다 중요한 것은 국가의 구성원인 인민이 그들을 통치하게 될 법에 대해서 합의해야 한다는 점이다. 바로 이것이 정치공동체인 국가를 이루는 기본이 된다고 본다. 이처럼 키케로에게는 국가의 법적인 측면이 가장 중요한 것이었다. 그래서 법이 없다면 국가는 존재할 수 없는데, 국가는 정의상으로 법에 의해서 결합된 집단이기 때문이다. 왜 법이 국가에 불가결한 것인가? 똑같이 모든 사람을 포용하는 국가가 일반요소를 가지는 것이 필요하다. 한편 인간의 능력과 특징이 모든 시민에게 동등하게 분배되리라고는 상정할 수 없고 개인이 똑같은 크기의 부를 지니도록 강요할 수도 없다. 그래서 키케로는 모든 시민에게 동일한 조건으로 공유되는 것이 오로지 법이라고 파악했던 것이다. 사실상 법의 본질적인 특징의 하나가 특별한 예외를 용납하지 않고 모두에게 공평하게 적용되어야 한다는 것이다.

법의 중요성과 관련되는 것은 바로 국가의 정의에 관한 문제다. 정의도 또한 자연적인 것이고, 인간에 의해서 만들어진 제도인 정부가 완전히 기능한다면 이 또한 정의에 토대를 두고 이루어져야 한다. 키케로는 『국가론』 3권에서 필루스의 입을 통해 자연적인 정의의 존재를 부정하는 말을 하게 한다. 경험과 관찰을 통해 볼 때 여러 유형의 법과 관습 속에는 정당한 것에 대한 동의가 없다. 이를테면 동물을 신으로 숭배하는 것은 옳다고 믿는 사람들이 있고 신상을 통해서 신을 나타내는 것을 불경하다고 보는 사람도 있으며 심지어 어떤 사람은 해적행위를 명예로 생각하기도 한다. 여자들이 남자들에 비해서 부당히 취급되기도 하고 같은 남자끼리도 차별이 크다. 법은 시간이 지나면서 똑같은 내용을 지니지도 않으며 국가마다 다르다.

또 정의를 순수하게 추구하는 사람들은 손해를 감수해야 하며, 또한 제국도 지배권을 포기하고 피정복국가의 시민에게 영토와 권리를 돌려주고 빈곤한 삶을 살아야 할 것이다. 이러한 필루스의 지적에 대해서 키케로는 라일리우스를 통해 진정한 정의란 무엇인지 설파한다. 불행하게도 해당되는 본문의 대부분이 소멸되어 전하지 않는 상황에서 라일리우스의 주장이 어떻게 전개되었는지는 알 수 없다. 남아 있는 단편으로는 그가 정의는 진실하고 영원하며 보편적인 법 속에 내재하는 것으로 설명하고자 했다는 것을 알 수 있다. 따라서 정의는 그 자체로 진실하고 영원하며 보편적이라는 것이다. 이를테면 인간이 다른 인간에게 예속되는 것은 부당한 것이라고 보지만, 열등한 사람이 우월한 사람에게 복종하는 것은 진실로 정당하다고 본다. 라일리우스가 말한 정의의 핵심은 차별화를 전제로 한 질서를 의미한 것으로 볼 수 있다.

정의와 화합의 관계에 대해서 키케로는 명백히 규정하지 않았다. 그렇지만 화합은 정의의 결과라고 보았던 것으로 파악된다. 화합은 사회·정치적 삶의 요구에 순응시키고 방황하는 종족을 감소시킴으로써 국가의 진보에 바람직한 영향을 미친다. 키케로는 국가에서 이루어지는 화합을 일찍이 음악의 하모니에 비교한 바 있다. 음악에서 제각기 다른 음색과 높이가 있지만 이들이 제 위치에서 소리 낼 때 조화가 이루어지는 것처럼 국가의 안정성은 그 같은 관계에서 찾을 수 있는 것으로 이해한다.

이어서 정치적 자유의 문제를 키케로는 어떻게 이해했는지 살펴보자. 그는 자유야말로 건전한 사회질서를 이루는 주요한 요소라고 본다. 자유보다 더 달콤한 것이 없다는 말을 통해서 자유의 중요성을 강조하고 법이 제정되는 목적도 바로 이 자유를 위한 것이라고 주장했다. 이 자유는 평등하게 공유해야 하며, 일체의 무자비한 통제에 구속되지 않는 상황을 지시하는 것으로 파악했다. 그렇게 되기 위해서는 법이나 도덕성에 따라야 한다고 보았다. 요컨대 인간은 자유롭기 위해서 법에 대한 노예가 되지 않을 수 없다는 것이다. 그렇지만 법이나 도덕을 따르는 것은 무자비하고 가혹한 통제나 굴레가 아니다. 왜냐하면 우리가 원하는 대로 사는 것이야말로 진정한 자유이나, 우리가 법을 따르는 이유는 법이 두려워서가 아니라 법을 따르는 것이 지극히 유리하다고 판단하기 때문이다. 이 자유는 구체적으로 시민이 국가의 운영에 참여해 자신의 뜻을 펼쳐보는 적극적인 권리로 인식되었다. 물론 키케로도 이 자유가 방종과 동일시된다는 것을 깨닫고 있었다. 그는 모든 것이 극단적이 되는 경향이 있으며 극단적인 형태 속에서는 반대방향으로 운동이 전개된다고 파악했다. 이 이론에 따르면 극단적인 자유는 개인과 국가에 대해서 극단적인 노예상태를 의미한다는 것이다.

이런 식으로 국가의 구성요소를 정하고 나서 이를 토대로 '어떤 형태의 국가가 최선의 상태인가'라는 질문을 『국가론』에서 제기하고 있다. 국가형태의 세 가지 순수한 형태인 왕정, 귀족정, 민주정 중 가장 바람직한 형태가 무엇인가라는 질문을 라일리우스가 제기하게 하고 이에 대해서 키케로는 스키피오의 입을 통해서 로마인에게 지대한 영향을 미쳤던 폴리비오스의 정체순환론을 설명한다. 키케로는 현존하는 모든 정부는 이 세 범주 중 하나에 해당하며 각 형태는 나름대로의 타락된 형태를 지닌다고 보았다. 이를테면 어떤 국가가 한 사람의 통치 아래 있다면 왕정이거나 참주정의 상태에 있다. 더욱이 국가가 현재 지니고 있는 형태는 고정되거나 불변의 것이 아니다.

오히려 정치혼란이나 정변 등으로 최초의 인간집단인 국가가 움직여가는 경향이 있고 여기에는 일정한 경로가 있다고 파악된다. 그런데 키케로는 특이하게도 그 과정을 정연한 순환의 고리로 설명하기보다는 제 멋대로 굴러가는 공과 같은 것으로 설명하고 있다. 처음에는 왕 아래 있던 국가가 참주로 바뀌는데, 이때 참주를 타도하는 것

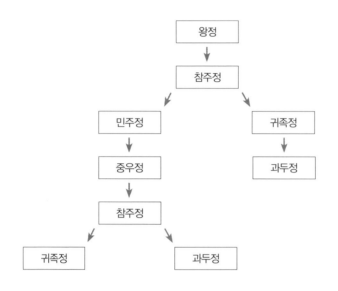

은 귀족이나 인민이다. 따라서 이후의 정체는 귀족정이나 민주정이 된다. 이렇게 해서 정립된 민주정은 폭민정치나 우민정치로 이어진 다고 보는 것이 일반적인데, 키케로는 우민정치가 왕정이나 귀족정 에서 직접 일어난다고 말한다. 이를 도표화하면 위와 같다(Sabine et al., 1929, 58쪽). 이러한 키케로의 설명방식은 폴리비오스의 순환론을 수정한 것으로 이는 정체순환에 어떤 논리구조가 있다는 생각을 전 적으로 포기한 것이다. 이러한 생각은 키케로가 로마의 발전과정을 설명하려는 시도에서 비롯한다. 그는 폴리비오스의 이론이 혼합되 지 않은 순수한 형태에 적용되는 것으로 파악하고 아울러 로마의 체 제가 혼합된 국가로 성장하는 과정을 보여주고자 했다. 실제로 키케 로가 파악한 로마의 역사에 따르면, 참주인 타르퀴니우스는 귀족에 의해서가 아니라 인민에 의해서 추방되었다는 것이다. 이로써 로마 에는 온건한 민주정이 이루어지고 민주정은 극단적인 경향을 보인 다. 그 같은 순환의 경로를 따라가는 정체타락의 주된 원인은 그 속 에 내재된 불안정성이다.

국가는 싸우는 파벌이나 개인들 사이에서 주고받는 공과 같다. 정체의 불안정성은 단순한 정부형태에는 어떤 제어하는 힘이나 속박이 존재하지 않는다는 사실에서 나온다. 더욱이 타락된 형태에는 법에 대한 동의라는 조건이 전혀 실현되지 않고 있다. 이런 상태에서 내적인 결합력과 긴장이 결여되어 있으므로 개인은 정부의 구성요소를 불법적으로 강화 또는 약화시킴으로써 정치적인 균형과 조화를 깨게 된다. 키케로는 결론적으로 최선의 국가형태가 무엇인가라는 질문에서 순수한 세 정체를 거부한 셈이다.

물론 세 정체 중 어느 것도 타락하지 않은 상태라면 그런대로 좋은 것이라고 인정했지만 내재한 약점을 간과하지도 않았다. 이를테면 왕은 우주를 지배하는 신에 비교된다. 이성이 정신 속에서 기능을 발휘하듯이 왕정은 바람직한 것이다. 이런 일관성 때문에 비상시에는 로마가 독재관을 세워서 그런 형태를 띠게 된다는 사실이 왕정의 장점을 드러낸다. 그렇지만 치명적인 약점은 관대한 군주라도 한 사람에게 과도한 권력이 집중되어 인민이 자유를 누리지 못한다는 점과 개인은 쉽사리 성격을 바꾸어 전제군주로 떨어질 위험이 있다는 것이다.

귀족정의 경우 국가의 운영을 위한 예지를 모아서 통치하므로 한 사람의 경솔함과 약점을 보완하고 다수의 성급함을 막는다는 점에서 바람직하다. 그렇지만 탁월한 귀족정에서도 인민이 노예화되는 현상이 발생하며, 아테네의 참주정과 같이 과두적인 상태로 전락할 위험이 있다.

민주정은 인민의 자유라는 점에서 보면 상당히 안정된 것이다. 이 사회는 평등한 권리 위에서 수립되었으므로 어떤 정체보다도 쉽게 화합에 도달한다. 그렇지만 키케로는 민주정이 세 형태 중 최악의 것이라고 했다. 왜냐하면 인간의 가치를 획일화해 권위의 등급을 인정하지 않아서 쉽사리 폭민정의 상태로 전락하기 때문이다.

이런 근거로 키케로는 이상적인 국가는 혼합정체를 가져야 한다고 주장한다. 어떤 분야는 가장 훌륭한 개인에 의해서, 어떤 분야는 귀족들에 의해서, 어떤 분야는 인민에 의해서 수행되는 상태가 안정성을 지닐 수 있다는 것이다. 이런 정체에서는 시민 각자에게 적합한 기능을 부여해 이를 유지하는 데에서 정치적인 힘을 확보할 수 있다. 그런데 키케로는 이런 이상적인 국가를 바로 현실적인 로마가 구현하고 있다고 보았다. 그 국가는 왕 아래서 변변치 않은 폴리스 국가로 출발해 기원전 2세기 전반까지 수백 년 동안 성장과 발전을 통해서 이루어진 역사적인 귀결로 파악한 점에서 여타 사상가들의 생각과 다른 점이 있었다. 그렇지만 정체의 순환이 지니는 진보적인 의미를 파악하지 못했다는 점에서 키케로의 혼합정체는 자기 시대에 대한 적극적인 의미부여보다는 지나가버린 기원전 2세기, 곧 『국가론』의 무대가 되었던 상황을 이상화함으로써 융통성을 상실하고 있다는 점에서 나름의 한계가 있었다.

문제점과 쟁점

이상과 같은 평가에도 불구하고, 키케로의 이 저술은 연구자들에게 의문점을 던져주고 있으며, 그대로 역사적인 반영으로 보기에는 어려운 점이 많다. 이런 점을 몇 가지 제시해보기로 하자.[7]

얼마나 역사적인 묘사인가

키케로가 당대의 대표적인 문인이고 학자이지만, 과연 역사를 그

---

7) 이하는 Zetzel에 따른다.

대로 재현한 것인지는 의문의 여지가 있다. 등장인물이 자신의 세대로부터 한 세대 위의 인물들인데, 자신의 논설을 당대인들의 입을 통해서 말하는 경우 생길 수 있는 문제점을 염려한 나머지 그렇게 했을 것이라는 짐작도 가능하다. 이것은 플라톤의 저술에 영향을 받은 것을 부인할 수 없다. 당대의 사가인 살루스티우스(Sallustius)는 허구(ficta)라고 인정하고 있었음을 보여준다(키케로, 『동생 퀸투스에게 보내는 편지』 3.5). 물론 키케로가 전혀 무관한 인물을 모아놓은 것은 아니다. 이들의 성격과 정치적인 성향을 연관했을 것이다. 스키피오, 라일리우스 등 본 대화편에 나오는 인물들은 앞에서(43~50쪽) 제시한 것처럼 실제적인 정치활동을 하고 있었다. 이들은 반(反)그라쿠스적인 경향을 공유하고 있었으며, 그라쿠스의 농지법으로 인해서 야기된 문제 특히 오랜 동맹국이었던, 이탈리아인이나 라틴인의 문제를 깊이 있게 논의하고 그 대책을 수립하는 데 협의했을 것으로 짐작된다. 투베로가 일식을 문제 삼고, 라일리우스는 현실 정치에 관심을 표명하고, 스키피오가 폴리비오스의 역사를 인용해 설명하는 것은 가능한 것이다.

그러나 그들이 플라톤의 대화편에 나오는 것처럼 정치학술 논쟁을 전개하고, 그것도 스키피오가 죽기 직전 마지막 휴일에 그런 모임을 가졌다는 것은 가능하지 않은 것 같다. 『국가론』에 등장하는 인물들은 로마에 '스키피오 서클'이 있어서 그리스 사상의 보급을 맡은 유일한 집단이었다는 일반적인 학설의 밑받침이 되었다. 스키피오, 라일리우스, 필루스는 흔히 서로 문화적인 연대감을 가지고 있었고 이들은 특히 테렌티우스와 밀접한 관련을 맺고 있었다. 그러나 이들만이 유일한 그리스 문화 애호가는 아니었다. 다른 후원자들도 있었으며, 서클이라고 할 만큼 그렇게 일관된 기획 아래 모임을 가졌다고 보기도 어렵다.

또 키케로가 이 모임에 있는 인물들에 대해서 묘사한 것에 관해서도 의심의 여지가 있다. 줄곧 이상적인 인물로 등장하는 스키피오는 실제 교만하고도 야심이 많은 귀족이었다. 더군다나 그의 통령직 선출은 법을 위반한 것이 많았다. 그래서 아스틴[8] 같은 로마사가는 그를 평해 예외적이고 극단적인 붕당적 적대감을 만들어냈고, 여기서는 인민에 호소하는 것이 핵심 요소였다고 하면서 티베리우스의 개혁과 불행을 초래한 것이 바로 스키피오 자신의 경력이라고 말한다. 스키피오가 옛 조상의 관습을 지키고, 그의 동료들이 감동적이고 설득력을 가지게 한 것은 결국 로마 과거를 이상화한 것이지 결코 사실이라고는 하기 어렵다.[9]

키케로는 독창성이 없는가

옮긴이가 후기에서 키케로의 『국가론』을 플라톤의 아류라고 표현한 바 있다. 그만큼 두 작품의 유사성은 분명하다. 우선 주제가 비슷하다. 인민과 국가의 관계, 정의의 성격, 정체에 관한 이론, 교육론 등을 전개한 후, 사후 생활에 대한 환상으로 끝맺는 것은 동일하다. 플라톤의 구절도 여러 군데에서 번역해 인용하고 있다. 이를테면, 플라톤의 『국가』 8은 이 책 1.66~68에서, 2는 이 책 3.27에서, 10은 이 책 6.3~4에서 인용되고 있다. 그밖에도 대화자의 등장(1.14~18), 문답식 대화(1.56~63), 스키피오의 연설 끝에 이어지는 침묵(2.26)이 플라톤의 대화편을 연상시킨다.

그러나 플라톤의 문제점을 지적한다. 서론부(1.2~3)에서 인간의

---

8) A. E. Astin, *Scipio Aemilianus*, Oxford, 1967, 249~306쪽.

9) 우연인지 아니면 의도적인지, 키케로가 이 글을 완성한 것이 그의 나이 55세인데, 스키피오가 대화를 마치고 죽는 나이와 같다. 여러 연구에 따르면 이는 스키피오를 통해서 자신을 드러내려는 의도의 하나로 파악된다.

행태와 일치하지 않는다는 점, 교육이론이 가혹한 것이라는 점을 지적할 뿐 아니라, 실제 정치 생활에 기초하지 않은 것이라고 비판한다. 중요한 차이점은 강조점에서 두드러진다. 플라톤은 개인의 영혼에 있는 정의로부터 출발해, 이를 확인하기 위해서 국가의 유사성을 들며, 마지막으로 개인적인 덕에 대한 보상으로 돌아간다. 반면에 키케로는 우선 국가와 정치적인 미덕의 문제에 관심을 가지고 있었다. 이 책 3권에 나오는 정의의 문제만 하더라도, 국가 사이의 정의의 문제였지 개인의 것이 아니었다.

플라톤의 저술에서 나오는 에르(Er)의 환상은 개인에게 정의가 불의보다 더 낫다는 것을 입증하고자 제시한 것이다. 사후 여행을 소개하면서 지상에서의 행위에 따른 인과응보를 강조하면서 앞으로 지상에서 어떻게 살 것인지를 선택할 것을 말한다. 이에 비해서 스키피오의 꿈은 티베리우스 그라쿠스를 죽이는 데 앞장섰던 스키피오 나시카를 위해서 동상을 세워주어야 한다는 라일리우스의 불만에 대한 답으로 제시된 것이다. 스키피오는 진정한 덕이란 동상이나 월계관으로 보상되는 것이 아니라고 답한다. 그러면서 꿈 이야기를 통해서 국정을 맡는 것은 신에 의해 인정된 것이고, 신이 보상하는 활동이라는 점을 밝히고 지상이든 천상이든 이런 정치적 활동이 중요한 것임을 강조한다.

이렇게 본다면 같은 구도에서 나온 두 이야기는 사실 반대방향을 지향하고 있는 것이다. 우선 플라톤의 것이 개인적인 도덕성을 강조한다면, 키케로의 것은 그런 정의가 자신이 소속된 국가의 것과 동떨어지면 아무런 의미가 없다고 주장한다. 또 하나의 차이점은 전자의 것이 이론적이요 그리스적이라고 한다면, 후자의 것은 역사적이고 실용적이고 로마적이라고 할 수 있다.

이런 대립은 키케로의 작품 전편에 반영되어 있으며 이론적인 문제를 다룬 후에 바로 정치적·실제적인 문제를 다루고 있다. 이를테면 이 책 3권에서 키케로는 정신과 육체로 이분법적으로 나누어놓은 다음 국가 발전에서 이성의 중요성을 강조하고 나아가 정치기술을 찬양하고 구체적으로 과거 위대한 로마 정치가들의 업적을 제시한다. 또 2권에서는 정체 순환의 논리를 제시하고, 로마의 정체를 예로 들어서 혼합정체의 우수성을 입증하고 있다. 4권에선 이런 체제가 지속되는 것은 로마의 교육 때문으로 설명한다. 마지막으로 이상적인 정치가의 상을 렉토르(rector)라는 지도자상을 만들어서 제시한다. 이 사람은 지식과 실천을 겸비해야 하고, 위기에 처한 국가를 인도해야 한다는 것이다. 이런 인물이 기대해야 할 것은 스키피오의 꿈에 제시된 보상이라고 하겠다. 물론 그런 지도자가 어떤 사람인지 남아 있는 글이 없어서 알 수 없기는 하다. 그렇지만 현실에서 도피하는 것이 아니라 현실정치에 적극 참여해 경륜을 펼치는 사람이야말로 키케로는 이상적인 정치가라고 보았다.

이 구도에 따라서 그는 인물들을 유형화하고 있다. 먼저 그리스인의 삶을 관찰해 세 부분으로 나누고 있다. 에피쿠로스파 사람은 쾌락을 추구하고 정치참여의 의무를 부인하는 편이어서 제일 낮은 자리를 차지하고, 진리와 덕을 옹호하는 자들로 초기 스토아 학파에 속한 사람들이 있는데 이들은 좀더 낫지만 은둔의 삶을 주창하고 옹호하는 점에서 해로운 존재들이다. 이들보다 훨씬 나은 자들은 정치철학자들로 플라톤, 아리스토텔레스, 파나이티오스 등이 있다. 그런데 이런 차이에도 불구하고 키케로가 보기에 그리스인의 삶은 기본적으로 이론적인 삶(βίος θεορητικός)이다. 이들 위에서 군림하는 사람들이 로마인이다. 로마인은 기본적으로 실천적인 삶(βίος πρακτικός)에서 탁월한 사람들이다. 로마인도 다시 세 가지로 유형화해, 카토 같은 사람은 예지가 있었으나 학문이 부족하고, 라일리우스 같은 사람은 예지와 철학적 교양을 지니고 있다는 것이다. 그러나 가장 위대한 인물은 스키피오인데, 그는 두 가지 요소에다 정치에 관한 지식을 지니고 있다는 것이다(물론 그에 버금가는 사람이 키케로 자신이라는 말을 드러내놓지는 않았어도 바로 자신이 또 하나의 스키피오라는 생각을 지니고 있었다). 로마인의 우월감이 잘 표현되고 있는 것이 바로 이 작품을 통해서라고 볼 수 있다.

정치적인 용어의 문제

키케로가 제시한 이상적인 정치가상은 렉토르 또는 제일시민으로 표현되는데, 이들에 의해서 정치가 이루어져야 한다는 주장은 고대의 철학자들이 일반적으로 정치란 윤리의 일부라는 생각에서 나온 것이다. 키케로의 시기에 이 작품은 프린키파투스가 도래할 것을 예정한 작품으로 또는 폼페이우스로 하여금 독재관이 되도록 요청하는 구호로 받아들여졌다. 이를 주장한 사람은 라이첸스타인[10]과 마이어다. 이들에 반대하면서, 초법적인 카리스마적 지도자가 필요하다는 것을 시사한 것이라고 주장한 사람은 하인체(R. Heinze)[11]다. 하인체에 대해서 라이첸스타인은 "이 말(제일시민princeps)은 단지 총통(Führer) 또는 총통의 성격을 지시할 뿐이고, 이는 이제 우리도 우리 민족의 갱생을 위해서 열망하고 있다는 것이다"라고 대답했다. 이 말에서 시사하는 것처럼, 키케로가 제시한 이상적인 지도자상은 바로 나치의 체제와 관련되어 많은 연구가 이루어졌다. 그러나 이를 반성한 뷔흐너(Büchner)는 서문에서 "이 주석서에서 필자는 키케로가 의도한 것을 넘어서는 것은 더 이상 파악하지 않고 그 이해에

---

10) R. Reitzenstein, "Zu Cicero De re publica," *Hermes* 59, 1924, 357~362쪽.
11) R. Heinze, "Ciceros Staat als politische Tendenzschrift," *Hermes* 59, 73~94쪽.

국한하고자 한다. 이것을 기술하려는 목적은『국가론』1.50에서 왕정에 대해 하인체가 잘못한 말이 보존되어 있다는 것을 폭로하려는 것이다. 오로지 이런 인식이 있어야만, 키케로가 군주정 옹호자라는 있을 수 없는 주장이 함께 결부되어 부정될 수 있을 뿐만 아니라 동시에 전체 작품의 구성을 이해할 수 있을 것이다"라고 언급하고 있다.

한편 키케로의 구상을 중기 공화정의 보수적인 헌정질서를 회복하려는 청사진으로 보려는 주장도 있다.[12] 이런 실용적인 주장들은 키케로의 작품이 하나의 정치적 팸플릿이라고 보는 점에서 일치하고 있다. 그러나 이런 주장에 앞서 고려해야 할 점은, 이 책 1권에 나오는 이론이 전체의 얼마 되지 않은 부분이라고 하는 사실이다. 게다가 그의 관심은 윤리였고, 따라서 정치 구호와는 다소 거리가 있는 것이다. 그가 회복하기를 바랐던 것은 '권위를 지닌 질서'(otium cum dignitate)라는 말로 요약되듯이 사회적 안정성이 보장되고 재산과 신분에 대한 존중이 유지되는 국가였다. 그가 원하던 것이 이루어지면 제도가 개혁될 뿐 아니라, 국가에 대한 개인들의 태도도 변화되어야 할 것이다. 개인의 덕과 국가의 성공적인 운영 사이에는 직접적인 관계가 있다고 믿고 있던 그의 사상은 르네상스 이후의 정치사상과도 부단한 연계를 지니고 있다.

이 책을 우리말로 옮기기 위해 다음의 대역과 번역을 참조했다.

Anna Resta Barrile, *Marco Tullio Cicerone: Dello Stato*, Oscar Mondadori, 1994.

C. W. Keyes(tr.), *Cicero, De re publica*, Loeb, 1928.

---

12) K. Girardet, *Die Ordnung der Welt*, Wiesbaden, 1983.

Ferdinando Stirati, *Marco Tullio Cicerone: De Republica*, G. E. L. A. Editrice, 1993.

George Holland Sabine and Stanley Barney Smith(tr), *On the Common Wealth: Marcus Tullius Cicero*, Bobbs Merrill Company, New York, 1929.

James E. G. Zetzel(ed.), *Cicero De Republica: Selections*, Cambridge University Press, 1995.

Konrat Ziegler, *De Re Publica: Librorum sex quae manserunt*, BSB B. G. Teubner Verlagsgesellschaft, 1969.

Konrat Ziegler(tr), *Cicero: Staatstheoretische Schriften, Latreinisch und Deutsch*, Wissenschaftliche Buchgesellschaft, Darmstadt, 1984.

Karl Büchner, *De Re Publica-Kommentar*, Heidelberg, 1984.

Esther Breguet, *Cicéron-La République*, Paris, Les Belles Lettre, 1989.

Charles Appuhn, *Cicéron De la République De Lois*, Paris, Edition Garnier Freres, 1954.

Niall Rudd, *Cicero: The Republic and the Laws*, Oxford University Press, 1998.

로마의 관직 · 제도 일람

옮긴이는 기존에 나와 있는 로마 관직의 번역어들이 서로 상충되고, 일관성이 없으며, 내포된 의미를 잘 담고 있지 못하다고 생각해서 다음과 같이 제반기능과 번역어를 제시하고자 한다. 아래의 표는 다음의 문헌을 참고했다. Claude Nicolet, *Rome et la conquête de monde mediterraneen, 1/Les structures de l'Italie romaine*, nouvelle clio 8, Presse universitaire de France, 1979, tableau III.

아래에 나오는 연도는 기원전이다.

1. 정무관(政務官, magistratus)

정무관직은 선거를 통해 선출되는 별정직 공무원에 대한 일반명칭이다. 공화정기 로마의 정무관에는 다음과 같은 직책이 있었다.

1) Dictator: 독재관

기원·등장	-501년 -249년, -217년, -215년, 82년, -49~44년(카이사르)
임기	-일반적으로 최고 6개월(전쟁수행 목적) -민회를 위해서 며칠간 -술라:상설직(2년 후 은퇴) -카이사르: 연간, 10년, 종신직으로
권한·치장	-대조점의식 -군과 국내에 대한 대권 -24개의 권표 -다른 관직보다 우월 -이 직책자에 대한 민회상고는 없음(?)
기능	-모든 기능(전쟁 또는 반란시) -특수기능: 종교, 선거(민회주재), 원로원 충원(216)
선임절차	-스스로 됨(술라) -다른 콘술에 의해 지명됨(원로원의 권고에 따라) -217년: 선거 -82년: 간왕의 제안에 관해서 투표된 법에 의해서 지명됨 -49년: 법무관에 의해 거명되고 이후 콘술들에 의해서 거명됨
선임조건	콘술
직임자수	단독, 기병대장이 복속함
서임규정	자신이 제안하고 쿠리아회에 의해서 표결된 대권에 관한 법
수행원	24명의 권표운반원 릭토르(Lictor: 술라)

2) Consul: 통령[1]

기원	-509년(?) -366년(?): 평민에 개방되고 재조직됨
임기	-1년간 -225년경: 3월 1일에 임기 시작 -154: 1월 1일에 임기 시작
권한·치장	-대조점의식 -내정과 군사에 관한 대권[2](80년까지) -12개의 권표 -민회소집, 원로원에 보고 -민회상고의 대상
기능	-일반과 특수기능 -군사(80년까지) 및 정치 -판결권(군대) -121년 이후 원로원의 최후통첩으로 민회상고권 중지

---

1) 통령: 군통수권과 행정권을 동시에 가지고 있다. 라틴어로 imperium militiae et domi로 표현된다. 같은 의미는 대통령직이므로 이에서 차용한다. 흔히 사용되는 집정관은 아무런 역사성이나 의미를 담지 못하는 번역어다.

2) imperium은 군통수권으로 이해되나 행정권도 포함하는 것이다. 우리가 대통령의 권한을 대권이라고 표현한 것에서 차용한다.

선임절차	-백인대회 통령이나 독재관의 주재 아래서
선임조건	-법무관 역임자(197년 이후) -172년까지 2명 중 1명은 혈통귀족[3] 출신
자격연령	-42세(180년 이후)
직임자수	-2명 -예외적으로 1명(52년 폼페이우스 통령시)
서임규정	-권표의 매달교환(먼저 선출된 자가 1월 1일에 권표를 지님)
수행원	-대권에 관한 법: 자신이 제안한 법을 쿠리아회에서 인정 -12명의 권표운반원 -포고자 -전령

3) Magister equitum: 기병대장

기원	-501년
수행원	-6명의 권표운반원

4) Censor: 호구조사관[4]

기원	-443년: 신설 -80~70년: 중단 -265년 직후 재선 금지
임기	-5년마다 선임 -312년 이후: 18개월간 권력 지속
권한·치장	-대조점의식(통령과 법무관의 조점과는 무관) -판결권(일부 재정관련 소송에서) -벌금의 부과권 -판정(강등, 불명예) -민회 소집권이나 원로원 보고권은 없음
기능	-호구조사: 재조사, 시민명단의 작성(재산평가) -원로원의 선발, 기사 신분의 검열 -도덕의 감독, 습속의 점검, 임시 처벌 -국가 재산의 관리 •보존, 건설 •공공조달과 세입의 경매

---

3) 혈통귀족은 patricii의 번역이다. 로마에서 관직 역임자로서 신귀족이 생겼는데 이는 명사(nobilis)라고 한다. 후자의 경우는 혈통과 무관하다. 이런 변화는 리키니우스 섹스티우스법의 제정으로 초래되었다.

4) censor의 일차적 임무는 센서스(census)조사다. 이에 등가개념인 우리말이 호구조사라 그대로 쓴다. 흔히 감찰관이라는 번역이 있으나 이는 부차적인 소관 사항을 지시한다.

선임절차	-통령 주재 아래 백인대회에서 선거
선임조건	-전직 통령(51년은 제외) -일반적으로 2명 중 1명은 혈통귀족에서
자격연령	-44세
직임자수	-2명
서임규정	-대권에 관한 법: 통령이 제안하고 백인대회의 결의로 통과됨
수행원	-권표운반원 없음 -포고자 -서기관 -회계보조인

5) Praetor: 법무관

기원	-366년: 1명의 시 법무관 -242년: 1명의 순회법무관 -230년경: 사르디니아와 시칠리아 전담 2명 -197년: 히스파니아 파견 1명 -180년: 6번째 법무관 -123년: 직권남용전담 1명 -80: 8명 -카이사르 하: 10, 14, 이후 16명
임기	1년
권한·치장	-대조점의식 -군사 대권(80까지) 및 내정에 관한 대권 -6(또는 2)개의 권표 -민사에 관한 재결권(149년 이후 형사 배심법정에 주재) -칙법을 고시할 권리 -민회 소집과 원로원에 보고할 권리
기능	-술라까지: •로마에서 배심 및 정치에 관한 권한 •군대 지휘권 •속주들에 관한 관리 -술라 이후: •임기중에는 로마에서 배심에 관한 권한 •이듬해 법무관 총독으로 속주로 출발 -80년부터: 각 법무관의 전문영역이 할당됨
선임절차	-통령 주재 아래 백인대회에 의해서 선거됨
선임조건	-재무관 역임자(적어도 80년에 제정된 코르넬리우스법 이래로)
자격연령	-39세(180년 이래로)
직임자수	-2, 4, 6, 8명(80년)
서임규정	-대권에 관한 법: 자신이 제안하여 쿠리아회의 통과를 받음
수행원	-로마에서는 2명의 권표운반원 -속주에서는 6명의 권표운반원, 포고자와 전령, 재판을 위한 재판 장관, 배심단 구성을 위한 심판원, 서기관

6) Aedilis: 관리관[5]

기원	-496년: 2명의 평민 관리관 -366년: 2명의 귀족 관리관 -46년: 2명의 곡물담당관리관(분배)
임기	1년
권한·치장	-귀족 관리관: 상아 의자, 조상권(造像勸) -평민 관리관: • 권위(potestas) • 민사 재판(매각에 관한 절차) 　　　　　　　• 칙법 고시권 • 벌과금 부과
기능	-장시에 대한 감독 -도로의 감독과 도로 수선 -평민에 관련되는 문서고 보존(200년경까지) -로마 경기, 평민 경기에 대한 책임 -특정 배심원단의 주재(80년 이후)
선임절차	-지역구회에 의해서 선거 • 통령 사회 아래 귀족 관리관 • 호민관 의 사회 아래 평민 관리관
선임조건	-재무관 역임 후(적어도 80년 이후)
자격연령	-36세
직임자수	-4 -6명(카이사르 아래서)
서임규정	-대권에 관한 법, 쿠리아회에서 제정(콘술의 제안에 따라서?)
수행원	-권표운반원은 없음 -서기관

7) Quaestor: 재무관

기원	-왕정기 -공화정 초기에 4명 -267년: 2명 추가(로마시재무관?, 화폐 재무관?) -227년: 2명 추가(시칠리아와 사르디니아) -197년: 총 10명 -80년: 20명 -카이사르 아래: 40명
임기	1년(12월 5일에 임기 시작)
권한·치장	-권위 -의자(귀족용이 아님) -판결권(심문권, 조사권) -국고 책임 -술라 시기부터 원로원 들어가는 권한이 부여됨

---

5) aedilis가 aedes와 연관되므로 조영관이란 번역어가 있는데, 위에서 보다시피
만드는 기능은 없고, 로마 시 행정 전반에 관한 관리를 맡는다. 조영관이라는
번역을 쓰면 곡물공급을 맡는 경우 이상한 번역이 되므로 관리관이라 한다.

기능	-2명 로마 시 재무관: 국고 관리(돈과 문서) -4명 콘술보좌 재무관 (문서고) -2명 이탈리아 재무관(이목移牧통로 및 수로 관리) -속주 및 군재무관(시칠리아에 2명): 재정 책임
선임절차	-특정 배심단의 주재
선임조건	지역구회에 의해 선거, 통령의 주재 아래 -10년간의 군복무(150년경) -천부장(2세기) -1세기에는 1~2년 동안 복무 -기사 센서스 액을 소유
자격연령	-30세(80년 이후)
직임자수	-197년 이래: 10명 -80~45년: 20명 -45년경: 40명
서임규정	-대권에 관한 법. 쿠리아회 제정, 통령에 의해서 제안
수행원	-서기관(특히 국고 관리를 하는 경우)

8) Tribunus plebis: 호민관

기원	-496년에 신설, 평민만의 관직으로 -366년: 통합 -lex Atinia(149~123)에 의해 원로원 의원이 될 수 있음(타관직을 역임하지 않고) -366년 이래: 10명
임기	1년(12월 5일 직무 개시)
권한·치장	-권위: 신성불가침 -걸상에 앉을 권리(subsellium) -조력(auxilium) -거부권, 중지권(로마에서는 독재관에 대해서도 행사) -고소권, 벌금, 사형 -평민회의 소집 -원로원에 보고
기능	-전반적인 권한 -정무관의 모든 행위, 원로원의 최후통첩에 반대할 수 있음 -심판원의 판결에 대해서는 반대할 수 없음 -평민결의를 발의할 권리
선임절차	-지역구회에서 선거, 호민관의 주재 아래
선임조건	-평민 -재산 정도는 무시 -일반적으로 재무관을 역임
자격연령	-27세? -32세?
직임자수	-10명
수행원	-권표운반원 없음 -포고자 -서기관 -전령

9) Tribuni militum: 천부장[6]

기원	-123년부터 정무관으로 간주됨
임기	-1년
권한·치장	-병사들에 대한 규율 유지와 처벌권
기능	-대대(군단의 1/10) 지휘
선임절차	-217년 이래로 지역구회에서 선출
선임조건	-2세기: 5년 또는 10년의 복무 -1세기: 1년
자격연령	-22세 또는 -27세
직임자수	-24명

10) Tresviri capitales: 집행리 3인 위원

기원	-289년 신설
임기	-1년
권한·치장	-사법 기능에서 상급 정무관을 보조함
기능	-사형 집행 -벌금 징수 -경찰 등
선임절차	-3세기 이래로 선거
직임자수	-카이사르 아래서 4명

11) Tresviri monetales: 화폐주조 3인 위원

기원	-289년에 신설(?)
임기	-1년
권한·치장	
기능	-로마에서 화폐 주조

---

6) 군단이 5,000명 정도인데, 6명이 2개월간 통솔하므로 대략 1,000명을 통치하는 관직이라고 볼 수 있으며, 그리스어 번역도 chiliarchos로 되어 있어 이렇게 옮겼다. 흔히 군사 호민관이라고 하는데 이는 대표적인 오역이다.

선임절차	-지역구회에서 선출, 로마 시 법무관의 주재 아래서
직임자수	-43년에 4명

12) Decemviri stilibus iudicandis: 해방심의 10인 심판원

기원	-4세기에 신설(?)
임기	
권한·치장	-해방절차의 심판

13) Praefectus(Cumae, Capua): 지사

기원	-2차 포이니전쟁 후 신설 -20년에 폐지
임기	-1년

2. 신분ordo[7]의 명칭

-ordo senatorius: 원로원 의원 신분

-ordo equester: 기사 신분

-ordo tribunorum aerarioum: 선납자 신분(그리스어 proeisphe-rontes에서 비롯함)

-ordo publicanorum: 공공청부업자 신분

-ordo plebis: 평민 신분

-populus: 인민(국민은 나라 전체 구성원을 지칭하나, 로마는 나라 전체를 표기할 때 SPQR=senatus populusque romanus라고 했다. 이

---

7) ordo는 법적·혈연적 신분을 모두 포함하는 로마의 고유한 개념이다. 국가의 명부에 등재되어 별도로 관리되는 사람들 일반을 지칭한다.

런 로마식 표기법에 따르면 포풀루스를 국민이라고 하면 개념상 어려움이 있다. 또 번역어인 인민은 민중이라는 뉘앙스를 가지기도 하는데, 이런 표현이 필요한 경우 그대로 이용될 수 있다. 고대 사회에는 시민civis의 개념은 있되 국민의 개념은 없었다).

3. 민회의 명칭과 기능

평민이나 인민의 권리를 상징하는 민회는 크게 보아 다음의 세 가지로 나뉜다.

- comitia curiata: 쿠리아회(curia는 로마 건국 때 3부족, Tities Rhamnes Luceres가 각각 10개의 쿠리아를 내어 30개의 쿠리아 단체가 모인 것이다. 통상 번역을 하지 않고 쿠리아회로 표기한다).
- comitia centuriata: 백인대회(로마의 군대 기본 편제인 백인대 centuria를 단위로 한 민회다).
- comitia tributa populi: 지역구 인민회(로마에서는 최종 35개 지역구Tribus가 확정되는데, 이 단체에 기초한 민회, Tribus는 부족이 아니라 행정구역이다).

그외에도 자주 등장하는 표현은 다음과 같이 번역한다.

- concilium plebis: 평민회(평민만 지역구 단위로 모인 민회, 바로 Varro의 설명에 따르면 concilium은 귀족이 배제되어 시민 전체의 모임이 아니기 때문이다.)
- concilium populi: 인민회(위의 설명에 따르면 틀린 어법이지만, 관

용적으로 쓰이는데, 이 경우 쿠리아회나 백인대회를 지칭한다).

-Comitium: 통상 모임의 장소를 지시하는 경우 고유명사로 코미티움으로 표기한다.

-contio: 예비공청회(민회는 실제 투표만 하는 절차다. 토론과 여론 형성은 이곳에서 이루어진다. 공청회 직후 바로 투표로 이어지는 관계로 민회로 번역되기도 한다).

기원전 218~기원전 49년까지 로마 민회*

	쿠리아회	백인대회	지역구회	평민회
투표단위	30씨족, 3개의 구 부족, 티티에스·람네스·루케레스에서 각 10단위씩	193개의 백인대: 18 기사백인대, 170보병(보병은 241년 이후 35개의 지역구에서 2개의 연령집단과 재산에 근거한 5등급으로 구분), 5개의 비무장 백인대	35개의 지역구, 4개의 로마 시 지역구와 31개의 농촌 지역구	
참석시민	인민은 참석하지 않음 공화정 후기에 각 씨족 쿠리아가 권표 운반원으로 대표됨	모든 시민에게 개방	모든 시민에게 개방	평민만 참석, 구혈통귀족은 제외 지역구회라고도 불림
주재관	통령 또는 법무관 종교 목적으로는 대제관	통령, 법무관 또는 201년 이전에 독재관 통령이 연초에 없을 경우 간왕이 주재 통령선거용 (조점의식)	콘술이나 법무관 때로 귀족관리관의 주재 (조점의식)	호민관 평민관리관 (조점의식 없음)

---

* C. Nicolet(tr. by Falla), *The World of the Citizen in Republican Rome*, Bats-ford Academic and Educational Ltd., 1980, p. 228 참조.

선거		통령, 법무관, 호구조사관	귀족관리관, 재무관, 하급관리, 특별위원	호민관, 평민관리관 특별위원
입법	쿠리아법 통과-정무관의 대권과 하급관리의 권한 인정 대제관 아래 양자와 유언 인정	한때는 주요 입법기관, 기원전 218년 이후에는 전쟁선포·호구조사관 권한 인정 이외에는 거의 사용되지 않음. 키케로를 추방에서 돌아오게 하는 법 제정	백인대회에 국한된 법을 제외하고 어떤 법도 제정	
				대부분의 법이 호민관에 의해서 제안, 평민결의라고 하는 법규가 287년 이후에 법으로서 효력을 가짐
사법		중범죄에 관한 재판, 기원전 2세기 이후(그라쿠스 형제 시기)에는 고대의 반역죄인 모반(Perduellio) 재판	벌금이 부과되는 법규 위반	
				공공 재판소의 설치 이전에 호민관 주재 아래 자주 선고함
회의장소	코미티움	포메리움 밖 군신광장	공화정 후기 선거용으로는 군신 광장 입법·사법을 위해서는 포룸(원래는 코미티움?) 또는 카피톨리움 구역 한 사례는 키르쿠스 플라미니우스에서 열림	

제1권

〔사분철 I, II가 빠지고, III의 1장이 빠졌다. 다음의 단편은 여기에 속한 것으로 보인다.〕

노니우스, p. 426, 9:(키케로)『국가론』I: 조국은 생부모보다 더 많은 혜택을 부여했고 더 오래된 부모이므로, 부모에게 바칠 감사함보다 조국에 바칠 감사함이 참으로 더 크다.

플리니우스, 『자연사』 서문 22: 실제로 작가들을 비교하면서 가장 확실하고도 최근에 나온 작가들에 의해서 옛 작가들의 작품이 한 글자도 틀림없이 모사되었음에도 전거를 밝히지 않음으로써 결과적으로 베르길리우스[1]가 밝힌 덕이라든지 툴리우스가 말한 소박함의 문제와 관련해서 논쟁이 벌어지지 않게 되었음을 나는 발견했는데 여러분도 이 점을 알기 바란다. 키케로는 『국가론』에서 플라톤을 선호했음을 고백했고, (죽은) 딸의

---

1) Publius Vergilius Maro(기원전 70~?): 라틴 시인의 왕자로 불린다. 대표작『아이네이스』(*Aeneis*)로 유명하다.

『위로문』에서는 크란토르[2]를 추종한다고 말했으며 『의무론』에서는 파나이티오스[3]를 따랐다고 말했다.

플리니우스, 『자연사』 서문 7: 그밖에도 현학자들을 공개적으로 배척했다. 재능의 모든 불확실함을 넘어선 자인 마르쿠스 툴리우스도 그것을 이용하고 있으며, 놀랍게 그도 변호인을 통해서 보호받는다. "나는 학식이 매우 높은 마니우스 페르시우스[4]가 아니라 유니우스 코그누스[5]가 읽기를 원한다." 비록 이 말은 최초로 문장양식의 효시를 이룬 루킬리우스[6]가 변명하기 위해서 생각했던 것이지만, 키케로는 『국가론』을 저술함에 우리가 타비평자들에게서 공격받지 않도록 주의하는 것처럼 그 방법을 채용했다.

아루시아누스 메시우스, 1.74 Marmorale: 그는 그 사안에서 벗어난다.: 키케로, 『국가론』 I: 그들이 철수한 사안으로부터.

---

2) 이 『위로문』(*Consolatio*)은 죽은 딸 툴리아(Tullia)를 추모하고 스스로를 위로하는 것으로 현재 전하지 않는다. Crantor(기원전 310년경): 플라톤의 제자로서 철학자다.

3) Panaetios(기원전 185~110): 로도스의 스토아파 철학자다. 아테네에서 수학했다. 로마에 와서 라일리우스와 소스키피오를 문하에 두었다. 특히 인간의 의무에 관한 글을 남겼으며, 후일 키케로의 『의무론』 저술에 큰 영향을 미친다.

4) Manius Persius: 그라쿠스 시기의 유명한 연설가이며, 시인인 루킬리우스(Lucilius)의 친구로서 그의 풍자시를 낭독하는 자로 간주되었다고 한다.

5) Iunius Cognus: 누구인지 불명이나 그라카누스(Marcus Iunius Gracchanus)로 보는 견해도 있다.

6) Gaius Lucilius(기원전 180~103): 수에사 아우룽카에서 출생했으며, 로마 풍자시의 기초자로서 평가받고 있다. 30편의 풍자시 중 일부 단편만 남았다. 나폴리에서 죽었으며, 스키피오의 친구로 알려져 있다.

락탄티우스, 『신적 교양』 3.16.5: 그러므로 키케로가 입증하고 있듯이 사람들은 철학에서 유익함이 아니라 재미를 구한다. 그는 말하기를, 사람들의 모든 논쟁은 사실상 덕과 지식의 풍부한 원천을 지니고 있는 것이기는 하지만 그들의 행동과 업적과 관련되어서 여가 때 재미를 주는 것만큼도 되지 않는 유익함을 사람들과의 업무에 가져다 주지 않을까 두려워한다고 했다.

노니우스, p. 526, 8: 키케로, 『국가론』 I: 계획과 훈육이 없었더라면 카르타고는 거의 600년 동안의 세력을 지닐 수 없었을 것이다.

1

1　〔적극적인 애국심이 없었더라면〕…공격에서부터…〔우리 나라를〕…벗어나지 못하게 하였을 것이며, 가이우스 두엘리우스, 아울루스 아틸리우스, 루키우스 메텔루스[7]가 카르타고의 위협으로부터 해방시키지 않았더라면, 2분의 스키피오[8]가 제2차 포이니 전쟁의 타오르는 불길을 자신의 피로써 끄지 않았더라면, 더 많은 병력으로 인해서 고조된 그 불을 퀸투스 막시무스[9]가 약화시키고 마르켈루스[10]

---

7) Gaius Duelius, Aulus Atilius Catilinus, Lucius Caecilius Metellus: 제1차 포이니 전쟁 기간(기원전 264~241)에 활약한 로마의 명장들이다.

8) Publius Cornelius Scipio(Africanus의 부친)와 그 동생 그나이우스(Gnaeus)로 제2차 포이니 전쟁 기간에 전사한다.

9) Quintus Fabius Maximus: 제2차 포이니 전쟁에서 지연전술을 펼침으로써 한니발에게 타격을 주었다. 페이비안 사회주의는 그의 이름에서 비롯한다. 한니발이 나폴리에 주둔하고, 이탈리아 남부 지방에 군사력을 파견하고 있었을 때 마르켈루스와 함께 한니발의 예봉을 무력화시키고 소강상태에 이른다. 이때 로마는 칸나이 전투에서 많은 병력을 상실했지만, 16개의 군단을 20개로 늘렸다.

10) Marcus Claudius Marcellus: 평민 클라우디우스 가문의 출신으로, 5회의 통령

가 타격을 가하지 않았더라면, 푸블리우스 아프리카누스[11])가 이 나라의 항구들에서 그 불을 뽑아내어 적국의 성벽 안으로 옮기지 않았더라면 (로마는 강대하지도, 위기에서 벗어날 수도 없었을 것이다.) 쾌적하고 가까운 장소인 투스쿨룸에서 여가[12])를 즐기는 것은 사실 마르쿠스 카토[13])에게나 어울리는 것이다. 그는 비록 무명이고 정치 신인[14])이지만, 같은 업무에 진력하는 우리들이 근면과 덕의 모범으로

을 역임했고, 제2차 포이니 전쟁기인 기원전 216년 놀라 전투에서 한니발을 상대로 최초의 승리를 거두었다. 기원전 208년에 매복한 한니발의 군에 의해 죽임을 당한다. 한니발이 그를 후히 장사지냈다 한다.

11) Publius Cornelius Scipio Africanus: 기원전 202년에 전선을 이탈리아에서 카르타고로 옮기는 전략을 구사해, 자마 전투에서 한니발에게 승리함으로써 제2차 포이니 전쟁을 종식시키는 데 기여한다.

12) otium: 이 말의 의미는 흔히 3가지로 파악할 수 있다. 먼저 에피쿠로스 사상가들이 말하는 의미의 쾌락(voluptas)과 관련된 '편안한 삶'을 지칭한다. 여기서는 이런 의미로 사용된 듯하다. 그래서 이 문장에서는 카토 정도나 되어야 그런 삶을 누릴 만한데, 그렇지 못한 자들이 그런 것을 즐기고 있다는 뉘앙스를 풍긴다. 두 번째 의미는 공사다망한 생활에서 잠시 나와 재충전하기 위해서 쉬는 것을 말한다. 본문 1권 14 이하에서 대화를 나누기 위해서 스키피오가 잠시 쉬고 있는데, 이 같은 임시적인 휴식을 의미한다. 이런 경우는 저술과 대화를 통해서 생산적인 활동을 하는 것이므로 공공생활에 기여하는 것이다. 마지막으로 '국내의 안녕' '법질서' 등으로 번역될 수 있는 경우인데, 흔히 키케로가 이상적인 상태를 '권위를 지닌 질서'(otium cum dignitate)라고 표현한 것이 이에 해당한다. 이 책 1권 6과 7에서는 후자의 뜻을 따라서 여가 대신 법질서라고 번역했다. Zetzel, 96~97 참조.

13) Marcus Porcius Cato Censorius(기원전 234~149): 투스쿨룸 출신으로 기원전 184년에 호구조사관을 지내면서 매우 엄정해 켄소리우스라는 별명을 들었다. 17세에 종군하기 시작한 이후에 여러 전투에서 뛰어난 용기를 발휘했다. 그는 인내와 절제의 면에서 남보다 두드러졌는데, 물을 제외한 다른 음료는 삼갔다고 하며 아무 음식이라도 불평하지 않고 먹었다고 한다. 그는 호구조사관 재직 중에 그리스의 사치와 풍습이 로마에 엄습하는 것을 비판했고 특히 철학자인 카르네아데스를 로마에서 추방한 것으로 유명하다. 남긴 작품으로는 로마의 건국을 다룬 『기원론』과 『농업론』이 있다.

14) 'homo novus'의 번역어로 흔히 로마의 최고관직인 통령직에 처음 진출한 가

서 그를 따르고 있다. 그러나 아무런 필연적인 상황이 강요하지 않을 때 평온하고 여유가 있는 가운데 매우 유쾌하게 살기보다는 노년에 이르기까지 파도와 폭풍 속에서 내던져지기를 원했을 때, 어떤 자들이[15] 주장하듯이, 그 사람은 정신이 나간 자다. 이 나라의 안녕에 기여한 수많은 분들을 일일이 열거하지 않겠다. 자신이나 친지 중 어떤 사람이 생략되었다고 한탄하지 않도록 현시점의 기억에서 멀리 떨어지지 [않은] 분들을 추모하는 것은 멈추겠다. 단지 이 점 하나만을 단정하고자 한다. (그분들에게는) 인류를 향한 덕의 필연적 성향과 공공의 안녕을 지키려는 사랑이 자연에 의해 크게 부여되었으므로[16] 바로 이 힘이 쾌락과 여가의 모든 유혹을 물리쳤을 뿐이라는 것이다.

2

2 그렇지만 덕을 지니고만 있는 것은 결코 충분한 것이 아니니, 이는 마치 어떤 기술이 있으되 사용하지 않는 것과 같다. 비록 기술은 사용할 수 없을 때라도 지식을 통해 유지될 수 있는 데 비해서, 덕은 그 실천에 전부가 달려 있는 것이다. 덕을 최대로 사용하는 것은 나라를 다스리는 것인데, 저 사람들이 구석에서 외치는 바로 그것들의 완성은 언변을 통해서 이루어지는 것이 아니다. 왜냐하면 철학자들이 사실상 올바르고 도덕적으로 말하기는 하지만, 여러 나라에서 법률을

문출신자를 일컫는다.
15) 에피쿠로스 학파의 사람들을 지칭한다. 고통을 회피하는 것을 이상으로 생각했으므로 정치참여를 반대했는데, 키케로는 이들을 매우 비난하고 나쁜 평가를 하고 있다. 키케로, 『최고선악론』 2.74 이하를 참조.
16) 사람마다 자연이 부여한 본성이 다르다는 키케로의 주장에 따라서 이렇게 번역했다. 키케로, 『의무론』 1.110 이하 참조.

정비한 자들에 의해서 마련되고 확인되〔지 않〕는 것은 아무것도 언급하지 않고 있기 때문이다. 이를테면 경애심은 어디서 유래하는가, 종교는 누구에게서 야기되는가, 어디서 만민법이나 이른바 시민법[17]이 나오는지, 정의·신의·형평은 어디서 비롯하는가, 수치심·자제력·추함의 기피·칭찬과 도덕성에 대한 희구는 어떻게 생기는가, 고생과 위험에서 강인함은 어떻게 생기는가 등이다. 훈육을 통해서 형성된 이것들을 때로는 관습으로써 강화하고, 때로는 법률로써 선포한 자들에게서 유래한다는 것이 분명하다.

3 게다가 사람들의 보고에 따른다면 특별히 고귀한 철학자인 크세노크라테스[18]는 자기의 가르침 중에서 제자들이 무엇을 따르고 있는지 질문을 받았을 때, 법률에 의해서 하도록 강요받은 것을 자발적으로 하는 것이라고 답변했다. 따라서 이 문제를 논의하는 사람들조차도 철학자들이 언변으로 겨우 몇 사람을 설득하는 데에 지나지 않는 것을 대권[19]과 법률상의 처벌에 의거해 모든 사람에게 강제하는 자야말로 박식한 사람들보다 더욱 귀히 여겨야 할 것이다. 박식한 자들의 언변이 아무리 철저한 것이라고 하더라도 공공의 법과 관습에 의해서 선하게 구성된 국가보다 우선해야 하는 것인가? 사실상 엔니우스[20]가 지칭하고 있는 '크고 위엄 있는 도시들'이 촌락이나 성채들

---

17) 시민법(ius civile)은 로마 시민 사이에 적용되는 법을 의미한다. 만민법(ius gentium)은 시민법을 타민족에게도 확대시킨 법의 개념이다. 기원후 3세기에 울피아누스(Ulpianus)가 여기에 자연법(ius naturale)을 추가해 로마법의 체계를 완성한다.

18) Xenocrates(기원전 396~314): 카르케돈 출신으로 아카데미아의 운영을 맡았다. 원칙주의자로서 검소하고 절제하는 생활로 유명하다.

19) imperium: 로마의 정무관들이 지니는 권한이다. 이는 평상시의 행정권과 전시의 군사지휘권을 통칭하는 말이다.

보다 더욱 우선시되어야 한다고 생각하는 것처럼, 이러한 도시들에서 자문을 하고 권위를 행사함으로써 군림하는 자들이 공공업무에 문외한인 자들보다 지혜 면에서 더욱 앞서 있어야 한다고 나는 오랫동안 생각하고 있었다. 그리고 인간의 재부를 증가시키는 데 가장 진력했고 우리의 계획과 수고를 통해서 인간의 생활을 좀더 안전하고 풍요롭게 만드는 데 힘썼고, 이 즐거움을 추구하도록 본성 자체에서 비롯한 자극으로 고무되고 있으므로, 우리는 언제나 최선량 각자에 속하는 경로를 고수하면서, 전진하는 자들을 퇴각시키는 철수신호를 듣지 않도록 하자.

3

4   그렇게 확실하고 분명한 이 추론에 대해서 반론을 제기하는 자들은 우선 국가를 지키기 위해서 짊어져야 할 부담을 제시한다. 사실상이는 사소한 반론에 지나지 않는다. 이러한 걱정은 그처럼 큰일에서만 아니라 일상적인 학업이나 업무 또는 상거래에서도 깨어 있는 자나 부지런한 자는 경시해야 하는 것이다. 또 생명에 가해질 여러 위험과 용감한 자에게 가해질 추한 죽음에 대한 공포가 제기된다. 그렇지만 용감한 자들은 자연에 의해서 그리고 늙어서 죽는 것을 비록 자연에 되돌려주는 것일망정 생명을 가능한 한 조국을 위해서 바치는 기회가 주어지는 것보다 더 비참한 것으로 볼 것이다.

가장 훌륭한 자들이 겪은 재난과 감사할 줄 모르는 시민들에 의해서 그들에게 가해진 부당함을 모아보면, 반론을 제기하는 사람들은 바로 그 문제와 관련해 스스로 화젯거리가 풍부하고 이를 잘 표현할

---

20) Quintus Ennius(기원전 239~169): 고대 로마의 시인으로 장단단격 육보격의 운율을 지니는 로마 서사시의 창시자다. 이 인용문은 그의 『연대기』(*Annales*)에서 비롯하는 것으로 생각된다.

수 있다고 생각한다.

5 이와 관련해서는 다음의 예가 그리스인들 사이에 있다. 밀티아데스[21]는 페르시아에 대한 승리자요 정복자이지만 지극히 명예로운 승전에서 불행히도 몸에 입은 상처가 다 치료되기도 전에 적의 창으로부터 구한 목숨을 동료시민들의 사슬에 바치고 말았다. 테미스토클레스[22]는 자기가 해방시킨 조국에서 쫓겨나서 자신이 보호한 그리스의 항구가 아니라 자신이 약화시킨 외국의 품으로 달아났다. 사실상 가장 부유한 시민들에 대한 아테네인의 경솔함과 잔인함에 대한 예가 없지 않다. 그리스인들 사이에서 생성되고 빈번히 나타나는 것들이 매우 신중한 우리나라에서도 많이 있었다고 사람들은 말한다.

6 예를 들어보자면 카밀루스[23]의 망명, 아할라[24]의 피습, 나시카[25]

---

21) Miltiades: 페르시아에 대해서 싸울 것을 주장한 장군으로 기원전 490년에 마라톤 전투에서 대승을 거둔다. 후일 그는 지하 감옥에서 죽게 되었는데, 그가 죽게 된 상처는 이 전투가 아니라 후일 파로스를 공격할 때 입은 것으로, 키케로의 착각이나 수사학적 구도에서 나온 것으로 보인다.

22) Themistocles: 페르시아의 침입에 대비해 라우레이온 은광의 수익으로 3단노선을 건조케 함으로써 아테네를 해군국으로 만들고 델로스 동맹을 결성하는 데에 결정적인 역할을 한다. 기원전 480년에 살라미스 해전에서 페르시아에게 승리를 거두었으나 후일 페르시아의 궁전으로 도망해 연금을 받으며 생을 보냈다.

23) Marcus Furius Camillus: 기원전 390년 갈리아인에게 정복된 로마 시를 해방시킨다.

24) Gaius Servilius Ahala: 기원전 439년에 참주로 지칭된 마일리우스(Spurius Maelius)를 살해했으나 후에 추방당한다.

25) Publius Cornelius Nasica: 기원전 133년에 티베리우스 그라쿠스의 살해를 주동한다.

에 대한 혐오, 라이나스[26)의 추방, 오피미우스[27)에 대한 유죄선고, 메텔루스[28)의 도망, 가이우스 마리우스[29)의 비참한 파멸……, 제일 시민[30)들의 죽음[31)과 아울러 바로 이어진 많은 사람들이 겪은 괴로움이 회상된다. 그런 것들은 사실상 이제 [내] 이름과도 무관하지 않다. 사람들은 나의 계획과 내가 겪은 고생에 의해서 저 생명과 질서에서 보호받게 되었다고 생각하고 있으므로, 나를 더욱 중하게 아끼면서 후회하고 있다고 나는 믿는다. 그러나 그자들이 배우고 견문할 목적으로 바다를 건넜을 때, [좀더 고귀한 목적을 위해서 나는 더 이상의 수고와 위험을 부담해서는 안된다고 생각했으므로][32) …… 왜 그런지는 말하는 것이 쉽지 않다.

[사분첩 III의 마지막 장이 빠졌음. 약 15행 정도의 분량에 해당한다.]

---

26) Publius Popilius Laenas: 티베리우스 그라쿠스의 추종자들에 대해서 단호한 조치를 취한다.
27) Lucius Opimius: 기원전 121년의 통령. 가이우스 그라쿠스의 살해를 허용한다.
28) Quintus Caecilius Metellus Numidicus: 기원전 100년에 농지법에 맹세하지 않음으로써 추방된다.
29) Gaius Marius: 킴브리인과 테우토니(Teutoni)인의 공격에 맞서 로마를 방어하고 대승을 거둔다. 로마사상 전무하게 7번의 통령을 지냈으나, 술라 때문에 비참한 최후를 보낸다.
30) princeps: 복수는 principes이다. 이들은 우선 시민들 중에서 앞장섰던 사람들을 지칭한다. 이를테면 전쟁에 나가서 제일 주력을 맡은 사람들을 지칭하기도 하고, 원로원의 경우 명단 처음에 이름을 올린 의원을 뜻하기도 한다. 이 말을 차용해, 아우구스투스는 전제정을 프린키파투스, 즉 제일시민의 정치라고 위장했다.
31) 술라의 명단공개로 피해를 보았던 자들을 지칭한다.
32) 이 부분은 Ziegler, 1984에서 보완된 내용이다.

4

7   ……내가 통령직을 은퇴하면서 공청회[33]에서 똑같은 것을 맹세하는 로마 인민에게 (국가가)…… 안전하게 되었음을 맹세[34]했으므로, 나는 내가 당한 불의로 인한 염려와 괴로움을 쉽사리 보상받을 것이다. 그렇지만 내 경우는 노고보다는 영예를, 괴로움[35]보다는 영광을 얻었으며, 나는 도덕적으로 추한 것들에서 유래하는 즐거움으로 인해 고민하기보다는 선에 대한 욕구로 인해 즐거움을 누렸다. 그러므로 비록 내가 말한 것과 다르게 일이 전개되었다고 하더라도 내가 어떤 불평을 할 수 있었겠는가? 그 당시에 내가 나의 큰 업적을 고려해 기대했던 것보다 더 무게가 나가지 않는 것이 갑자기 발생한 것은 나에게는 없었다. 왜냐하면 나는 소년시절부터 해왔던 학업의 여러 재미로 인해서 다른 사람들보다는 더 많은 결실을 여가에서 얻을 것이고, 또는 모두에게 좀더 어려운 일이 발생할 때 타인들에 비해서 특별하지 않고 동일한 운명을 겪는 것이 허용되어 있지마는 태풍이 불고 벼락이 쳐도 시민들을 보호하기 위해서 이에 대처해나갈 것이며 타인들이 누릴 법질서가 내가 겪을 위험에 공통적으로 달려 있다는

---

33) contio: 민회에서 투표가 이루어지기 직전에 열리는 모임이다. 이때에는 각종 찬반토론이 이루어지고 시민이 아닌 자의 청취도 가능하다. 이에 비해서 민회(comitia)는 투표만 하는 기능을 지니고 있다.

34) 기원전 63년에 통령직을 맡으면서 카틸리나의 음모를 차단한 것을 말한다. 임기를 마칠 때 법을 준수했다는 맹세를 하는 것이 관례였는데 카틸리나의 사건을 처리하면서 법에서 어긋나게 행했다고 하는 비난을 받자 대신 국가가 안전하게 되었다는 맹세를 했던 것으로 전한다. 이 부분은 Cicero, *In Pisonem*, 3,6에 따라서 다음과 같이 대충 보완해볼 수 있다. "내가 민회에서 정무관직을 물러나면서 호민관에 의해서 내가 정한 것들을 말하는 것이 금지되었을 때, 호민관은 나에게 내가 맹세한 만큼만 말하도록 허용했을 때, 주저 없이 나는 국가와 이 도시가 나 한 사람의 노력으로 안전하게 되었노라고 맹세했다."

35) 키케로의 망명기간(기원전 58년 3월~57년 8월까지)을 가리킨다.

점을 추호도 의심하지 않을 사람이기 때문이다.

8 　그리고 조국(patria)은 우리에게서 아무런 보상도 바라지 않고 단지 우리들의 편익에 기여하면서 우리의 여가를 위해서 안전한 은신처와 조용한 장소에 평화로운 거처를 제공하고자 우리를 낳고 기른 것은 결코 아니다. 오히려 조국은 우리의 정신, 재능, 예지 중에서 가장 많고 큰 부분을 조국 자체의 유익을 위해서 담보로 잡고 나서 나머지가 있을 경우에 우리에게는 사적인 용도로 되돌려주도록 한 것이다.

5

9 　어떠한 선한 일에도 적합하지 않은 다수의 사람들이 공무에 진출하는데 이들과 비교되는 것은 더러운 일이며, 특히 흥분한 폭도에게 맞서는 것이 가련하고 위험하다고 그들은 말하는데, 이는 좀더 손쉽게 여가를 누릴 목적으로 핑계를 대는 것이다. 이 변명을 위해서 그들이 스스로 내세우는 저 구실들은 이제 별로 귀를 기울일 필요가 없다는 점이 분명하다. 그들은 정신이 나가서 말을 듣지 않는 군중의 충동을 억제할 수 없을 때 그 지휘권을 받는 것이야말로 지혜로운 자에게는 어울리지 않으며, 더럽고 거대한 어려움에 저항하면서 모욕을 받으면서 현자에게는 부당한 일들이 다가오지 않으리라고 기대하는 것이 자유인에게 어울리지 않는다고 이유를 대고 있다. 이는 마치 그들이 스스로 원할지라도 국가에 도움을 줄 수 없으면서도, 사악한 자들에게 복종하지 않거나 사악한 자들에 의해서 국가가 난도질당하는 것을 허용하지 않는 것보다 국정(國政)[36]을 떠맡을 더 정당

36) res publica: 이 책에서는 국가로 번역했다. 그러나 근대적인 의미의 국가

한 이유가 선하고 강하며 위대한 정신을 부여받은 자에게 있다고 주
장하는 것과 같다.

6

10　　한편 그들은 시대와 필요가 강요하지 않는 한 지혜로운 자는 국정
의 어떤 부분이라도 맡아서는 안 된다고 말하는데, 그러한 예외는 누
구에게 정당하다고 승인될 수 있겠는가? (그런 말은) 마치 나에게 생

(state)와 동일한 것이라고 보기는 어렵다. 이 책 1권 41에서 키케로가 정리하
고 있듯이 이는 로마인민의 권리와 이익의 총화다. 이 말은 제정기에 들어서
는 황제의 권리와 분리되는 의미를 지니게 되며, 지방 자치도시나 식민도시
들이 별도의 Res Publica로 인식되면서 이들과도 다른 것으로 인식된다. 바
로 이런 의미가 국가의 일에 봉직하는 것을 지시하는 경우 두드러지게 나타
난다. 본문의 번역은 이 같은 점에 의거해서 국정이라는 말을 선택했다. Adolf
Berger, "Encyclopedic Dictionary of Roman Law," *Transactions of the American
Philosophical Society*, n.s. 43-2, 1953, 679쪽. 한편 국·가라는 말은 원래 주나라
에서 나온 말이다. 왕의 직할지[王畿]를 제외하고 분봉한 땅을 국(國)이라고
불렀고, 국은 제후의 근거지였다. 아울러 Res Publica의 영어식 표기 Republic
이 공화(共和)라고 번역되고 있다. 이는 중국사에서 기원전 841년 서주의 지
배층이 여왕(厲王)을 몰아내고 13년간 공위시기가 오는데, 이때 공백(共伯)
화(和)가 천자의 업무를 대신했다고 하는 것에서 공화라는 말이 생성된다. 이
점은 비록 뜻은 다르지만 로마에서 기원전 509년에 왕을 몰아내고 공위가 되
어 있었던 사실과 같은 맥락을 보여준다. 신성곤·윤혜영, 『한국인을 위한 중
국사』, 서해문집, 2004, 37, 42쪽. 근대적인 의미의 국가인 state라는 말은 원
래 stato에서 비롯했는데, 이는 사법적 행정관을 보좌하는 참모들을 의미했
고, 이들은 대부분 볼로냐 대학의 졸업생이었다. 그래서 국가라는 말은 '법
률에 대한 전문적인 능력을 신임장으로 제공하는 비인격적 권력의 인공물'
로서 처음으로 등장한다. 프리드리히 헤르, 김기찬 옮김, 『중세의 세계: 유
럽 1100~1350』, 현대지성사, 1997, 73쪽. 그런데 근자에 나온 막스 베버적
인 국가의 개념은 "한 영토 내에서 주권적인 보호 단체"(protective association
dominant in a territory)로 집약된다. 이 말은 이 책에서 나오는 키케로의 사
상과 큰 차이가 없다고 보인다. R. Nozick, *Anarchy, State, and Utopia*, Basic
Books, 1974, 118쪽 참조.

겼던 것보다 더 큰 필요가 아무에게나 생길 수 있다고 하는 것과 같다. (그렇지만) 그때에[37] 내가 통령이 아니었다면 내가 어떻게 무엇을 할 수 있었겠는가? 한편 기사의 지위에서 태어나 최고의 명예에 도달하도록 소년시절부터 인생경력을 지켜오지 않았더라면 내가 어떻게 통령이 될 수 있었겠는가? 그러므로 만약 그대가 그것을 행사할 수 있는 위치에 있지 않다면 비록 국가가 위험들 때문에 난관에 봉착했다고 하더라도 국가를 도울 수 있는 능력이 즉시 또는 그대가 원할 때 바로 생기는 것이 아니다.

11 학자들의 연설에서 내가 매우 이상하게 생각해왔던 것은 다음과 같은 점이다. 평온한 바다에서 배를 조정하는 것을 배우지도 않고 또 굳이 알려고 애쓰지 않겠다고 하면서 매우 큰 풍랑이 일어나면 스스로 배를 조정하는 일에 나서겠다고 공언하는 것이다. 왜냐하면 그들은 국가를 만들고 유지하는 방법에 관해서는 배운 바도, 가르친 바도 없다고 공개적으로 말했고 또 그렇게 함으로써 심지어는 큰 영예를 누려왔으며 그런 일에 관한 지식은 학자와 현인에게가 아니라 그런 종류의 일에 숙달된 자들에게 맡겨야 한다고 생각하고 있기 때문이다. 훨씬 용이한 것이라고 할 수 있는 것, 즉 급박한 필요가 없을 때 국가를 통치하는 것을 모르면서 마침내 필요에 의해서 강요될 때 누가 어떻게 자신의 노력을 국가에 바치는 것이 타당하겠는가? 분명하게도 현자는 자발적으로 국가의 문제로 내려오지 않는 것이 일반적이고, 시대에 의해서 강요된다면 그 의무를 궁극적으로는 거절하지 않는 것이 사실이다. 그렇지만 언제 누구에게 필요하게 될지는 모르지만 만반의 준비를 갖추기 위해서 시민의 일(res civilis)에 대한 지식

---

37) 기원전 64년 참주시도의 음모와 카틸리나의 모반을 처리한다.

을 현자라면 무시하지 않도록 해야 한다고 생각한다.

7

12   이제까지 내가 장황하게 이 점을 언급한 이유는 지금 이 책에서 국가에 관한 논쟁에 착수하고자 하기 때문이다. 이 논쟁이 잘못 진행되지 않기 위해서 국정에 진출하는 것에 대한 회의감을 우선적으로 없애야 했다. 그럼에도 만약 철학자들의 권위에 의해서 동요되는 자들이 있다면, 그들로 하여금 잠시 최고의 지식인들 사이에서 최상의 권위와 영예를 가진 분들의 말을 들어보는 수고를 하게 하라. 그들은 내 스스로 평가하건대, 비록 몸소 국사를 이끌지 않았더라도 국가에 관해 많은 것을 조사하고 또 기술했으므로 국가에 대해 어떤 의무를 수행한 셈이다. 참으로 그리스인은 그들을 칠현(七賢)[38]이라고 칭했는데, 내가 보기에 그들은 거의 모두 매우 중요한 국가의 일에 간여했다. 사실상 국가를 세우거나 세워진 국가를 유지하는 것보다 인간의 덕이 신의 의지에 좀더 가까이 접근하는 것이란 아무것도 없기 때문이다.

8

13   선학들 중에서 어떤 사람은 업적은 전혀 없으면서 논쟁에서는 세련된 반면 어떤 사람은 통치에서는 능력이 있으나 논쟁하는 일에서는 서툴렀다. 그에 비해서 나는 국가를 통치하면서 기억에 남을 만큼

---

38) 최초로 일식을 계산해냈고 1년을 365일로 나누고 만물의 근원을 물로 보았던 밀레토스의 탈레스, 아테네의 법을 제정한 솔론, 코린토스의 페리안드로스, 신체가 아름답고 시도 쓴 린도스의 클레오불로스, 철학자이며 너 자신을 알라는 말을 남긴 스파르타의 킬론, 조국을 위기에서 구해낸 프리에네의 비아스, 법을 엄정히 집행했다고 하는 미틸리네의 피타코스.

가치 있는 업적을 추구했고 시민의 일에 관한 의견을 개진하는 데 능력도 또한 지녔으므로 이러한 일에 관해서는 실용적으로만 아니라 학문적으로도 배우고 가르치자는 …… 주창자였다. 참으로 내가 하는 일은 새로 만들어진 것도 아니고 내가 고안한 생각도 아니며, 우리나라에서 한 세대에 가장 고귀하고 현명했던 사람들의 논쟁을 되풀이해서 회상한 것에 지나지 않는다. 이 논쟁은 너[39]와 내가 스미르나[40]에서 여러 날 함께 있었을 때 푸블리우스 루틸리우스 루푸스[41]가 전해준 것인데, 이중 어느 것이나 이런 일에 관한 생각에 필연적으로 관련되므로 생략될 것은 없다고 믿는다.

9

14   파울루스[42]의 아들인 푸블리우스 아프리카누스[43]가 투디아누스

---

39) 키케로의 동생인 퀸투스(Quintus)를 지시한다. 두 사람은 기원전 79년에 그리스로 유학을 떠났으며, 이때 스미르나에 있던 루틸리우스를 방문한다.

40) Smyrna: 소아시아에 있는 유명한 무역도시로 현재의 명칭은 이즈미르(Izmir)다.

41) Publius Rutilius Rufus: 로마의 정치가다. 기원전 134년에 누만티아 전쟁에 참가해 스키피오의 휘하에 있었다. 기원전 111년에는 도시법무관을 역임했고 비자유인의 법적 지위를 개선시키는 법을 제안했다 한다. 기원전 95년에는 사절로서 아시아의 속주에 있었으며, 공직에 있으면서 정직성 때문에 기사 신분에게서 증오를 받았고, 92년에는 공금횡령혐의로 추방되어 여생을 스미르나에서 보낸다. 그리스어로 된 로마사와 라틴어로 된 자서전을 저술했다고 한다.

42) Aemilianus Paulus: 스키피오의 친부로 기원전 182, 168년의 통령이다. 기원전 168년에 퓌드나 전투에서 페르세우스를 격퇴한다. 이혼 후에 아들을 푸블리우스 코르넬리우스 스키피오의 양자로 보낸다.

43) Publius Africanus Pauli filius Aemilianus: 흔히 소스키피오라고 알려진 인물로 기원전 185년에 파울루스의 아들로 출생했고 후에 한니발군을 패퇴시킨 스키피오 아프리카누스(Scipio Africanus)의 큰아들의 양자로 입적된다. 그의 부인은 유명한 티베리우스 그라쿠스의 누이다. 이로써 그는 혈연과 양자, 혼

와 아퀼리우스가 통령이던 해[44]에 라틴축제[45] 기간에 집 정원에 있겠다고 결정하자 그의 절친한 친지들이 그 기간에 자주 방문하겠다고 말했다. 축제일 아침에 그의 누이의 아들인 투베로[46]가 제일 먼저 그에게 왔다. 스키피오는 그를 다정히 부르고 유쾌한 기분으로 그를 보면서 말했다. "투베로, 이른 아침에 웬일이야? 축제가 너로 하여금 네가 지닌 학식을 과시할 적합한 기회를 주었나보다."

그러자 (투베로가 말한다.) "사실 제게는 책을 읽기 위한 시간은 모두 비어 있습니다. 참으로 그런 것들은 시급한 것이 결코 아닙니다. 그렇지만 국가의 소요가 이러할 때 여가를 누리고 있는 외삼촌을 보다니 이는 대단한 일입니다."

인 관계로 인해서 유명한 로마의 3가문인 코르넬리우스, 아이밀리아누스, 셈프로니우스 가문과 연결되었다. 그는 기원전 147년에 통령이 되고 이듬해 카르타고를 완전히 멸망시키고 아프리카누스라고 칭해졌고, 기원전 142년에는 호구조사관, 기원전 134년에는 통령을 역임한다. 기원전 133년에는 누만티아를 정벌함으로써 누만티우스라고도 불린다. 처남인 티베리우스 그라쿠스의 죽음을 당연하다고 발언해 인기를 잃는다. 후에 친구인 라일리우스와 함께 정계에서 은퇴했으나, 기원전 129년에 그에게 독재관직을 부여할 움직임이 진행되는 도중에 의문사한다. 죽은 후 그는 지극히 청빈했다고 알려져 있다. 그는 당시 가장 유능한 인물로서 이 『국가론』의 주역으로 등장하고 있다.

44) Tudianus, Aquilius: 기원전 129년의 통령들이다. 이 해는 기원전 133년에 그라쿠스의 농지법이 제정되어 4년째로 농지분배가 강행되고 있던 상황이다.

45) Feriae Latinae: 통령 취임 직후인 1월에 처러지는 것이 관례다. 그러나 날짜는 정해지지 않은 것 같다. Zetzel에 따르면(8쪽), 원래는 9일제(Feriae novendiales: 이는 돌로 된 비가 내리는 전조가 있으면 9일간 쉬는 날이다)였는데, 이를 라틴축일로 바꾸었다고 한다. 이날은 라틴인과 로마인이 조약을 체결한 날이다.

46) Quintus Aelius Tubero: 파울루스(Lucius Aemilius Paulus)의 외손자로 스키피오의 조카다. 기원전 129년에 호민관을 역임했으나 법무관에 진출하는 데는 실패했다. 스토아파로 파나이티오스와 친분관계에 있었으며, 완고하고 비타협적이었으며 연설 태도도 거칠었으나 법률지식으로 이를 보완했다고 한다.

스키피오: 네가 그렇게 보았구나. 그러나 나는 맹세코 정신적인 면에서보다는 업무 면에서 더 한가로울 뿐이다.

투베로: 정말로 외삼촌은 편안한 생각을 하시는 게 좋겠습니다. 귀찮지 않으시다면 우리 여러 사람은 외삼촌과 함께 이 여가를 보낼 마음이 충분히 있습니다.

스키피오: 학문에 관해 충고를 듣는 것은 언제 어디서든 좋네.

10

15 투베로: 외삼촌이 분명 저를 초청하셨고 (논의에 참여하기를) 바라고 있다고 하셨으니, 다른 분들이 오기 전에 원로원에서 보고된 바 있는 또 하나의 태양에 관해 그것이 무엇인지 우선 살펴보는 것이 어떻겠습니까? 사실 두 개의 태양을 보았다고 말하는 자들이 적지 않고 또 그들이 경박한 인물들이 아니므로 (그 말을) 신뢰하지 않기보다는 (그 현상의) 원인을 조사해야 할 것이기 때문입니다.

스키피오: 우리들의 친구인 파나이티오스가 우리와 함께 있다면 얼마나 좋을까! 그는 다른 것들과 아울러 천체에 관해 누구보다도 열심히 연구해왔었다. 그러나 나로 말하자면—내가 느낀 바를 너에게 솔직히 말하지마는—우리가 논하는 그런 부류에서 그 친구에게 크게 동의하지는 않는다. 왜냐하면 그는 우리가 추측으로써 간신히 헤아려볼 수 있는 것을 육안으로 구분하고 맨손으로 취급하는 것처럼 언급하기 때문이다. 그래서 나는 소크라테스가 더 현명하다고 생각하지. 그는 이런 부류에 관한 관심을 모두 배제하고 자연에 관해 연구되어온 것은 인간의 이성이 탐구할 수 있는 것을 초월하거나 인간의 생활과 무관한 것이라고 말했다.

16 투베로: 외삼촌, 소크라테스가 모든 논쟁을 배제하고 인생과 윤리에 대해서만 연구했다는 전설이 왜 생겼는지 모르겠습니다. 사실상

그분에 관해 플라톤보다 더 풍부한 지식을 가진 자로 누구를 들 수 있겠습니까? 그는 자신의 책들에서 많은 화제와 관련하여 소크라테스가 비록 윤리와 덕들에 관해 그리고 마지막으로 국가에 관해 논의할 때도 피타고라스 식으로 수, 기하, 화음을 통합시킨다고 밝힌 바 있습니다.

스키피오: 네가 말한 것이 옳다. 그렇지만, 투베로, 나는 네가 다음과 같은 사실도 들었으리라고 믿는다. 즉 소크라테스가 죽자 플라톤은 견문할 목적으로 처음에는 이집트로, 후에는 이탈리아와 〔시칠리아〕로 가서[47] 피타고라스의 생각들을 습득하고자 애썼으며, 타렌툼 출신의 아르키타스[48]와 로크리스 출신의 티마이오스[49]와 교분을 맺고 필롤라오스[50]의 저술을 얻었지. 그때 이 방면에서 피타고라스의 명성이 높자 그는 피타고라스 학파와 그들의 연구에 전념했다. 그래서 그는 소크라테스만을 특별히 존경하고 그에게 모든 것을 돌리려고 했을 때, 소크라테스의 재치와 언설의 세련됨을 피타고라스의 애매함 그리고 대부분 학술의 둔중함과 대비했네.

---

47) 플라톤의 시칠리아 여행은 사실로 받아들여지지만 이집트 방문은 의심의 여지가 많다.

48) Archytas Tarentinus: 피타고라스파의 천문학자 겸 기하학자다. 유덕해서 7회에 걸쳐 타렌툼의 총독으로 뽑힌다. 플라톤의 몸값을 치른 적이 있다고 한다. 날 수 있는 목제 비둘기를 제작했고 나사와 도르래를 발명했다고 한다. 기원전 394년에 죽는다.

49) Timaeos: 로크리스 출생의 피타고라스파 철학자다. 자연과 세계정신에 관한 글을 남겼다고 한다.

50) Philolaos: 피타고라스파 철학자로 지구의 자전운동과 태양주위를 도는 공전운동에 관한 주장을 최초로 제시했다.

17 이 말을 마치자 스키피오는 루키우스 푸리우스[51])가 급히 오는 것을 보고 인사하면서 그를 매우 다정히 포옹했고 자신의 긴 의자에 함께 앉혔다. 그리고 때마침 푸블리우스 루틸리우스가 왔는데―그는 바로 이 대화의 주창자다―스키피오는 그에게 인사하고 투베로의 옆에 앉도록 했다.

푸리우스: 당신들은 무엇을 하고 있었습니까? 우리들의 출현이 여러분의 대화를 중단시켰나요?

아프리카누스: 아니오. 그렇지 않습니다. 왜냐하면 조금 전에 투베로가 질문하기 시작한 종류의 문제는 당신이 열심히 연구해온 것이기 때문입니다. 사실 여기에 온 루틸리우스는 누만티아의 성벽 아래서[52]) 나와 더불어 그런 종류에 속하는 것을 함께 탐구한 적이 있지요.

필루스: 대관절 무슨 일이 발생했습니까?

스키피오: 다름 아니라 바로 저 두 개의 태양에 관해서인데, 이 문제와 관련해 나는 필루스 당신이 생각하고 있는 바를 듣고자 합니다.

12

18 그가 이 말을 마치자 시동이 와서 라일리우스가 지금 막 집을 나서서 이리 오고 있다고 기별했다. 그러자 스키피오는 신과 옷을 추려 입고 방에서 나왔으며 잠시 회랑에서 거닐었다. 잠시 후 라일리우스

---

51) Lucius Furius Philus: 기원전 180년경에 출생, 136년에 통령을 역임했다. 누만티아와 조약을 맺은 통령 만키누스를 인민과 원로원의 동의가 없었다는 이유로 적에게 되돌려 보냈다. 키케로가 교양이 많은 사람으로 그를 칭송한다.
52) 기원전 133년.

53)가 오는 것을 보고 인사하고 나서 그와 함께 온 자들과도 인사를 나누었다. 그들은 스키피오가 제일 아끼는 스푸리우스 뭄미우스,54) 라일리우스의 사위이면서 학식 있고 재무관에 선출될 나이55)에 이른 가이우스 판니우스56)와 퀸투스 스카이볼라57)였다. 인사를 마치고 나서 그는 이들을 회랑으로 안내하고 라일리우스를 중앙에 있도록 했다. 왜냐하면 두 사람 사이의 우정에서 이것이 마치 규칙같이 되었기 때문이다. 라일리우스는 아프리카누스를 그의 특출한 전공(戰功)으로 인해 신처럼 숭배했고, 거꾸로 집에서 스키피오는 연장자인 라일리우스를 부친의 위치에 놓고 존경했다. 잠시 이리저리 거닐며 그들 사이에서 환담을 나누자 스키피오는 그들의 방문에 매우 즐겁고 흡족한 기분이 들었다. 마침 겨울이었으므로 햇볕이 잘 들고 풀이 있는 곳으로 가서 함께 토론하자고 그가 제안했다. 이 말에 따라

---

53) Gaius Laelius: 기원전 186년에 출생했다. 군인과 정치가와 문학의 후원자로서 널리 알려진다. 3차 포이니 전쟁 기간에 스키피오의 휘하에서 유능한 관리로 인정받았다. 기원전 151년에 호민관, 145년에 법무관, 140년에 통령을 역임한다. 스키피오와의 우정은 당시에 널리 알려져 있었으며, 키케로의『우정론』에서 찬사를 받고 있다. 키케로에게는 헬레니즘의 영향을 강건한 로마의 미덕에 접목시킨 이상적인 로마인으로 간주된다.

54) Spurius Mummius: 스토아파에 속한다. 통령으로서 기원전 147년에 아카이아연맹을 정벌하고 코린토스와 테베 등을 멸망시킨 장군의 형제로서 귀족정을 신봉했고 풍자적인 서한을 쓴 솜씨로 널리 알려져 있다.

55) 로마에서 재무관에 선출될 수 있는 나이는 25세 이상으로 제한되었다. 참고로 군대에 나갈 수 있는 나이는 17세, 원로원 의원이 될 수 있는 자격은 25세, 통령이 될 수 있는 나이는 43세였다.

56) Gaius Fannius: 티베리우스 그라쿠스의 친구다. 가이우스 그라쿠스의 도움으로 기원전 122년에 통령이 되었으나 후에 배신한다.

57) Quintus Mucius Scaevola(기원전 170~87): 본문에 나오는 라일리우스의 사위이며, 유명한 법학자다. 기원전 128년에 호민관, 122년에 법무관을 역임한다. 기원전 120년에는 재산부당취득 혐의로 피소되었으나 무죄판결을 받았다. 키케로의 스승이다.

서 움직일 때 마니우스 마닐리우스[58]가 중간에 나타났다. 그는 〔법률에〕 해박하고 참석자 모두에게 호감을 주었고 소중히 여김을 받고 있어서 스키피오와 그밖의 사람들에 의해서 매우 환대받았으며 라일리우스 바로 옆에 착석했다.

13

19 그때 필루스: 이분들이 오셨다고 해서 우리들이 화제를 바꿀 것이 아니라 이분들의 귀에 들릴 가치가 있는 것을 좀더 정확히 연구하고 논의해야 하리라고 생각합니다.

라일리우스: 당신들은 무엇을 논의하고 있었습니까? 혹시 우리가 누구의 말을 방해했나요?

(필루스): 두 개의 태양이 관측되었다고 인정하는데 스키피오께서 저에게 이에 관해서 어떻게 생각하는지 물으셨습니다.

(라일리우스): 필루스여 그게 사실입니까? 우리들의 가정과 국가에 관련되는 것들이 이미 논의되었습니까? 하늘에서 이루어진 것을 우리가 탐구한다고 하니 말이오.

(필루스): 우리 집의 벽을 두르고 있는 것이 아니라 이 세상 전체인 집에서 무엇이 행해지고 무엇이 생기는지를 아는 것이 우리들의 집에 관련된다고 생각하지 않으시나요? 이는 신들께서 우리에게 거주지로, 어떤 의미에서 공통의 조국으로 주신 것이지요. 특히 우리가 이에 관해 무지하다면 중차대한 것이 우리에 의해서 간과되는 셈입니다. 그런 사물에 관한 지식과 고찰이 나에게는 물론이고 맹세코 라

---

58) Manius Manilius: 기원전 193년에 출생하고, 149년에는 통령에 당선되었다. 법학자로서의 명성을 누렸으며 왕인 누마의 법에 관한 책인『모누멘타』(*Monumenta*)와 소송절차에 관한『악티오네스』(*Actiones*)를 저술한 것으로 알려지고 있다.

일리우스 당신에게 그런 것처럼, 지혜를 갈망하는 모든 사람들의 흥미를 끌지요.

20   (라일리우스): 하여튼 시간이 있으므로 방해하지는 않겠습니다. 그런데 우리가 무언가를 들을 것이 있는지요? 아니면 우리가 너무 늦게 왔습니까?

(필루스): 아직까지는 논의된 것이 없습니다. 아직 건드리지 않았으므로 이에 관해 논의하신다면 라일리우스 당신에게 기꺼이 양보하지요.

(라일리우스): 혹시 마닐리우스께서 두 개의 태양이 점유했던 상태로 양자로 하여금 하늘을 점유하도록 두 태양 사이에 선고가 내려져야 한다고 생각하지 않으신다면, 오히려 당신의 말씀을 듣고자 합니다.

마닐리우스: 라일리우스여, 우선 당신 자신이 뛰어난 능력을 보인 분야이고 또 그것이 없다면 어느 것이 자기의 것이고 어느 것이 남의 것인지 아무도 알 수 없게 되는 학술[59]을 계속 비웃으시겠습니까? 그렇지만 당신의 견해는 조금 후에 듣기로 하고 지금은 필루스의 말을 들어봅시다. 저나 푸블리우스 무키우스보다도 그가 저 큰 문제에 관해 의견을 제시해야 마땅하리라고 나는 생각합니다.

14

21   필루스: 나는 당신들에게 새로운 사실을 제시하려고 하지 않겠습니다. 또한 내가 고안하거나 발명한 것도 제시하지 않겠습니다. 단지 구체적으로 가이우스 술피키우스 갈루스[60]를 회상해보겠습니다. 그

---

59) 법학을 지시한다.

는 당신들도 알다시피 매우 학식이 높은 사람입니다. 똑같은 현상이 관측되었다고 말해지던 때 그는 동료 통령이던 마르쿠스 마르켈루스[61]의 집에 있었는데, 그는 천구의를 가져오라고 요청했습니다. 그 물건은 마르쿠스 마르켈루스의 조부가 시라쿠사이를 정복할 때 많은 전리품 중 아무것도 자기 집에는 가져오지 않으면서도 가장 부유하고 화려했던 그 도시에서 가져온 유일한 것이었습니다. 저는 아르키메데스[62]의 명성으로 인해서 그 천구의의 이름을 자주 들었으므로 그것의 겉모습에 별로 찬사를 보내지는 않았습니다. 왜냐하면 아르키메데스 자신에 의해서 만들어져서 마르켈루스가 스스로 덕의 신전[63]에 헌사한 것이 일반적으로는 더 탐스럽고 고급스러웠기 때문입니다.

22   그러나 갈루스가 이 작품의 체계를 가장 알기 쉽게 제시하기 시작하자 나는 인간의 본성이 가져다줄 수 있는 것보다 더 큰 천재성이 그 시칠리아인에게 있다고 판단하게 되었습니다. 갈루스는 단단하게 속이 채워진 다른 사람의 천구의는 이미 오래전에 발명되었다고 말했습니다. 밀레토스의 탈레스가 최초로 천구의를 돌렸고 이후에 플라톤의 제자라 말해지는 에우독소스 크니도스[64]가 하늘에 붙어 있는 별들로써 그 천구의를 장식했다고 합니다. 에우독

---

60) Caius Sulpicius Gallus: 기원전 169년에 법무관을 역임했다. 기원전 168년에 파울루스(Lucius Aemilius Paulus)의 사절, 기원전 166년에 통령을 역임했다.

61) Marcus Claudius Marcellus: 기원전 166, 155, 152년 통령을 역임했다.

62) Archimedes of Syracuse(기원전 287~212): 수학자, 철학자로 로마인에 대항해서 자신의 발명 덕에 성공적으로 방어했으나 결국은 마르켈루스의 정복 때 피살되었다.

63) Templum Virtutis: 실제로 건축된 것은 기원전 200년에 그의 아들에 의해서다.

64) Eudoxos of Cnidos(기원전 393~339): 유명한 수학자, 천문학자다.

소스가 묘사하고 기록한 모든 것을 많은 시간이 지난 이후에 천문학 지식에 의해서가 아니라 시적 재능을 지니고 있는 아라토스[65]가 시[66]로써 표현했지요. 그렇지만 해와 달의 움직임을 포괄하고 방황자(errantes) 또는 마치 방랑자(vagae)로서 명명되는 다섯 별[67]의 움직임도 나타나 있는 종류의 천구의는 앞서 말한 딱딱한 천구의에서는 찾아볼 수 없습니다. 그러므로 이 점에서 아르키메데스의 발명은 경탄할 만한 것입니다. 왜냐하면 그는 상이한 운동 속에서 이루어지는 불균등하고 다양한 궤도를 어떻게 하나의 회전이 만들어내는지를 생각해냈기 때문입니다. 갈루스가 이 천구의를 회전시키자 하늘에서의 날짜만큼 청동기구에서 회전하면서 달이 태양의 뒤를 따라가다가 하늘에서처럼 천구의에서 바로 태양이 사라지는 현상이 생겼으며 태양이 반대편에 있을 때 달이 지구의 그림자인 영역 속으로 들어가기도……

〔사분철 VI의 속지 세 겹 가운데 한 장인 59~60면만 남기고 빠짐. 남은 것은 6장 중에서 제2 또는 제4의 장이라고 생각하는데 후자일 가능성이 큼.〕

15

23 (스키피오): ……였습니다. 왜냐하면 나는 그를 존경했으며, 무엇보다도 나의 생부이신 파울루스가 그를 인정하고 중시여겼음을 알고 있기 때문입니다. 기억건대, 내가 젊었을 때 부친은 마케도니아에서 통령으로 주둔[68]했고, 나는 병영에 있었는데 마침 우리 부대가 미신

---

65) Aratos(기원전 310~240): 킬리키아(Cilicia) 출신의 그리스 시인으로, 천문시인. 『현상』(Phainomena)을 지었다고 하며 이의 라틴어 번역이 일부 전한다.
66) 키케로가 젊었을 때 번역했다고 한다.
67) 수성, 금성, 화성, 목성, 토성.

과 공포로 소동을 일으키게 되었습니다. 왜냐하면 구름이 없는 밤에 밝게 빛나던 보름달이 가려지기 시작했기 때문이었지요. 그때 갈루스는 통령으로 선포되기 거의 1년 전에 사절(legatus)이었는데, 흉조인 것은 아무것도 없으며 그것은 단지 태양이 자체의 빛을 달에 도달시키지 못할 위치에 있을 때 일어난 현상이며 특정한 때에는 항상 그 현상이 일어날 것이라는 점을 다음날 병영에서 공개적으로 계몽시키는 일에 주저하지 않았습니다.

투베로가 말한다. "그런 말을 했습니까? 그 사람이 거의 시골 출신인 그들에게 이것을 가르칠 수 있었고 무식한 자들 가운데에서 이 말을 과감히 할 수 있었다는 것입니까?"

(스키피오): 그분은 참으로 그리고 사실상 큰……

〔2장이 빠졌음.〕

24　(스키피오): ……(그것은) 관습에 반하는 과시도 (아니며) 가장 위대한 자의 인격에서 벗어난 연설도 아닙니다. 그는 실로 위대한 일을 추구했습니다. 왜냐하면 소요하는 자들에게서 헛된 미신과 공포를 제거했기 때문입니다.

16

25　그리고 같은 종류의 현상이 아테네인과 라케다이몬[69]인 사이에

---

68) 기원전 168년 6월 21일에 개기일식이 있고, 그 다음날에 마케도니아의 페르세우스(Perseus)를 퓌드나 전투에서 패배시켰다.

69) 일반적으로 스파르타인 전체를 지칭하는 말로 스파르타의 정식 국가 명칭이다. 스파르타는 신분상으로 스파르타 시민과 페리오이코이라는 주변인, 헤일로타이라는 농노적 노예로 구성되었다.

지나친 경쟁 때문에 야기된 저 대전쟁 때에도 있었습니다. 페리클레스[70]는 아테네에서 권위와 연설과 판단력에서 제일시민이었습니다. 마침 태양이 가려짐으로써[71] 곧 어둡게 되어 극도의 공포가 아테네인의 마음을 사로잡게 되었을 때 그는 자기 시민들을 계몽시켰다고 하지요. 그것은 자신이 사사했던 아낙사고라스[72]에게서 들은 것이었는데, 그 현상은 달 전체가 태양의 궤도 밑으로 들어갈 때 분명히 그리고 필연적으로 발생하며, 이는 그믐날마다 언제나 일어나지는 않아도 그믐 때가 아니면 일어날 수 없다고 했습니다. 그는 그 점을 논하고 이치를 따져서 가르침으로써 시민들을 공포에서 해방시

---

70) Pericles: 아테네의 귀족 출신으로 장군, 정치가, 연설가로 많은 인기를 누렸다. 다몬, 제논, 아낙사고라스의 문하에서 수학한다. 보수적인 키몬파에 반대했고 아레오파고스 회의의 재판 기능이 약화되고, 키몬이 축출되고, 키몬의 정적인 투키디데스도 축출됨으로써 약 15년간 아테네를 홀로 지배한다. 아테네의 번영을 목표로 했으며 이는 후에 펠로폰네소스 전쟁의 원인이기도 한다. 전쟁 중에 한 전투에서 패하자 아테네인들은 그에게 50탈란톤의 벌금을 가하기도 한다. 다시 정치일선에 복귀했으나 기원전 429년경 70세가 된 그는 전염병에 걸려서 사망한다. 일반적으로 그에 대한 찬사가 많으며 특히 연설을 잘해 설득력의 여신이 그의 입에 머물고 있다든가 그의 말을 번개에 비교해 올림피오스라는 별명을 부여받기도 했다. 그렇지만 이 책 4권 10, 11에 나오는 것처럼 조소를 받기도 한다. 특히 유명한 매춘부인 아스파시아(Aspasia)에 대한 편애는 그에게 악영향을 끼쳤으며, 적자들이 전염병으로 사망하자 자신의 사생아를 아들로 삼기 위해서 자신이 제정했던 법을 폐지하기도 했다.

71) 펠로폰네소스 전쟁의 원년인 기원전 431년 8월 3일에 금환일식이 있었다.

72) Anaxagoras of Clazomenae: 명상과 철학을 위해서 부와 명예를 무시했다고 한다. 아테네를 방문했을 때 신성모독으로 고소되었으나 그의 제자인 페리클레스의 도움을 받아서 추방되었다. 옥에 있는 동안에도 원주율을 계산했다고 한다. 그는 태양을 타고 있는 물체라고 보았으며 크기는 펠로폰네소스 반도만 하고 달에는 인간이 산다고 주장했다. 전체는 지구와 비슷하게 돌로 만들어졌고 돌이 태양으로부터 떨어지리라고 주장한다. 72세로 죽는다. 그의 제자인 소크라테스에게는 별로 인정받지 못한다.

켰습니다. 사실상 달이 막아섬으로써 일식이 생긴다고 하는 것은 그 당시에는 새롭고 널리 알려지지 않은 추론이었습니다. 이를 최초로 밝혀낸 자는 밀레토스의 탈레스였다고 사람들은 말합니다. 한편 그 것은 우리의 엔니우스에게도 주목되었는데, 그는 거의 로마 건국 350 년인 해에 "6월 5일 달이 태양 앞에 서게 됨으로써 밤"이라고 쓴 바 있습니다. 그래서 이 일에 관해 상당한 추론과 계산법이 생기게 되어 서 엔니우스의 글과 대제관의 연대기에 기록된 이 날로부터 로물루 스의 통치 아래 있던 7월 7일까지 발생했던 그밖의 일식이 계산되었 습니다.[73] 실로 자연은 이러한 어둠으로써[74] 로물루스가 생의 종말 을 맞이하게 했으나 그렇지만 덕이 그를 하늘로 올렸다고 이야기됩 니다.

17

26   투베로: 외삼촌, 조금 전에 당신에게 그렇지 않게 보였던 것을 (그 가) 가르친 것이라고 보지 않으시는지요……

〔사분철 VII 중 제2장이 빠짐.〕

(스키피오): ……다른 사람들이 본 것을 당신이 제시했습니다. 장차 이러한 신의 영역을 통찰한 자가 인간사에서 무엇을 고상한 것으로 보겠으며 영원한 것이 무엇인지를 안 자가 무엇을 지속적인 것으로 보겠습니까? 우선 전체 면적에서 그리고 인간이 거주하는 면적에서

---

73) 두 일식은 기원전 400년 6월 21일과 기원전 708년 7월 2일에 각각 있었다고 계산되나 의문점이 매우 많다.

74) 키케로의 연대계산에 따르면 기원전 714년이다. 이는 물론 허구로 생각되며 리비우스에 따르면 이 현상은 일식이 아니라 폭풍으로 보인다.

보아 땅이 얼마나 비좁은지, 그리고 우리는 그 땅에서도 더 많은 종족에게는 전혀 알려지지 않은 채 얼마나 협소한 지역에 고착되어서 우리들의 이름이 널리 유포되기를 바라는지를 아는 자가 무엇을 영광스러운 것으로 판단하겠습니까?

27   그는 농지도 건물도 가축도 거액의 금·은도 좋은 것이라고 생각하지도 않을 뿐 아니라 그렇게 부르지도 않을 것입니다. 왜냐하면 그에게는 이런 것들의 열매는 사소한 것이고, 그것의 용익은 얼마 안 되는 것이며, 그 소유권은 불확실한 것이고, 종종 더러운 인간들이 그것을 엄청나게 차지하는 것으로 보이기 때문이지요. 이런 사람은 얼마나 행복한 자로 간주되어야 하겠습니까! 로마 시민의 권리가 아니라 현자들의 권리에 따라서, 시민의 채무예속관계[75]에 따라서가 아니라 취급할 줄 알고 용익할 줄 아는 자를 제외하고는 아무것도 어느 사람의 것이 되는 것을 금지하는 상식적인 자연법에 따르면 참으로 오직 그에게만 모든 것을 자기 것이라고 주장하는 것이 허락될 것입니다. 대권과 우리의 통령직에 진출하는 것은 그것 자체를 기대해서가 아니라 필요할 때 의무를 수행하기 위해서이고, 보상이나 영예 때문에 그 직책을 수행하는 것[76]이 아니라고 그는 생각합니다. 내 조

---

75) Nexum을 번역한 것이다. 12표법에 언급되어 있는 조문으로 일반적으로 채무로 인해서 예속관계에 놓이게 되는 것을 의미한다. 그렇지만 이 제도의 성격과 효과는 불분명하다. 일설에 따르면 채무자가 기한에 빚을 청산하지 않으면 재판 없이 바로 집행이 이루어진다고 하고, 다른 설에 따르면 이는 일종의 자기담보로 빚의 청산을 보증하기 위해서 채권자에게 스스로 예속되는 것이라고 한다. 이러한 관행은 기원전 326년 포이텔리우스 파피리우스법(Lex Poetelia Papira)에 의해서 금지된다.

76) 플라톤, 『국가』1, 347 B: "훌륭한 사람들이 지배자의 위치에 앉으려고 하는 것은 금전 때문도, 명예 때문도 아닐세."

부인 아프리카누스가 습관적으로 말했다고 카토가 기록한 것과 같이,[77] 그는 결국 아무것도 하지 않을 때보다 더 많은 것을 결코 하지 않으며, 혼자일 때보다 덜 외롭지 않다고 하는 점을 스스로에 관해 내세울 수 있을 것입니다.

28   예컨대 모든 것을 파괴하고 자기 시민들에게서 자유를 박탈한 디오니시오스[78]가 아무것도 안 하는 것처럼 보였으면서도 방금 논의한 바 저 천구의를 만들어낸 그의 시민 아르키메데스보다 더 위대한 일을 했다고 참으로 누가 주장할 수 있겠습니까. 한편 광장에서 그리고 군중 속에서 함께 이야기할 사람이 없는 자가, 듣는 사람이 없이 스스로 자신과 이야기를 나누거나 가장 학식이 많은 자들의 고안물과 기록에서 즐거움을 찾고자 그들의 회합에 참석하는 것처럼 하는 자보다 더욱 외롭지 않다고 누가 생각할 수 있겠습니까. 자연이 요구하는 것을 아무것도 결핍하지 않은 자보다 더 부유한 자가 있거나, 기대한 것을 모두 얻은 자보다 더 능력이 있거나, 모든 마음의 번민에서 해방된 자보다 더 행복하다거나, 구체적으로는 난파선에서 자신과 더불어 가질 수 있는 것을 모두 얻은 자보다 더 확실한 행운을 가진 자가 있다고 생각할 사람이 있겠습니까. 모든 인간적인 것을 사

---

77) 동일한 구절이 키케로, 『의무론』 3.1.1에 나온다. 이런 상태를 키케로가 이상적으로 보았다.

78) Dionysios I(재위: 기원전 405~367): 시라쿠사이의 참주다. 인기를 끌기 위해서 병사의 봉급을 인상하고 추방된 자를 소환해서 권력을 유지하는 데 성공한다. 한때는 시인이 되고자 해서 아테네에서 열린 경연대회에 출품한 작품이 시상을 받았다고 한다. 점차 잔인해져서 시민의 혐오를 받았고 극도로 남을 의심해 머리카락을 이발사에게 맡기지 않고 불로 태워서 다듬었다 한다. 디오니시오스의 귀라는 장치를 만들어 시민을 감시하고 그 작업에 참여했던 장인을 모두 죽였다. 제우스의 상에서 황금으로 된 옷을 벗기고 대신 모피를 씌웠다고도 한다. 이 자에 관해서 키케로, 『의무론』 2.25에서 남에게 공포를 자아내는 자가 공포에 시달리는 자의 예로 들고 있다.

소하게 여기며 지혜에 비추어서 저급한 것으로 여기면서 영원하고 신적인 것이 아니라면 아무것도 진심으로 원하지 않는 것보다 어떤 대권, 어떤 정무관직, 어떤 왕권이 더욱 우월할 수 있겠습니까. 아무나 사람이라고 불리지만 인문학에 교양이 있는 자만이 사람이라고 그는 확신합니다.

29 　내가 보기에 플라톤이 취한, 또는 다른 사람이 그랬을지 모르는데,[79] 태도가 매우 적절하다고 생각합니다. 즉 폭풍에 의해서 심해로부터 미지의 땅에 있는 모래 해안에 옮겨졌을 때 다른 사람들이 그 지역에 관해서 알지 못하므로 공포심을 지니고 있었지만, 그는 모래에 그려져 있는 기하학적인 형태에 주목했다고 합니다. 그것을 파악하고 나자 그는 사람들에게 희망을 가지라고 소리쳤습니다. 분명히 그는 그 흔적을 토지의 경작에서 구분한 게 아니라 학문의 지식에서 해석했습니다. 그러므로 투베로여, 학문과 박식한 자들 그리고 너의 학업이 나는 언제나 마음에 든다.”

18

30 　(그러자 라일리우스가 말한다.) “스키피오여, 나는 그점에 관해서는 언급할 것이 없소. 그대나 필루스나 마닐리우스를⋯⋯”

〔사분철 VII의 제7장이 빠졌음.〕

　(라일리우스): ⋯⋯당신의 부친의 씨족에 속한 사람으로서 그는 우리의 친구였고, 그는 이 점에서 닮을 만한 가치가 있었소.

---

79) 실제는 소크라테스의 제자인 아리스티포스(Aristippos)가 했다고 알려진다.

뛰어나게 현명한 자, 날카로운 아일리우스 섹스투스[80)]

그는 '뛰어나게 현명했고' '날카로웠으며' 뿐만 아니라 엔니우스
에 의해서 그렇게 언급되었습니다. 그 이유는 알지 못하는 것들을 연
구해서가 아니라 연구하는 자들을 근심과 부담에서 해방시킨 답을
말했기 때문입니다. 갈루스의 학구적인 열심에 반대해 그것을 논박
하면서 (엔니우스의 비극) 이피게니아[81)]에 나오는 아킬레우스의 말
을 언급한 바 있었습니다.

하늘에는 점성가들의 성좌가 있다. ─그것은 관찰의 대상이 되
고 있는 바인데.
암염소나 전갈이나 기타 짐승의 이름이 생기는 때에 ─
발 앞에 무엇이 있는지 아무도 살피지 않으면서 하늘의 영역을
탐구하는도다.

그리고 내가 그의 말을 많이 그리고 기꺼이 들었는데, 그는 저 파
쿠비우스[82)]의 (비극에 나오는) 제토스[83)]가 그 학문에 대해서 매우 강

---

80) Aelius Sextus Paetus Catus: 유명한 법학자로 기원전 198년에 통령을 역임
했다.
81) Iphigenia: 엔니우스의 비극으로, 이피게니아는 아가멤논의 딸로 그리스의
함대가 역풍으로 전진하지 못하자 아버지에 의해서 제물로 바쳐진다. 다른
전승에 따르면 이후 신의 도움으로 타우리카(Taurica)에서 신전을 돌보는 일
을 하다가 탈출한다. 전자의 내용으로 에우리피데스가 『아울리스의 이피게
네이아』를 썼는데, 이를 엔니우스가 번안한 것이다. 일부의 단편이 전해진다.
82) Marcus Pacuvius(기원전 220~130): 로마의 비극작가다.
83) Zethus: 유피테르와 안티오페의 아들로 후에 테베를 점령하고 성벽을 두른
다. 그는 음악과 시를 바람직하지 않다고 보아서 동생에게 추구하지 말도록
했다.

한 적대감을 가지고 있었다고 말한 적이 있습니다. 오히려 엔니우스에 나오는 네오프톨레모스[84]가 그의 마음에 더 들었지요. 그는 '나는 철학을 하려 하지만 잠시 동안만 하고 싶다. 왜냐하면 완전히 흡족한 것이 아니기 때문이다'라고 독백을 했기 때문입니다. 그리고 비록 그리스인들의 연구가 당신들을 매우 열심히 몰두하도록 했지만, 자유인에 좀더 어울리고 더 멀리 파급되는 다른 것들이 있습니다. 그것으로는 우리가 생활의 유익함이나 국가의 일을 돌보는 데에 적용할 수 있습니다. 당신들의 학술은 어떤 것이든 더 큰 문제를 더 용이하게 배우도록 학생의 지력을 약간 날카롭게 하고 자극하는 가치를 지닐 뿐입니다.

19

31   투베로: 라일리우스여, 당신의 말에는 이의가 없으나 당신은 무엇을 좀더 큰 주제라고 파악하는지 궁금합니다.

(라일리우스): 내 견해를 밝히겠습니다. 그리고 당신이 스키피오에게 천체현상에 관해 질문했을 때 나는 눈앞에 보이는 이것들이 좀더 많이 연구되어야 한다고 생각했으므로, 아마 그대는 나를 경멸했을 것이오. 참으로 루키우스 파울루스의 외손자이며 여기에 또한 외삼촌이 합석해 있고 가장 고귀한 가문에서 게다가 이렇게 훌륭한 나라에서 태어난 분이 나에게는 어떻게 두 개의 태양이 보이게 되었는

---

84) Neoptolemus: 엔니우스의 비극으로, 네오프톨레무스는 에피루스의 왕으로서 아킬레우스의 아들이었으며, 노란 머리로 인해 피로스(Pyrrhus)라고도 불렸다. 트로이 전쟁에서 목마에 처음 들어간 인물이며, 잔인성으로 악명이 높다. 약탈하고자 델포이 신전에 들어갔다가 잔인하게 피살되었는데, 이로써 잔인한 자가 남에게 잔인하게 죽임을 당하는 것을 네오프톨레무스의 복수라고 한다.

지를 물어보면서, 왜 한 국가에 두 원로원이, 그리고 지금은 거의 두 인민이 있게 되었는지는 묻지 않는가요? 왜냐하면 당신들도 보다시피 티베리우스 그라쿠스의 죽음과 이제 무엇보다도 그의 호민관 직책에 관한 생각이 인민을 두 부분으로 나누었기 때문이오. 스키피오에 대해 비방하고 시기하는 자들은, 그 시초가 푸블리우스 크라수스[85]와 아피우스 클라우디우스[86]에 의해서 비롯한 것이건만, 그들이 죽자마자 그에 못지않게 원로원의 또 한 부분을 장악해 [퀸투스] 메텔루스[87]와 푸블리우스 무키우스[88]를 지도자로 하는 당신들과 의견을 달리하고 있습니다. 그뿐 아니라 동맹국과 라틴인들이 동요하고, 조약은 위반되고, 가장 선동적인 3인위원이 매일 새로운 것을 추구하며, 선량한 유산시민들이 번민하고 있습니다.[89] 이런 상황에서 그들은 유일하게 능력이 있는 이 사람으로 하여금 이 위험들에서 우리를 구하는 것을 허용하지 않습니다. **32** 그러므로, 젊은 친구들이여, 여러분이 내 말을 경청했다면 또 하나의 태양에 관해 두려워하지 않아야 할 것이오. 왜냐하면 그것은 아무것도 아닐 수 있으며, 괴로움을 주는 것이 아닌 한 보이는 그대로일 뿐이며, 또 그 같은 것에 대해

---

85) Publius Licinius Crassus Dives Mucianus: 기원전 131년의 통령이다.
86) Appius Claudius Pulcher: 기원전 143년에 통령, 137년에 호구조사관을 역임한다. 티베리우스 그라쿠스의 장인이다.
87) Quintus Caecilius Metellus Macedonicus: 기원전 143년에 통령, 131년에 호구조사관을 역임한다. 기원전 133년에는 티베리우스 그라쿠스에 대해서 비판했고, 스키피오 아이밀리아누스에 대해서도 역시 적대적이었다. 로마인의 출산율을 높이기 위해서 강제결혼을 주창한 것으로 유명하다.
88) Publius Mucius Scaevola: 기원전 133년에 통령을 지냈다. 티베리우스 그라쿠스의 친구로 그의 조언자였다. 티베리우스 그라쿠스를 공격하라는 원로원의 요구를 거절했으나, 그를 죽인 나시카를 변호한다.
89) 기원전 133년에 티베리우스 그라쿠스가 농지법을 제정한 이후의 상황을 지시한다.

서 우리는 아무것도 알 수 없거나, 비록 아주 많이 안다고 해도 우리가 그 지식으로 인해 더욱 선량해지거나 더욱 행복해지지 않기 때문입니다. 참으로 하나의 원로원과 인민을 가지도록 합시다. 그렇게 하는 것은 가능하며, 그렇게 되지 않는다면 매우 괴로울 겁니다. 그러나 우리는 현재 그렇지 않음을 알고 있습니다. 그래도 그것이 이루어지면, 우리는 좀더 선량하고 행복하게 살게 될 거라고 우리는 보고 있습니다.

20

33　무키우스: 라일리우스여, 그렇다면 당신이 제시한 그것을 이루어낼 수 있기 위해서는 우리가 무엇을 배워야 한다고 생각하십니까?

　(라일리우스): 나라를 위해서 이바지할 수 있도록 해주는 학술이오. 왜냐하면 나는 그것이야말로 지혜의 가장 두드러진 직무요, 덕에 대한 최대의 증거물이며 의무라고 생각하고 있기 때문입니다. 그 때문에 우리들이 이 축제기간을 가능하면 국가에 가장 유익이 되는 이야기를 하면서 보낼 수 있도록 스키피오에게 어떤 나라의 상태가 최선인지를 설명해달라고 요청하고 나서 다른 것들을 검토해봅시다. 그것이 밝혀지고 나면 우리가 바로 이 문제들에 제대로 접근할 것이고 현재 문제되고 있는 것들에 대한 근거들을 제시할 수 있으리라고 나는 생각합니다.

21

34　그 제안을 필루스, 마닐리우스, 뭄미우스가 완전히 동의하자……

　"……국가를 비교하기에 적합한 유형은 없습니다. 그래도 그대들이 원한다면 화젯거리를 먼 하늘에서 지상의 더 가까운 주제로 옮기도록 하시오."

〔사분철 VIII의 제4장이 떨어짐.〕

디오메데스, 『라틴문법학자들』 1,365: simulat는 키케로의 『국가론』에서 나오듯이 그리스어의 닮다(ὁμοιάζει)는 말을 대신하는 것이다: 우리가 국가로 하여금 닮게 하기를 원하는 모범은 없다.……+

(라일리우스): ……내가 그랬으면 하고 원하는 까닭은 가능하면 가장 강한 제일시민이 국가에 관해서 언급하는 것이 공평한 것이라는 이유에서뿐만 아니라, 내가 기억건대, 당신은 두 명의 그리스인이면서 시민의 일에 관한 전문가인 폴리비오스와 파나이티오스의 면전에서 논쟁을 종종 벌이고 많은 것들을 비교한 끝에 우리 조상이 물려준 것이 나라의 상태 중에서 최상의 것임을 주장했기 때문이오. 이런 논의에서는 당신이 준비한 바가 더 많으니, 여기 모인 사람들을 대신해서 말하건대, 국가에 관해서 당신이 느끼고 있는 바를 설명해준다면 우리는 모두 고맙게 여기겠소.

22

35   그러자 (스키피오가 말한다.) "사실은 라일리우스 당신이 제시한 바로 그 분야보다 내가 더 날카롭거나 더 열심히 해결하고자 전념한 어떤 주제가 있다고 말할 수는 없습니다. 한 뛰어난 장인(匠人)이 있다면 그는 자기의 직종에서 더 낫기를 제외하고는 다른 어떤 것도 생각하거나 숙고하거나 걱정하지 않으리라고 생각합니다. 내게는 우리 부모와 조상에게서 오직 하나의 일, 즉 국가를 관리하고 통치하는 것이 맡겨졌지요. 장인들이 사소한 업무에서 최선을 다하는 데 비해서 내가 가장 중요한 업무에서 노력을 덜 기울인다면 어느 장인보다 내가 더 게으르지 않다고 고백하겠습니까?

36   그러나 그러한 문제에 관해 그리스에서 온, 최상의 그리고 가장 현명한 사람들이 기록해 우리에게 남겨준 것을 저는 별로 열심히 추종하지 않았지요. 그렇다고 해서 내가 알고 있는 것이 감히 그들의 것보다 우선적이라고 말하지는 않겠습니다. 그러므로 청컨대, 제 말을 들으실 때 제가 그리스인의 것에 관해 문외한이 전혀 아니며 특히 이러한 종류의 담론에서 그들의 것을 우리 것보다 우선하지 않으며 다만 한 사람으로서 로마인 아버지들의 열의로 인해서 비천하지 않게 교육받고 어렸을 때부터 학문을 익히는 데 열중했고, 그럼에도 책을 통해서라기보다는 실무와 가훈을 통해서 훨씬 더 많이 배웠다는 점을 여러분은 유념해주시기 바랍니다.”

23

37   이에 대해서 필루스: 스키피오여, 맹세코 나는 어느 누구도 재능 면에서 당신을 앞선 사람이 없고 국가의 중대사에 대한 실무에서 당신이 모든 사람을 쉽게 능가할 것이라는 점을 의심하지 않습니다. 아울러 당신이 그러한 관심을 또한 지니고 있었다고 우리는 믿고 있습니다. 이 이유로, 당신이 말하듯이, 당신의 그 생각에 정신을 모으되 마치 예술에 대해 하듯이 했다면, 나는 라일리우스 님에게 가장 큰 감사를 표시하고 있을 것입니다. 왜냐하면 당신이 말씀하시는 것이 그리스인들이 기록해서 우리에게 전한 모든 것보다 훨씬 더 유익할 것이라고 나는 기대하고 있기 때문이지요.

(스키피오): 그대는 나의 말에 실로 엄청난 기대를 하고 있군요. 그것은 큰 문제에 관해 말하고자 하는 사람에게는 부담이오.

필루스: 그 부담이 아무리 클지라도 그렇게 해왔던 것처럼 당신은 그 부담을 극복하실 것입니다. 그리고 사실 당신이 국가에 관해 의견을 피력할 때 연설이 고갈될 염려는 전혀 없기 때문이오.

38　이에 스키피오: 가능하면 당신들이 원하는 바를 할 수 있도록 해보
지요. 그리고 논쟁에서 먼저 법을 세우고 시작하겠습니다. 이 규칙
은, 당신들이 오류를 피하고자 한다면, 모든 논쟁에서 사용되어야 한
다고 나는 믿습니다. 즉 연구되는 바로 그 대상에 관해 붙여져야 하
는 이름이 무엇인지 합의되면, 바로 그 이름에 의해서 지시되는 것이
설명된다는 것입니다. 이 점에 동의한 이후에 비로소 논의에 들어가
는 것이 적절합니다. 왜냐하면 선행해서 이해된 것이 없다면 후에 논
의되는 것이 무엇인지 이해할 수 없기 때문입니다. 우리가 국가에 관
해서 탐구하고 있기 때문에 이런 원리에 따라서 우리가 탐구하는 그
것이 무엇인지 우선 살펴보도록 합시다.

　이 제안에 라일리우스가 찬동하자 아프리카누스가 말한다. "실로
내가 그렇게 널리 알려지고 그렇게도 유명한 문제에 관해 논의하는
자리에서 일찍 이 문제와 관련해 학자들이 흔히 사용하는 저 기초적
인 것을 되풀이해서, 우선 남녀의 만남으로부터 그리고 후손과 친족
으로부터 시작해, 종종 단어로써 그것이 무엇이며 어떤 양식으로써
각자가 의미를 가지는지를 정하는 식으로 설명하지는 않겠습니다.
따라서 현명할 뿐 아니라 국가에서 전쟁과 평화에 관해서 가장 높은
영예를 지니면서 헌신해온 여러분 앞에서 이야기하고 있으므로, 내
가 논의하는 그 대상 자체로 내 말이 무색해지지 않도록 할 것입니
다. 그리고 나는, 교사들이 하듯이, 모든 것을 취급하지는 않을 것이
며 어떤 특수한 사실이 이 담론에서 생략되지 않도록 노심초사하지
는 않을 것이오."

　라일리우스: 참으로 나는 그대가 제시하고자 하는 종류의 연설을
바로 기대하오.

39   아프리카누스가 말한다. "시작하겠습니다. 국가는 인민의 것입니다. 인민은 어떤 식으로든 군집한 인간의 모임 전체가 아니라, 법에 대한 동의와 유익의 공유에 의해서 결속한 다수의 모임입니다. 한편 인간이 결합하는 첫 번째 이유는 인간들의 연약함이라기보다는 인간의 자연스러운 어떤 것, 마치 군집성(congregatio) 같은 것입니다.[90] 사실상 인간은 홀로 떠도는 종류가 아니라, 모든 것의 풍부함을 부여받았어도 〔사회 속에서 사는 것이 자연에 의해서 강제되〕도록 태어난 것입니다.

〔사분철 VIII의 제2장이 빠짐.〕

노니우스, p. 321, 16: 그리고 바로 자연은 그것을 유도할 뿐 아니라 심지어 강제하기도 한다.

40   락탄티우스, 『신적 교양』 6.10.13~15, 18: 왜냐하면 국가가 인민의 것이 아니라면 무엇인가? 여기서 그것은 공유물, 즉 국가에 속하는 일이다. 한편 어떤 화합을 통해서 결합된 많은 수의 사람이 아니라면 국가란 무엇인가? 우리가 로마인 저자에게서 만나는 의견은 다음과 같다. 즉 잠시 흩어져서 방랑하던 인간집단이 화합함으로써 국가가 이루어진다는 것이다. 학자들은 도시 수립의 기원이나 이유를 하나만 제시하지 않는다. 그러나 어떤 사람들은 땅에서 최초로 태어난 인간이 숲과 들판을 배회하는 삶을 살았으며 언어나 법률의 구속에 구애받지 않았으나 나뭇잎과 풀잎을

---

90) 아리스토텔레스, 『정치학』 I, 1253 A: "인간은 자연적으로 폴리스적 동물이다."

침대로, 동굴과 땅굴을 집으로 삼았을 때 야수와 좀더 강한 짐승의 먹이가 되었다고 생각한다. 그때에 그들은 자신이 물어뜯겨 달아나거나 가까운 사람들이 물어뜯기는 것을 보고 자기가 처한 위험에 생각이 미치자 다른 사람들에게 달려가서 보호를 간청했는데, 처음에는 동작으로써 자신의 의사를 표현했다가 후에는 말하기를 시도했고, 각 사물에 대해서 이름을 붙임으로써 점차 언어체계를 완성했다. 한편 그들은 야수에 대항해 많은 사람을 지켜야겠다고 생각하고 성벽을 쌓기 시작했다. 그 목적은 밤에 평화를 보존하기 위해서 또는 야수의 침입과 공격을 분쇄하려는 것이 아니라 방벽을 통해서 차단하기 위한 것이다.…… 18 이러한 주장은 다른 사람들에게는 과거에도 그래왔던 것처럼 어리석은 것으로 보인다. 즉 결합의 원인은 야수들의 잔인함이 아니라 오히려 인간성 그 자체인바, 인간의 본성이 고독을 피하고 공동체와 사회를 추구하는 것이기 때문에 인간들이 스스로 모이는 것이라고 사람들은 말했다.

26

41 (스키피오): ……마치 어떤 씨앗과 같아서……나머지 덕들의 형성이나 국가 자체의 성립은 발견되지 않을 것입니다. 내가 제시한 성립에 관한 이유에 따라서 이 집단들은 우선 정해진 장소에 살기 위해서 터를 정했습니다. 사람들은 그 거주지를 여러 장소로 솜씨 좋게 구획하고 나서 이런 양식의 집단 거주를 성채(oppidum) 또는 도시(urbs)라고 불러, 성소나 공유 장소와 구별했습니다. 따라서 내가 설명한 군중의 결합인 전체 인민(populus), 인민의 구성체인 나라(civitas) 전체, 내가 이미 말한 것과 같이 인민의 소유물인 국가(res publica) 전체가[91] 지속되기 위해서는 어떠한 계획(consilium)[92]에 의해서 지배

---

91) 이런 용어의 구분에도 불구하고, 인민(populus)과 나라(civitas)와 국가(res

받아야 할 것입니다. 그런데 그 계획은 우선 어떤 원인이 도시를 창출했는지에는 언제나 연관되어야 합니다.

42   그런 연후에 그 계획은 한 사람에게든지, 선발된 몇 사람에게 위임되나, 군중 및 전체가 떠맡든지 해야만 합니다. 따라서 모든 것의 총화를 한 사람이 장악하고 있을 때 우리는 그 사람을 왕이라고 부르며 그의 국가 상태를 왕정이라고 합니다. 한편 선발된 자들의 수중에 있을 때, 그 도시는 최선량들[93]의 의사에 따라서 통치된다고 합니다. 인민에게 모든 것이 있는 것은 민주정 국가이며 실제 이렇게 불립니다. 게다가 우선적으로 인간을 국가라는 유대관계로 계속 묶어놓는 질서를 유지한다면, 비록 완전한 것도 최선인 것도 아니라는 생각이 들지만, 이 세 가지 중 어느 것이라도 허용할 만한 것입니다. 어떤 것이 다른 것보다 더욱 우월할 수 있습니다. 왜냐하면 공평하고 현명한[94] 왕, 선발된 자들과 제일시민, 인민 자체는——마지막 것은 별로

---

publica)의 차이는 분명하지 않다. 흔히 이를 동어회피(anaphora)로 본다. 옮긴이가 civitas를 나라라고 번역한 것은 대개 우리 나라라는 표현을 살리기 위해서다.

92) 연구에 따르면 계획이라고 번역한 consilium은 여기서는 어떤 통치 형태에도 필요한 지도력이나 영도력을 의미하는데, 이는 귀족적인 정부의 특징적인 속성이기도 하다.

93) Optimates: 단수는 optimas. 좋음을 의미하는 형용사 bonus의 최상급 optimus에서 파생된 것으로 귀족(aristocrats)을 지칭한다. 공화정 후기에는 보수적인 성향의 원로원 의원을 지칭한다. 여기서는 최선량으로 옮겼으며, 이는 민회를 주활동 무대로 하는 포풀라레스(populares), 즉 인민파와 대비된다.

94) aequus ac sapiens: 이 형용사는 왕을 꾸미기 위해서 사용된 것이다. 여기서 파생된 명사인 형평과 현명은 좋은 정부의 특징이다. 즉 형평은 사회라는 단체를 유지하는데, 현명은 계획(consilium)과 같은 의미로 정부가 지속되는 데 필요하다. 이 문장에서 키케로는 민주정을 마지못해 용인하는 것으로 보인다. 그래도 불공평과 탐욕이 없으면 안정된 민주정치가 존재할 수 있다고 인정

인정되지 않아야 하지만——아무런 불공평이나 욕심이 개입하지 않는다면, 어떤 불안한 상태에 속하지 않을 수 있다고 보이기 때문입니다.

27

43　그러나 왕정에서는 나머지 사람들이 공통의 법과 계획에 거의 참여하지 않게 됩니다. 최선량들의 지배에서는 모두에게 공통의 계획과 능력이 없으므로 다수는 자유에 대한 참여자가 거의 될 수 없습니다. 그리고 모든 것이 인민을 통해 주도될 때, 비록 그것이 정의롭고 온전한 것일지라도, 평등 그 자체는 전혀 권위의 등급을 가지지 않으므로 불공평한 것입니다. 따라서 페르시아의 키로스[95]가 매우 정의롭고 현명한 왕이었지만, 한 사람의 명령과 양식에 의해서 통치되었을 때에 인민의 것은——사실 이것이 앞서 말했듯이 국가인데——별로 기대할 수 없었던 것으로 보입니다. 비록 우리의 피호민인 마실리아[96] 사람들이 선발된 자들과 제일시민에 의해서 가장 정의롭게 통치되었는데도 그 인민의 상태에는 어떤 노예제와 유사한 것이 있었습니다. 아테네 사람들은 어느 때인가 아레오파고스 회의[97]의 권한

한다.

95) Cyros I: 페르시아의 창건자다. 캄비세스(Cambyses)와 메디아의 공주인 만다네(Mandane)의 아들로 낳자마자 버려졌으나 목동이 주워다 기른다. 후에 소년이 되어 놀이하던 중 복종하지 않는다는 이유로 친구에게 매질을 한다. 이것이 왕에게 알려지자 탈출해 세력을 키운다. 왕에게 불만을 가진 신하들의 도움을 받아서 기원전 599년에 리디아를 정복해서 조공국으로 만든다. 후에 리디아, 바빌로니아를 정복한다. 크세노폰에 의해서 키로스의 전기가 남겨졌는데, 여기서는 용감하고 후덕한 왕으로 묘사되고 있다.

96) 기원전 600년경 건설된 그리스의 식민도시로 기원전 220년경에 로마와 동맹을 맺었다. 오늘날 프랑스의 마르세유다.

97) Areopagos: 군신(軍神)인 아레스(Ares)의 언덕(pagos)이라는 뜻이다. 아테네

을 철폐하고 인민의 결의와 포고가 없이는 아무것도 행하지 않은 이래로, 그들은 구분된 권위의 등급을 가지지 않았기 때문에 그 나라는 자신의 영광을 보존하지 못했습니다.

28

44   그리고 특히 혼합되지 않은 채 자체의 순수한 상태를 유지하는 이런 세 종류의 국가에 관해 나는 다음과 같이 말하고자 합니다. 그 각각은 우선 앞서 언급한 대로 약점을 지닌 상태에 있으며 이어서 그에 부수되는 위험을 지니고 있습니다. 인접한 어떤 악한 것으로 떨어지고 미끄러지는 길이 없는 종류는 저 국가들 중에서는 하나도 없습니다. 예컨대 가장 잔인했던 저 유명한 팔라리스[98]는, 변덕스러운 마음에서 나오는 방종의 면에서는, 오히려 견딜 만했으며 또는 원한다면 사랑을 받을 만한 왕인 키로스에게 미치지 못했습니다. 이에 유사하게 한 사람의 지배체제는 정해진 경로를 따라서 쉽사리 몰락합니다. 한편 마실리아인의 소수 제일시민에 의한 국가통치에 가까운 것이 아테네인에게 한때 있었던 30인〔참주의〕 합의와 도당[99]이었습니다. 이제는 아테네의 인민이 모든 것에 대한 권력을 지녔는데, 타인에게 우리가 물어볼 것도 없이, 다수의 열광과 파괴에 이르는 방종으로……

귀족의 회의체를 대변한다. 기원전 461년 에피알테스의 개혁으로 실질적인 권한을 모두 박탈당하기까지는 귀족 권력의 핵심이었다.

98) Phalaris: 시칠리아에 있었던 국가 아그리겐통의 참주다. 작은 죄라도 고문도구인 청동황소로 고문하고 처벌했으나 재위 10년 만인 기원전 552년 시민의 반란으로 같은 고문도구로 사형당한다. 청동황소는 카르타고에 빼앗겼다가 다시 시칠리아로 귀환했다고 한다.

99) 기원전 404년에 있었던 30인 과두체제로 이들의 주도자가 리산드로스 (Lysandros)다.

〔사분철 VIIII, 제7장 누락.〕

29

45   (스키피오): ……가장 혐오스럽습니다. 그리고 이로부터 최선량들에 또는 참주적인 파당에 또는 왕이 지배하는 또는 심지어 종종 인민에 속한 (국가가 출현합니다.) 또한 마찬가지로 앞서 내가 언급했던 것들에서 어떤 종류의 국가가 발전하기도 합니다. 또 국가들에는 교체와 변화의 경이로운 궤도가 있으며 이는 마치 하나의 순환과 같습니다. 그 궤도를 인식하는 것은 현자에 속하는 반면, 국가를 통솔해 나가는 데 경로를 잡아주고 자신의 권력 속에 국가를 유지하는 자로서 닥치게 될 일을 예견하는 것은 국가의 위대한 시민과 거의 신적인 인물에게 속하는 것입니다. 따라서 나는 제4의 종류의 국가가 가장 인정받아야 한다고 생각합니다. 그것은 먼저 이야기한 세 가지 종류의 국가에서 견제되고 뒤섞여져 생긴 것입니다."

30

46   이에 대해서 라일리우스: 아프리카누스여, 그대가 그것을 매우 마음에 들어한다는 것을 나는 알고 있소. 사실 종종 나는 그 주장을 그대에게서 듣곤 했지요. 그렇지만 그점을 인정하더라도, 괜찮다면 저 세 가지의 국가양식 중에서 무엇을 최선이라고 그대가 판단하는지 알고 싶소. 왜냐하면 이는 ……아는 데에 어떤 도움이 될지……

〔사분철 X, 제1장 누락.〕

31

47   (스키피오) ……그리고 국가를 지배하는 자의 본성이나 의지에 부

합하는 것이 각 국가입니다. 따라서 만약 인민의 권력이 최상인 곳을 제외하고는 어떤 다른 나라에도 자유가 머물 수 있는 곳은 전혀 없습니다. 사실 이보다 더욱 달콤한 것은 확실히 있을 수 없지요. 그래도 이 자유가 동등하게 향유되지 않는다면, 사실상 그것은 자유가 아닙니다. 인민이 노예상태가 되는 것이 사실상 불분명하지도 않고 의심의 여지도 없는 왕정에 관해서 언급하지는 않겠습니다. 한편 모든 사람이 문자 그대로 자유로운 국가에서라도 어떻게 형평이 있을 수 있겠습니까? 사실상 모든 사람들이 투표권을 지니고, 정무관의 대권을 위임하고, 유세를 듣고, 의사표시를 하도록 요구받지만, 그들은 비록 원하지 않더라도 주어야 할 것이므로 권력을 부여하는데, 이는 다른 사람들이 요구하지만 정작 자신들은 지니지 못한 것입니다. 그래서 사실상 그들은 대권에도, 공공위원회에도, 선발된 배심원의 재판에도 참여하지 못하고, 이 모든 권한은 가문의 유서 깊음이나 재산에 따라서 부여되는 것입니다. 한편 로도스, 아테네에서처럼 자유로운 인민 중에서 ……할 시민은 아무도 없습니다.

〔사분철 X, 제3장 누락.〕

32

48   (스키피오): ……인민에서 좀더 부유하고 권세 있는 자가 하나 또는 여럿 출현했을 때, 〔민주정에서는〕 그들이 게을러지고 유약해지며 부자들의 교만함에 굴종할 때에, 부자들의 혐오감과 오만함으로 〔몰락이〕 발생했다고 기억하지요. 만약 인민이 참으로 자기의 권리를 지닌다면, 그들은 그것보다 우월한 것, 좀더 자유로운 것, 더욱더 행복한 것은 아무것도 없다고 할 것입니다. 사실상 그들은 법률, 재판, 전쟁, 평화, 조약, 각자의 생명, 금전에 대한 주인들입니다. 그들은 보

통 이 하나만이 국가, 즉 인민의 공유물로 호칭된다고 봅니다. 따라서 왕이나 귀족의 지배에서 인민의 공유물을 해방시키는 것을 주장하는 것이 일반적이고, 자유로운 인민은 왕이나 최선량들의 권력과 재부를 필요로 하지 않는다고 생각합니다.

49 그들은 또한 자유로운 인민에 속하는 이 모든 종류가 야만스러운 인민이 지닌 약점에 의해서 거부되어야 한다는 주장을 반박합니다. 오히려 화합하면서 모든 것을 자기의 안전과 자유에 소급시키는 인민보다 더욱 확고부동한 것은 없다고 주장합니다. 반면 모든 사람이 동등한 것을 향유하는 국가에서 화합이 가장 쉽게 이루어질 수 있으되, 다른 것이 다른 사람에게 이로울 때는 이익의 상이함들로 인해서 불화가 생기고, 귀족들이 국가를 장악할 때는 결코 나라의 상태를 유지하지 못하며, 이제 왕의 치하에서는 더더욱 이루어지기 어렵습니다. 엔니우스가 말하듯이, '〔왕국에는〕 아무런 신성한 결속도 신의도 없기' 때문이라고 〔주장합니다.〕 그렇지만 시민법은 사회의 유대 관계이고 권리는 법에 일치하는 것인데, 시민의 상태가 동등하지 않을 때는 어떤 권리에 의해서 시민사회를 유지할 수 있겠습니까? 실제 재산이 평등해지는 것이 허용되지 않고 모든 사람들의 재능이 같을 수 없음에도, 필경 같은 국가에서 시민인 자들의 권리가 그들 사이에서는 동등해야만 합니다. 실제로 나라란 시민들의 권리의 결사체(iuris societas)가 아니라면 무엇이겠습니까?……

〔사분철 X의 제6장 누락.〕

33

50 ……그들은 그런 국가들이 호칭되기를 원하는 이름으로 다른 종류

의 국가를 호칭해서는 안 된다고 생각합니다. 그렇지만 지배하려는 욕심을 가진 자 또는 단독의 대권을 탐내는 자, 인민을 억압하고 지배하는 인간을 차라리 참주[100])라고 부르지 않고 유피테르 신을 호칭한 최상의 이름을 따라서 내가 왕이라고 부르는 이유는 무엇입니까? 사실상 왕이 무자비한 데 비해서 참주는 자애로울 수 있습니다. 그래서 인민에게는 단지 그들이 친절한 주인에게 종노릇 하는지 아니면 까다로운 주인에게 종노릇 하는지의 차이점밖에 없으니, 결국은 종노릇을 하는 것이지요. 한편 라케다이몬에서는 선하고 정의로운 왕들을 이용하기 위해서 국가의 규율을 우선이라고 생각했으며 왕가의 혈통을 가지고 태어난 자를 왕으로 인정했는데, 그들은 어떤 방식으로 왕정을 추구했습니까? 다른 예를 들면 인민의 합의에 의해서가 아니라 자신들의 모임에서 그 이름을 주장한 자가 사실상 귀족이겠습니까? 그자가 어떻게 최선량이라고 판단합니까? 훈련, 학예, 학업에 의해서라고 나는 듣고 있습니다. 언제……

[사분철 X의 제8장, 사분철 XI의 제1장 빠짐.]

34

51 (스키피오): ……만약 우연히 누가 그런 일을 한다면, 배의 승객 중에서 추첨으로 뽑힌 자가 배를 조정하게 될 때만큼 (국가는) 빠르게 전복되고 말 것입니다. 그래서 만약 자유로운 인민이 스스로를 맡길 자를 뽑는다면, 어떻게든 안전하기를 원하는 한, 최선량이 선발될 것입니다. 그리고 여러 나라들의 안녕은 최선량들의 계획에 달려 있습

---

100) Tyrannos: 원래는 리디아의 말로 왕을 칭했다. 처음에는 나쁜 의미로 사용되지 않다가 기원전 4세기 이래로 군주(monarch)의 반대 의미로 사용되어 독재자라는 뜻을 지니게 되었다.

니다. 특히 자연이 이렇게 하는 경우 최상자들(summi)이 덕과 정신의 면에서 연약한 자들보다 우월해지기를 원할 뿐 아니라, 이들은 심지어 최상자들에게 복종하기를 원하게 됩니다. 이 참된 최상의 상태는 사람들의 왜곡된 의견에 따라서 뒤집어진다고 말합니다. 그들은 소수에게만 존재하고 소수에 의해서만 판단되고 구분되는 덕에 관해서 무지하기 때문에, 부자들과 귀족의 혈통에서 태어난 자들이 최선량이라고 생각합니다. 대중의 이러한 오판으로 인해서 덕이 아니라 소수자의 재부가 국가를 장악하기 시작할 때, 그 국가는 제일시민들이 최선량의 이름을 고수하지만 실상 그 이름을 지닐 자격이 없습니다. 왜냐하면 그러한 부유·명성·재부는 계획이 결여되어 있을 뿐만 아니라 살아가면서 타인을 지휘하는 양식에는 어울리지 않는 것으로 가득 차 있으며 오만함이 지나치기 때문입니다. 게다가 가장 부유한 자들이 최선량으로 인식되는 나라보다 더 왜곡된 종류는 없습니다.

52 진실로 덕이 국가의 방향을 잡는다면, 무엇이 그것보다 더 훌륭할 수 있습니까? 그때는 타인에게 명령을 내리는 자가 탐욕에 빠지지 않고, 시민이 국가를 위해서 제정하고 요구한 것들을 파악하면서, 자신이 복종하지 않을 법률을 인민에게 제시하지 않고, 오히려 하나의 규범으로서 자신의 생활을 자국의 시민에게 드러낼 것입니다. 만약 한 사람이 모든 것을 충분히 추구할 수 있다면, 다수는 필요하지 않을 것입니다. 만약 전체가 한 사람의 최선량을 알아볼 수 있고 그에게 동의할 수 있다면, 아무도 제일시민들을 선발하라고 요구하지도 않겠지요.[101] 정책을 입안하는 데에 따르는 어려움으로 인해서 국

---

101) 이 두 문장은 현재 사실에 대한 반대이므로, 반대의 의미로 읽어야 한다.

가가 왕으로부터 다수에게로, 인민의 실수와 부주의에 의해서 군중으로부터 소수에게로 옮겨가게 되었습니다. 그래서 한 사람의 완고함과 다중의 무모함 사이에서 최선량들이 중간의 위치를 차지했으므로 이보다 더 온전한 것이 없을 정도입니다. 그들이 국가를 유지할 때 인민은 가장 행복할 것이 틀림없습니다. 제일시민들 덕에 인민은 모든 근심과 숙고에서 벗어나게 되며, 국가를 유지할 뿐 아니라 인민이 그들의 이해관계와 관련되어 무시되었다는 생각을 지니지 않도록 배려하는 타인들에 의해서 인민 각자에게 여가가 허용되기 때문입니다.

53 한편 자유로운 인민이 환영하는 권리의 동등함은 사실상 지켜질 수 없으며 ── 왜냐하면 인민은 아무리 자유롭고 구속받지 않는다고 해도 많은 사람들에게 여러 가지 권리를 부여하며 심지어 그들 자체에도 인품과 위엄에 대한 큰 선호가 있기 때문에 ──, 동등함이라고 불리는 것은 가장 불공평한 것입니다.[102] 인민 전체에는 고귀한 자들과 미천한 자들이 있게 마련인데, 양자에 의해서 똑같은 명예가 유지될 때 그 동등함은 가장 불공평합니다. 그것은 최선량들에 의해서 통치된 나라들에서는 일어날 수 없습니다.

---

102) 1권 43과 같은 맥락에서 이해할 수 있는 문장이다. 여기서 번역한 동등함(aequabilitas)과 정부의 유지요소인 형평(aequitas) 사이의 차이점이 무엇인지 불명하다. 다소의 혼란이 있는 것으로 볼 수도 있다. 단 이 문장에서 권리(ius)의 동등함이라고 말하면서, 법적인 형평과 정치권력의 형평이 연결되어 있음을 시사하고 있다. 다시 말해 아무리 급진적인 민주정이라고 해도 관직을 불공평하게 수여해야 하므로, 완전한 형평이란 불가능하다는 것이다. 동등함이라고 불리는 것이 불공평한 것이라고 하는 표현을 통해서, 형평이란 공정한 분배를 의미하는 것으로서 공격의 대상으로 삼고 있음을 알 수 있다. 1권 69에서는 다시 이 동등함이 혼합정체의 비례적 평등을 지시한다.

라일리우스여, 이것들은 거의 그리고 같은 종류의 것들은 이런 국가 형태를 최대로 찬양하는 사람들에 의해서 주장되곤 합니다.

35

54 그러자 라일리우스: 스키피오여, 그대는 어떻게 생각하시오? 그대가 가장 승인하는 것이 있다면 그 세 가지 중 어떤 것입니까?

(스키피오): 바로 당신은 제가 셋 중에서 무엇을 가장 승인하는지를 물으셨습니다. 제가 그것들 중 어느 것도 그 자체로 분리해서는 승인하지 않았는데, 모든 것을 합쳐서 만든 것을 각 개별적인 것에 우선했기 때문이지요. 그러나 만약 단순한 것 중에서 하나를 승인해야 한다면 나는 왕정을 승인하겠습니다. ……의 위치에서 불리며, 왕의 이름은 아버지의 이름과 같아지게 되므로 그는 스스로 태어나면서 자기 시민들의 이익을 보살피고 그들을 ……좀더 열심히 보존하면서 ……한, 최선·최고인 자의 열의가 유지될 수 있는 것입니다.

55 이에 근접하는 것이 최선량들입니다. 이들은 스스로가 같은 일은 더욱 잘한다고 공언하며 한 사람의 경우보다는 더 많은 사람의 경우에 더 많은 계획이 있을 것이며 오히려 동일한 형평과 신의가 유지될 것이라고 말합니다. 마지막으로 인민은 가장 큰 목소리로 자신들은 한 사람에게도 소수자에게도 복종하기를 원치 않는다, 실제로 야수에게도 자유보다 더 감미로운 것은 없다, 이 모든 것을 결여하는 것은 왕에게든 최선량들에게든 예속되는 것이라고 주장합니다. 왕들은 고귀함으로써, 최선량들은 계획으로써, 인민들은 자유로써 우리를 사로잡으므로, 이것들을 비교해 가장 바람직한 것을 고르기는 어렵습니다.

(라일리우스가) 말한다. "나도 동감이오. 그러나 그대가 이 문제를

미완으로 남겨놓으면 나머지는 거의 설명하기 어려울 것이오."

36

56　(스키피오): 그렇다면 우리는 아라토스[103]를 모방해보기로 합시다. 그는 처음부터 위대한 일에 관해 말할 경우 유피테르 신부터 시작해야 한다고 생각합니다.

　(라일리우스): 어째서 유피테르 신부터입니까? 아니면 우리가 벌이는 논의가 그 사람이 지은 시가와 유사한 점이 있습니까?

　(스키피오): 바로 모든 신과 인간의 유일한 왕이라고 학자든 무학자든 우리가 동의하는 그분으로부터 판단의 원리들을 취하기 위해서이지요.

　라일리우스가 말한다. "무엇[이라고 당신은 생각하시오]?"

　그러자 그가 (말한다.) "눈앞에 있는 것이 아니라면 무엇[이라고 생각하십니까]? 만약 이것들이 국가의 제일시민들에 의해서 생활의 유익을 위해서 구성되어 결국 왕이 천상에 있는 유일한 자로 여겨져서, 호메로스의 말처럼,[104] 고갯짓으로 전체 올림포스를 뒤집어놓고, 또 만인의 왕과 아버지로 생각한다면 그 권위는 클 것입니다. 만약 실로 많은 자들을 모두 소환하는 것이 가능하고 씨족들이 제일시민들의 포고에 동의했다면, 왕보다 더 나은 것이 없다고 하는 점을 증언할 자가 많을 것입니다. 왜냐하면 모든 신들이 한 왕의 고갯짓에 좌우되었다고 사람들은 생각할 것이기 때문입니다. 또는 만약 이런 원리들이 미숙한 자들의 실수에 놓여지고 우화들과 유사한 것이라

---

103) 『현상』의 1행과 5행은 다음과 같다. "제우스로부터 시작하자. 죽을 운명의 우리는 결코 그를 언급하지 않을 수 없지/……/우리가 그의 소생이라." 5행은 바울이 「사도행전」 17:28에 인용하고 있다.
104) 『일리아스』 I, 527~530.

고 우리가 말한다면, 우리는 함께 마치 박식한 자들의 박사 같은 분들의 말을 듣도록 합시다. 우리가 들어도 거의 인식하지 못하는 것들이 그분들에게는 마치 눈으로 본 듯하지요."

라일리우스가 말한다. "그런 분들이 누구요?"

그(스키피오)가 (말한다.) "만물의 본성을 탐구함으로써 이 모든 세상이 정신에 의해서 ……임을 감지한 분들이지요."……

〔사분철 XI, 제8장, 사분철 XII, 제1장이 빠짐.〕

57　『신적 교양 강요』 4.3. 최고의 신에 관해 전에는 탈레스·피타고라스·아낙시메네스,[105] 후에는 스토아 학자인 클레안테스[106]·크리시포스[107]·제논, 우리나라 사람으로는 스토아파를 추종한 세네카[108]와 툴리우스가 주장한 것들을 재검토하는 것은 지루하다. 이 모든 사람들은 신이 무엇인지를 정의하면서 신에 의해서 세계가 통치되며 모든 자연은 유일신에게서

---

105) Anaximenes(기원전 546): 밀레토스 출신으로 우주는 신의 공기에 의해서 둘러싸여 있으며, 이것의 밀도 차이에 따라서 불·바람·물·흙·암석 등이 나오고 여기서 다른 만물이 생성된다고 주장한다. 우주의 최초 형성자에 대한 다른 사물의 관계를 최초로 물리적으로 설명한다.
106) Cleanthes(기원전 331~240): 제논의 제자로 스토아 학파의 장으로도 활약한다. 우주를 살아 있는 존재로 보아서 신은 우주의 영혼, 태양은 심장으로 보았다. 또한 무관심을 강조해 타인에게 선행을 베푸는 것은 가축을 잡아먹기 위해서 키우는 것과 같다고 주장했다고 한다.
107) Chrysippos(기원전 280~207): 타르수스 출신으로 클레안테스의 후계자다. 스토아 학파의 체계를 정교화하고 변호함으로써 스토아 학파의 정통성을 이룬다. 311편의 논문을 남겼으며 기행을 남긴 것으로도 유명한다. 일설에 따르면 그는 부모와 자식 사이의 결혼을 주장하고 시체는 묻을 것이 아니라 먹도록 권했다고 한다. 과음으로 죽었다고 하기도 하고 너무 웃어서 죽었다고 하기도 한다.
108) Annaeus Seneca(기원전 4~기원후 65): 네로 황제의 스승이다.

비롯한 것이므로, 어느 신도 자연에 종속되지 않는다고 주장했다.

노니우스 p. 85, 18과 289, 8: 허용된다면 그대의 연설을 여기서 다음 사안으로 옮기시오.

37

58 (스키피오): ……라일리우스여, 그렇지만 만약 당신이 원한다면, 나는 당신에게 너무 오래되지도 야만적이지도 않은 증언자들을 제시하겠습니다.

(라일리우스가) 말한다. "그렇게 해보시오."

(스키피오): 그런데 당신은 우리 도시에 왕이 없게 된 지 400년이 못 되었음을 아시지요?

(라일리우스): 사실 그러하오.

(스키피오): 그렇다면 어떻게 생각하시는지요? 이 400년은 도시와 국가의 나이로서 매우 긴 것인가요?

(라일리우스가) 말한다. "사실 그 기간은 완숙한 것이라고는 할 수 없지요."

(스키피오): 그래도 400년 전에는 왕이 있었지요?

(라일리우스): 사실 오만한 자[109]가 왕으로 있었소.

(스키피오): 그 사람 이전에는 어떠했습니까?

(라일리우스): 매우 정의로웠소.[110] 그리고 지금으로부터 600년 전에 왕이었던 로물루스 다음갑니다.

---

109) 로마의 제7대 왕이자 마지막 왕인 타르퀴니우스 수페르부스(Lucius Tarqui-nius Superbus, 재위: 기원전 534~510)를 지칭한다. 재위 25년 만에 로마의 귀족에 의해서 축출되었다.

110) 제6대 왕 세르비우스 툴리우스(Servius Tullius, 재위: 기원전 578-535)을 지시한다. 그는 호구조사(census)와 백인대를 조직했다.

(스키피오): 그러면 그 왕은 사실상 너무 오래된 것이 아닙니까?

(라일리우스): 별로 그렇지 않소. 게다가 당시 그리스는 막 쇠약해질 때이지요.

스키피오: 로물루스가 야만인의 왕이었다고 인정해도 좋은가요?

(라일리우스): 그리스인이 말하듯이 만약 모든 사람이 그리스인이 거나 야만인이라면, 감히 야만인의 왕이라고 할 수도 있을 겁니다. 그러나 그 명칭이 언어가 아니라 관습에 적용된다면, 나는 그리스인이 로마인보다 덜 야만적인 것이 아니라고 생각합니다.

그러자 스키피오: 그렇지만 하고자 하는 이 일과 관련해 우리는 씨족을 조사하는 것이 아니라 자연적인 본성을 탐구하고 있습니다. 만약 사람들이 현자와 더불어서 노쇠하지 않은 왕을 모시길 원한다면 나는 별로 늙지도 않고 비인간적이지도 야수적이지도 않은 증인들을 이용하고자 합니다.

38

59   그때 라일리우스: 스키피오여, 나는 그대가 증거들을 충분히 갖추었다고 보고 있소. 그러나 나는 좋은 배심원의 경우처럼 증언자보다는 논쟁이 더욱 가치 있다고 여기오.

스키피오: 라일리우스여, 그렇다면 모든 논쟁에서 당신의 감각을 스스로 이용해보시오.

그(라일리우스)가 말한다. "누구의 감각이라고 했소."

(스키피오): 어떤 때 우연히 당신이 다른 사람에게 분노하는 것이 당신 자신에게 인식되기도 합니다.

(라일리우스): 사실상 내가 원하는 것보다 더 자주 그렇지요.

(스키피오): 왜 그렇습니까? 당신이 화날 때 당신은 화난 상태에게 당신의 정신에 대한 지배권을 허용했나요?

(라일리우스): 전혀 그렇지 않소. 나는 타렌툼의 아르키타스를 닮았는데, 그는 빌라로 와서 모든 것을 두들겨 부수고 맹세하면서, 감독노예[111]에게 "내가 화나지 않았더라면 이제 채찍으로 죽여버렸을 텐데, 이 운 좋은 녀석"이라고 말했지요.

60   스키피오가 말한다. "아주 적절하게 말씀하셨습니다. 그러므로 아르키타스는 격분상태, 즉 이성에서 벗어난 정신의 혼란상태임을 마땅히 추론했으며 이것이 숙고과정을 통해서 잠잠해지기를 원했던 것입니다. 탐욕을 더하고, 대권이나 영예에 대한 욕망을 덧붙이고, 정욕을 더해보시오. 그러면 당신은 다음과 같은 것을 알게 될 것입니다. 즉 인간의 정신들 속에 왕 같은 대권이 있으면 한 사람의, 다른 말로 하면, 계획의 지배체제가 이루어질 것이며 ─ 왜냐하면 그것이 정신의 최상부분이므로 ─ 아울러 계획이 지배하는 경우에는 정욕에 속한 것은 아무것도 없으며, 격분도 없고, 성급함의 여지도 없을 것입니다."

(라일리우스가) 말한다. "그점은 옳소."

(스키피오): 따라서 정신이 그런 상태에 있어야 한다고 인정하시지요?

(라일리우스): 참으로 더 중요한 게 없소.

(스키피오): 그러므로 만약 계획이 배제되어 헤아릴 수 없는 정욕이나 분노가 모든 것을 장악한다면 그것을 좋다고 하지는 않겠지요?

(라일리우스): 나는 그런 정신보다, 그런 정신 상태에 놓인 자보다 더 가련한 것은 아무것도 이끌어내지 못할 것이오.

---

111) Vilicus: 로마에서 농장을 관리하는 노예로 다른 노예를 감독한다. 다른 노예와 달리 이들에게는 여자노예와의 동거 및 특유재산(特有財産)이 인정되기도 한다.

(스키피오): 그러므로 당신이 보기에 왕정 아래 정신의 부분들이 전부 존재하며 그들 중에서 계획이 왕노릇하는 것이 바람직하겠지요?

(라일리우스): 참으로 내게는 그것이 적합하다고 느껴지오.

(스키피오): 그렇다면 당신은 국가에 대해서 느끼는 것을 왜 의심하십니까? 만약 국가의 권력이 여러 사람에게 옮겨진다면, 대권을 주재하는 것이 전혀 없을 것이라는 점을 이해할 수 있습니다. 왜냐하면 실제로 대권이 하나가 아니라면 아무것도 존재할 수 없기 때문입니다.

39

61 그러자 라일리우스: 만약 정의가 다수 속에 있을 때, 하나와 다수 사이에 어떤 차이점이 생기는지 궁금하오.

스키피오: 라일리우스여, 내가 제시한 증거들에 의해서 당신이 별로 동요되지 않는 것으로 보이는군요. 내가 말한 것을 입증하기 위해서 나는 당신을 증인으로 삼지 않을 수 없소.

그가 말한다. "내가 그렇다고요? 그건 어째서 그렇소?"

(스키피오): 왜냐하면 최근에 우리가 포르미아이[112]에 있는 당신의 농장에 있었을 때, 나는 당신이 노예에게 한 사람의 말만 듣도록 매우 엄하게 단속하는 것을 주목한 적이 있기 때문이오.

(라일리우스): 실제로 한 감독노예에게 그랬소.

(스키피오): 왜 그랬을까요? 많은 집식구들이 당신의 업무를 관장합니까?

(라일리우스가) 말한다. "반대이지요. 한 사람이 하지요."

(스키피오): 왜 그럴까요? 이제 당신을 제외한 다른 누가 집 전체를

---

112) Formiae: 남부 라티움 지방의 해안도시.

다스럽니까?

(라일리우스): 절대 그럴 가능성은 없소.

(스키피오): 그렇다면 국가에서 한 사람의 전제체제가, (그 사람이) 정의롭기만 하다면, 최상이라는 것을 당신은 왜 인정하지 않으십니까?

(라일리우스가) 말했다. "나로서도 그점에는 동의하고 싶은 생각이 드는군."

40

62 그리고 스키피오: 라일리우스여, 선장이나 의사가 있는데 그들이 자기들의 기술에서 어느 정도의 권위가 있으면, 다수에게가 아니라 한 사람의 선장이나 의사에게 배나 환자를 맡기는 것이 좀더 옳다는 것 따위의 설명은 생략합시다. 이보다 더 큰 문제에 접근한다면 당신은 더욱 동의할 것입니다.

(라일리우스): 그것이 무엇이오?

(스키피오): 무엇이냐고요? 당신은 한 사람의 무례함과 오만함으로 인해서 타르퀴니우스라는 이름이 우리 인민 중에서 왕에 대한 혐오를 일으키게 되었음을 알지 못합니까?

(라일리우스): 아니오, 나도 알고 있소.

(스키피오): 그러므로 당신은 다음과 같은 사실도 알고 있을 것입니다. 이에 관해 계속 연설한다면 나는 많은 것들을 말하리라고 생각합니다. 즉 타르퀴니우스가 축출되자 인민은 놀랄 만한 과도한 자유로 날뛰었습니다. 그때에 무고한 자들이 강제로 추방되었고, 많은 사람들의 재산이 탈취되었으며, 통령들이 매년 뽑혔고, 인민에게는 권표[113]가 실추되었고, 모든 문제에 관해 백인대회에 상고가 있었으며, 평민의 이탈들이[114] 있었습니다. 대부분이 그런 식으로 이루어

져서 마치 모든 것이 인민 속에 있게 되었습니다.

63　(라일리우스가) 말한다. "그것은 그대가 말한 대로요."

　스키피오가 말한다. "당신이 아무것도 두려워하지 않는 동안에는 마음대로 하는 것이 가능한데, 이를테면 배 안에서처럼 또는 때때로 심지어 가벼운 질병이 있을 때처럼 평화와 여가의 상태가 있습니다. 그렇지만 바다에 폭풍이 일기 시작할 때는 항해하는 자들이, 또는 병이 중해질 때는 환자가 한 사람의 능력에 매달립니다. 이처럼 우리 인민은 평화로울 때나 국내 문제에 대해서는 명령을 내리고 심지어 정무관들을 위협하고 거부하고 요구하고 소환하기도 하지만 전쟁 때에는 왕에게 하듯이 정무관들에게 복종합니다. 안녕이 정욕보다 더욱 가치 있는 일이기 때문이지요. 사실상 좀더 위중한 전쟁인 경우에는 한 사람의 정무관이 다른 동료정무관과 나누지 않고 전권을 가질 것을 우리는 바랍니다. 그들의 이름은 자기의 권력의 크기를 지시합니다. 즉 그 독재관은 '지명된다'(dicitur)는 말에서 비롯한 호칭인 것이지요. 라일리우스여, 당신은 그가 우리들의 책115)에서 인민의 사령관으로 일컬어지고 있음을 알고 있습니다."

　(라일리우스): 알고 있소.

---

113) fasces의 번역어다. 로마의 정무관이 행차할 때 권표운반원인 릭토르(lictor)가 드는 홀(笏)로, 막대기 다발을 만들어 그 앞에 작은 도끼를 꽂은 형태다. 권표운반원의 수는 정무관의 권한의 크기를 나타내는데, 통령은 12명, 법무관은 절반인 6명이다.

114) 기원전 499, 449년 두 차례에 걸쳐서 귀족에 대해서 참정권의 부여를 주장해 일으킨 평민들의 분리운동을 지칭한다. 귀족들과 분리해서 나라를 세우겠다는 주장에 귀족은 호민관 선출권과 12표법의 제정을 허락했다.

115) 조점관의 책을 의미한다. 스키피오와 라일리우스는 물론이고, 이 책의 저자 키케로도 조점관을 역임했다.

스키피오: 그러므로 우리의 선조들은 현명하게 그에게……

〔사분철 XII, 제8장이 빠짐.〕

41

64   (스키피오): ……실제 인민은 의로운 왕과 사별하자, 엔니우스가 말하듯이, 가장 선한 왕이 죽은 이후에 '애도가 모진 마음을 사로잡도다.'

> 동시에 그들 사이에서
> 그처럼 회상하도다. '오, 로물루스여, 로물루스여! 신이여.
> 신들은 당신을 조국의 위대한 수호신으로 만드셨도다!
> 오 아버지여, 오 낳는 자여, 신들에게서 나온 혈통이여!'

(사람들이) 복종하는 것이 정당한 자들을 소유자라고도 주인이라고도 부르지 않으며, 이어서 실상 왕들이라고 하지도 않고 조국의 수호자들, 아버지들, 신들이라고 부릅니다. 그것은 근거가 없지도 않은데, 왜 다음과 같은 말을 덧붙였겠습니까?

> 그대는 우리들을 빛의 영역으로 인도했도다.[116]

사람들은 왕의 정의로움으로 인해서 생과 명예와 영광이 저절로 부가되었다고 생각합니다. 만약 왕들에게 이와 유사한 것들이 머물러 있었더라면 그와 같은 정도의 자발성이 그 왕들의 후사에게도 남

---

116) 엔니우스의 『연대기』 1권에 나오는 인용으로 보인다.

겨져 있었을 것입니다. 그러나 당신은 한 사람의 불의함으로 인해서 그런 종류의 국가가 단번에 몰락했다는 점을 알고 있습니다.

(라일리우스가) 말했다. "사실상 그렇소. 그리고 나는 그런 변화의 경로가 우리나라에서처럼 모든 나라에서도 발생한다는 것을 알게 되기를 원하오."

42

65 　그러자 스키피오: 내가 가장 승인하는 종류의 국가에 관해 느낀 바를 말할 때, 비록 그 국가에서 일어나기가 그렇게 쉽지 않다고 생각합니다만 국가들의 변천에 관해 좀더 정확하게 말해보겠습니다. 그러나 이 왕정의 경우에 가장 우선이고 확실한 것은 바로 정체의 변환입니다. 한 왕이 불의해지기 시작할 때, 그런 종류의 정체는 즉시 파멸합니다. 그리고 그자는 참주로서 가장 저급한 부류로 최선의 것에 인접한 것입니다. 최선량들이 그자를 억누른다면, 이는 거의 발생하는 것이라고 하겠는데, 국가는 3가지 중에서 제2의 형태를 채택합니다. 사실 그것은 마치 왕들의 위원회, 즉 가부장들로서 인민에게 좋은 조언을 해주는 제일시민들의 위원회 같은 것입니다. 그러나 만약 인민이 스스로 참주를 죽이거나 몰아내는 경우, 인민이 지각이 있는 한, 그 국가는 다소 견딜 만한 것입니다. 아울러 인민은 자신의 업적에 의해서 기뻐하며 자신에 의해서 이루어진 국가가 유지되기를 원합니다. 그러나 만약 의로운 왕을 힘으로 공격하거나 제압하거나 그에게 모욕을 가하는 경우 또는 심지어, 더욱 빈번히 발생하는 것이지만, 최선량들의 피맛을 보고 국가 전체를 자신의 욕망 아래 두는 경우가 있습니다. 이 경우처럼 무례함이 지나쳐서 구속받지 않는 상태의 군중은 마치 해상에서 발생해 진화될 수 없는 불과 같다는 점을 당신은 주목하시기 바랍니다! 그것은 플라톤의 저술에서 훌륭하게

소개된 것입니다. 가능하다면 나는 그것을 라틴어로써 표현할 것입니다. 어렵기는 하겠지만 노력해보겠습니다.

43

66 플라톤이 말하기를,[117]

> 만족을 모르는 인민의 목이 자유에 대한 갈증으로 말라 있고 그런 행태가 적당히 절제되지 않고 지나쳐 순수한 자유를 희구하면서 악한 관리들에게서 그것을 이끌어내게 되는 경우에는, 정무관과 제일시민들이 고분고분하지도 유약하지도 않고 충분히 자유를 부여하지도 않으면 (인민은) 견책하고 비난하고 심사하면서 그들을 군림하는 왕들이며 참주라고 부른다.

고 했습니다. 실제로 이 말은 당신들에게도 알려져 있는 것이지요."

67 "나도 매우 잘 알고 있소"라고 그(라일리우스)가 말한다.

(스키피오): 이어서 다음과 같이 언급합니다.

> 제일시민들에게 복종하는 자들은 그 인민에 의해서 괴로움을 당하고 자발적인 노예라고 불린다. 한편 정무관으로 재직하면서 개인들에 동화되고자 하는 자들과 개인들과 정무관들 사이에 아무런 구분이 없도록 하는 개인들을 찬사로서 칭송하고 명예를 주어서 영예롭게 만든다. 그 결과 개인의 집 전체가 통치권에서 벗어나며 나아가 이런 악이 짐승에까지 이른다. 이어서 아버지가 아들을 두려워하고 아들은 아버지를 무시하며, 전혀 수치심이 없어져서 완

---

117) 플라톤, 『국가』 VIII, 562c~563e에 나오는 내용이다.

전히 자유롭게 되어 시민인지 외국인인지 구별이 전혀 없게 된다. 선생은 제자를 무서워하고 그들에게 잘 보이고자 애쓰며 제자들은 선생들을 멸시한다. 청년들이 노인들의 비중을 차지하고 반면 노인들은 청년들에게 혐오감을 주고 부담되지 않도록 청년들의 놀이에 끼어든다. 이로부터 심지어 노예들이 더 자유롭게 행동하고 여자들도 남자와 동등한 권리를 부여받으며, 이같이 큰 자유의 상태에서는 심지어 개·말·나귀도 마음대로 뛰어다니므로 그것들에게 길을 양보해야 하는 일도 발생한다. 따라서 이러한 무제한적인 방종에서 이 전체가 이끌려 나오므로, 결과적으로 시민들의 마음은 참을성이 없고 유약한 것으로 드러나서 어쩌다 최소의 지휘권이 행사되면 화를 내게 되고 끝까지 직무를 완수하지 못한다. 이로부터 (사람들은) 법률을 무시하기 시작하여 분명 아무 주인이 없는 상태에 이른다.

라고 그는 밝혔습니다.

44

68   그때 라일리우스: 플라톤이 언급한 바를 그대가 적절히 옮기었소.

(스키피오): 게다가 내가 한 말의 주창자에게로 이제 되돌아가보겠는데, 그는 말하기를, 인민이 유일하게 자유라고 생각하는 이 지나친 방종에서, 마치 어떠한 원천인 것처럼, 참주가 생기고 태어나는 것과 같다고 합니다. 왜냐하면 제일시민들의 지나친 권력에서 제일시민들의 파멸이 유래하듯이 지나치게 자유로운 인민의 자유는 바로 노예상태를 초래하기 때문입니다. 다시 말하자면 기후에서든 토지에서든 신체에서든 풍족한 상태에 있을 때 지나친 것은 모두 반대의 상태로 전락하는 것이며, 특히 〔그것이〕 국가들에서 일어나지요. 또

한 지나친 자유는 인민에 속한 것이든 개인에 속한 것이든 지나친 노예상태로 전락합니다. 따라서 이런 최대의 자유에서 참주가 탄생하며 가장 부당하고 가혹한 노예상태가 생깁니다. 사실상 지배받지 않는 또는 야만스러운 인민에서 선출된 우두머리는, 대개 피해를 입고 축출된 제일시민들에게 반대하는 편에 서지요. 게다가 과감하고, 불순하며, 뻔뻔하고, 매우 빈번히 국가에서 혜택을 추구하면서 남의 것으로나 자신의 것으로 인민의 환심을 삽니다. 왜냐하면 한 개인에게 대한 공포심이 생기고 대권이 부여된 채 그 상태가 지속되면, 아테네의 페이시스트라토스[118]처럼, 경호대의 호위를 받는 자로부터 궁극적으로는 그들의 참주들이 만들어지고 유지되기 때문입니다. 종종 그러하듯이 만약 선한 자들이 참주들을 억누른다면 나라가 새로 만들어집니다. 그러나 만약 그들이 과감해지면, 붕당(factio)이 생기는데, 이것은 다른 종류의 참주들입니다. 그리고 제일시민들마저도 어떤 왜곡이 정도에서 벗어나게 할 때 동일한 것이 최선량들의 고귀한 상태에서 종종 나타납니다. 따라서 국가들은 자기의 내부에 하나의 공(pila) 같은 상태를 지니고 있는 것이니, 참주는 왕에게서 비롯하고 참주에게서는 제일시민들이나 인민이 나오며 이들에게서 붕당이나 참주가 나옵니다. 그렇지만 국가의 어느 한 양식도 더 오래 유지되지 않습니다.

---

118) Peisistratos: 아테네의 동부지역 출신으로 산악파라는 파벌을 주도한다. 기원전 561년에 메가라를 원정한 후에 부상을 평계로 민회에서 호위대를 거느리도록 허락받자 이를 기회로 아크로폴리스를 점령하고 참주정치를 실시한다. 이후 축출되었다가 546년에 다시 아테네로 진격해 시민의 무장을 해산한 후 528년까지 참주정치를 시행한다. 선린외교를 통해서 통상로를 확보하고 농민에 대한 영농자금을 보조하는 등 그의 참주시기는 일반적으로 선정(善政)의 시기로 알려진다.

45

69　그러할 때 세 가지의 원초적인 국가의 종류 중에서, 내 생각에는, 왕정이 훨씬 뛰어난 것이기는 하나, 국가의 세 양식이 평균화되고 적절히 절제된 것이 왕정 그 자체보다 앞설 것입니다. 실제 그런 국가에서는 왕처럼 군림하는 자가 있을 수 있으며, 또한 제일시민들이 권위를 부여받고 할당받는 것이 허용되며, 군중의 판결과 의사에 종속되는 것이 일부 있을 수 있습니다. 이 국가체제는 우선 어떤 큰 동등함[119]을 유지하고 있습니다. 그것이 없다면 사람들은 더 이상 자유롭기가 어렵습니다. 이어서 강고함도 지니고 있지요. 그 이유는 왕에게서는 전제자가 나오고, 최선량들에게서는 붕당이, 인민에게서는 소요와 혼란이 생기는 것처럼, 원초적인 정치체제는 쉽게 정반대의 결함 속으로 향하기 때문이며 또한 각 종류는 종종 새로운 것으로 바뀌어버리는 데 비해, 연결되고 또 적당히 뒤섞인 이 국가체제에서는 앞선 정치체제들의 큰 결함이 거의 발생하지 않기 때문입니다. 진실로 각자가 자신의 등급에 따라서 굳게 고정된 곳에서는 정체변화의 이유가 없으며 조만간 몰락하거나 쇠퇴하지 않을 것입니다.

46

70　그러나 깊은 우정이 있는 현명한 여러분 그리고 라일리우스여, 만약 더 이상 내가 이런 종류의 이야기를 더 길게 늘어놓으면 나의 연설이 마치 당신들과 함께 생각하지 않는 훈장이나 학자에게 어울리는 것처럼 여기지나 않을까 하는 두려운 마음이 듭니다. 그 때문에 모든 사람이 알고 있으되 내가 오랫동안 탐구해온 것에서 시작하겠

---

119) aequabilitas: 본문 53에서 동등함이 비난의 대상이 되고 있는 것과는 달리, 여기서는 찬양의 대상이 되고 있다. 여기서는 이른바 기하학적 평등 또는 비례적 평등의 의미로 생각할 수 있다.

습니다. 사실 나는 어느 국가도 체제 면에서나 질서의 측면에서나 규율의 면에서 우리 선조들이 조상들로부터 처음부터 받아서 우리에게 물려준 국가와 비교할 수는 없다는 점을 분명히 판단하고 감지하고 있으며 이를 명백히 주장하고자 합니다. 여러분이 지니고 있던 바를 여러분 스스로가 나에게서 듣기를 원했으므로 최상의 국가란 어떤 양식을 지녔는지 그리고 어떤 성격의 것인지를 우리나라의 예를 보여줌으로써 제시하는 것이 허락된다면, 나는 이를 위해서 국가의 최선 상태에 관해서 가능한 말솜씨를 모두 구사해보고자 합니다. 만약 그것을 내가 주장하고 추구할 수 있다면, 나의 의견에 따라서 라일리우스께서 내게 제안한 이 엄청난 의무를 수행할 것입니다.

47

71   그러자 라일리우스: 실로 그대의 것이오. 스키피오여, 정말로 그대 〔한 사람의〕 의무라오. 그대 자신이 가장 훌륭한 조상을 모신 가문의 출신인데 조상들의 제도에 관해 오히려 누가 그대에게 말하겠소? 비록 지금은 아닐지라도 앞으로 우리가 누리게 된다면 국가의 최선인 상태에 관해 그대보다 더욱 큰 명성을 지닐 수 있는 자가 누구이겠소? 이 도시의 두 가지 위협[120]이 제거되어서 언제나 그대가 예지를 발휘하게 될 때 후세에 대한 선견지명의 면에서 그대보다 더욱 명예로운 자가 누구이겠소?

〔『국가론』제1권에 속하나 위치가 불확실한 것.〕

---

[120] 카르타고와 누만티아에 대한 스키피오의 승전을 지시하나 그들의 위협은 비역사적인 것으로 이해된다.

노니우스, p. 276, 6: 마르쿠스 툴리우스,『국가론』I: 그가 말했다. "제발 그러한 관습과 열심과 대화를 인식하시오."

제2권[1]

---

1) 제2권의 출전을 투베로(Tubero)에게서 비롯하는 것으로 보는 학자도 있다(피가니올Piganiol).

1

1 〔그래서 모든 사람들이 그의 말을 들으려는 열망으로 불타오르는 것을 보자〕 스키피오는 다음과 같이 말하기 시작했다. "이는 노(老) 카토에게서 비롯하는 말입니다. 당신들도 알다시피 나는 그분을 매우 좋아했으며 누구보다도 존경하고 있습니다. 그리고 제 두 부친의 판단으로나 나 자신의 열심으로 보아도 내 삶의 전체를 그에게 바쳤습니다. 그분의 연설이 나를 만족시킨 것은 아닙니다. 그분은 국가의 유익함을 매우 크게 인식했으므로 내정과 군사의 면에서 누구보다도 잘했으며 그리고 오래 국가를 이끌었습니다. 그는 말에 절도가 있었고 신중함과 아울러 매력이 있었으며, 배우고 가르치는 일에 기울인 열심은 누구 못지않았고, 생활은 완전히 언행일치였습니다.

2 그는 종종 다음과 같은 근거로 우리나라의 지위가 다른 나라보다 우선한다고 말하곤 했습니다. 즉 팔레론[2] 출신의 학자인 데메트리

---

2) Phaleron: 아테네의 외항.

오스[3])가 주장하듯이 다른 나라에서는 개인들이 있어서 각자가 자신의 법률과 제도로써 나름의 국가를 만들었고 결국에는 그 국가가 세력을 잃고 약화된 상태에 빠진 경우가 거의 대부분입니다. 이를테면 크레타의 경우 미노스,[4]) 라케다이몬 사람들의 경우에는 리쿠르고스,[5]) 자주 변화한 아테네의 경우 어떤 때는 테세우스,[6]) 어떤 때는 드라콘,[7]) 어떤 때는 솔론,[8]) 어떤 때는 클레이스테네스,[9]) 어떤 때는 기

---

3) Phalereus Demetrios(기원전 350~284): 아테네인으로 소요학파 출신의 정치가다. 장군(strategos)직을 역임하고 기원전 317년에는 아르콘으로 선발되었다. 법률장관을 역임하면서 군역제한, 사치금지 등 포괄적인 법률을 제정한다. 윤리와 관련된 논술과 잡문을 쓰기도 했다. 아테네인은 그를 기념하기 위해서 360개의 상을 세웠다. 후에 정적에게 내몰려 사형에 처해졌다고도 하고 이집트로 도피해 프톨레마이오스의 궁에 머물렀다고도 한다. 일설에 따르면 알렉산드리아 도서관의 장서에 20만 권을 더했다.

4) Minos: 크레타의 왕으로 제우스와 에우로파의 아들이다. 기원전 1406년에 법률을 제정했으며 이 법은 플라톤의 시기까지 유효했다. 공평한 법집행으로 신의 호의를 샀으며 죽은 후에는 지옥에서 심판직을 맡았다고 한다. 미노타우로스를 위해서 미궁을 만든 미노스는 그의 손자다.

5) Lycurgos: 기원전 884년(?)에 왕의 숙부로서 델피의 신탁에 의거해 스파르타의 국가제도를 만든다. 레트라(Rhtera)로 알려진 법에 의해서 사회적 갈등을 해소하고 시민의 동등한 권리가 보장되도록 했다. 스파르타의 체제는 왕과 원로원과 민회가 공존하는 체제로 흔히 혼합정체라고 불리며 이를 통해서 그리스 국가 중 유일하게 참주정치의 출현을 모면할 수 있었다. 후에 시인 티르타이오스는 이 상태를 좋은 질서(Eunomia)라고 지칭했다.

6) Theseus: 아이게우스(Aegeus)의 아들로 미노스 왕의 딸인 아리아드네의 도움으로 괴물 미노타우로스(Minotauros)를 죽이고 미궁에서 탈출하는 데 성공한다. 귀환하는 배의 깃발을 검은색으로 올림으로써 그의 부친이 투신자살한다. 기원전 1235년에 왕위를 계승했다. 자신은 군사권만 지니고 민주적인 통치를 했고 많은 법과 규정을 제정하고 종교의식을 잘 지키도록 했다. 그는 아테네의 집주(集住)를 함으로써 인구가 늘게 한다. 이 집주는 synoikismos의 번역으로 폴리스의 기원을 여기서 찾기도 한다.

7) Dracon: 기원전 621년의 아테네의 입법자다. 법을 엄격하게 제정해 작은 범죄도 사형에 처함으로써 피로 기록한 법이라는 별명이 붙었다. 남아 있는 비문에 따르면 고의가 없는 살인자의 경우는 국가에서 추방되도록 도와주는 규정과

타 여러 사람이 그렇게 했습니다. 반면 우리나라는 한 사람의 재능에 의해서가 아니라 다수에 의해서, 한 사람의 생이 아니라 여러 세기와 세대에 걸쳐서 구성되어왔던 것이지요. 그는 설명하기를, 어느 한때에 있었던 것으로 파악하지 못할 것이 아무것도 없을 정도로 큰 재능을 가진 사람은 결코 존재하지 않았을 뿐 아니라, 그 위인에게 모든 재능을 합쳐도 사물을 사용하거나 오랜 기간 경험하지 않고도 모든 것을 포괄하도록 일시에 예견하는 것은 불가능하다고 말했습니다.

3   따라서 그가 그러했던 것처럼, 이제 로마 인민의 기원을 내 연설에서 되풀이하도록 해주시오. 그 이유는 사실 카토의 말을 내가 마음대로 이용하고 있기 때문입니다. 아울러 우리 국가가 탄생하고 자라고 성숙해 이제 강성하고 거대해지는 과정을 당신들에게 제시하고자 합니다. 플라톤의 저술에서 소크라테스가 했듯이 내가 스스로 꾸미

사면의 방법 등을 규정한 것으로 짐작된다. 벨로흐(Beloch)는 드라콘이 실제인물이 아니라 아크로폴리스에 섬겨지던 뱀을 일컫는 것으로 보아 종교적인 권위를 빌려서 사제들이 법을 제정한 것으로 추측하기도 한다. 이 법은 솔론에 의해서 살인에 관한 것만 남기고 모두 개폐되었다.

8) Solon: 기원전 594년에 아르콘 겸 조정자로 선발되어 내란에 대처한다. 그의 대표적인 개혁은 부채말소를 통해서 인신담보를 금지시킴으로써 몰락한 농민을 구제하고 일련의 경제조치를 통해서 아테네의 경제부흥의 초석을 닦았으며 시민을 생산능력에 따라서 4등급으로 나누어 권리와 의무가 같아지는 이른바 비례적인 평등을 가져왔다.

9) Cleisthenes: 아테네의 정치가로서 명망 있는 알크마이온 가문의 출신이다. 그는 아테네에서 참주를 몰아내는 데 기여한다. 참주가 물러난 후 아르콘 선거에서 정적에게 패하자 기원전 508년 민회에 포괄적인 개혁안을 긴급동의 형식으로 제안해 통과시킴으로써 아테네 민주정의 제도적인 기틀을 마련한다. 주요한 내용으로는 부족제를 개편해 4개의 혈연부족을 10개의 지연부족으로 만든 것과 촌락인 데모스의 기능을 강화시킨 것 그리고 도편추방제를 마련해 참주의 출현을 방지한 것이다. 후에 페르시아와의 굴욕적인 외교로 인해 실각한다.

는 것보다는, 이미 제시된 것을 따르는 것이 더욱 쉽다고 봅니다."

2

4   이 제안을 모든 사람들이 찬동하자 그는 말한다. "이 도시가 로물
루스[10])에 의해서 최초로 이루어졌는데, 이만큼 국가수립의 기원이
분명하고도 모든 사람에게 알려져 있는 경우가 있습니까? 로물루스
는 아버지인 군신(軍神) 마르스[11])에게서 태어났습니다. 오래전에 그
리고 현명하게 우리 조상들에 의해서 만들어진 사람들의 여론을 우
리가 인정하듯이, 공공의 일들에 충분한 자격을 갖춘 자들은 신적인
재능을 부여받았을 뿐만 아니라 심지어 그 씨족에 속하는 것으로 간
주됩니다. 알바[12])의 왕 아물리우스[13])는 그가 태어나자마자 자신의

---

10) Romulus: 흔히 국가의 명칭 로마가 로물루스에서 비롯했다고 한다. 그러나
    이 이름은 말 그대로 로마인이라는 보통명사로 볼 수 있다. 로마사에서 왕정
    기의 역사는 신빙성의 문제를 안고 있다. 일반적으로 7명의 왕이 있었다고 하
    는데, 그 내용이 리비우스의 사서에 나온다. 리비우스의 기록이 기원전 390년
    이전에는 믿을 수 없다는 주장과 그로부터 상당 기간 거슬러 올라간 시기의
    것이 믿을 수 있다는 주장이 대립해오고 있다. 근자에는 고고학 발굴의 결과
    가 축적되면서, 리비우스에 의해서 기록된 초기 로마의 모습이 역사적 사실
    에 가깝다고 인정하게 되었다. 키케로의 로물루스에 대한 기술은 리비우스의
    것과 크게 다르지 않다. 그런 점에서 양자는 서로 참조할 기본 사서가 있었다
    고 보이며, 아마도 그것은 엔니우스의 저술일 것이다. 그렇지만 키케로는 자
    신의 서술에서 몇 가지를 제외하고 있다. 이를테면 모친 실비아의 겁탈과 수
    태, 그녀의 부친인 알바의 왕 누미토르, 동생인 레무스에 관련된 일 등이다.
11) Mars: 3월(March)의 어원으로 그리스에서 전쟁의 신인 아레스(Ares)와 동일
    시된다. 농업과 관련된다는 주장도 있다.
12) Alba Longa: 기원전 1152년 알바산(간돌포 성Castel Gandolfo 근처)에 세워진
    고도시로 아스카니우스(Ascanius)가 세웠다고 한다. 후에 알바가 라틴도시를
    세웠고 기원전 7세기경에는 세력을 잃고 일부가 로마로 이주한다.
13) Amulius: 알바의 왕인 프로카(Proca)의 막내아들이다. 그는 왕위가 계승된 그
    의 형 누미토르(Numitor)에게서 왕위를 빼앗고, 그 아들을 죽인다. 그의 딸인
    레아 실비아(Rhea Sylvia)를 베스타 여신의 여사제로 지정했는데, 이는 혼인

두려움을 약화시키려는 목적으로 그를 동생 레무스와 함께 티베리
스 강에 던지도록 명령했습니다. 이곳에서 그는 야생짐승의 젖꼭지
를 빨아서 생명을 유지했으며, 목자들이 그를 키우면서 농촌의 밭갈
이와 노동으로 그를 강인하게 했습니다. 마침내 그가 성인이 되었을
때 육체적인 힘에서 그리고 정신적인 용기에서 나머지 사람을 능가
하자, 지금 이 도시가 있는 이 땅 위에서 정주하던 모든 사람들이 얌
전하고 자발적으로 그에게 복종하게 되었습니다. 이제 우리가 우화
에서 사실로 옮겨보면, 그는 추종자들이 많아지자 스스로 수장으로
행세하고 당시 강하고 세력이 있던 도시인 알바 롱가를 제압해 그 왕
아물리우스를 처형했다고 전해집니다.

3

5   이런 영예를 얻고 난 후에 그는 조점[14]에 따라서 도시를 세우고 국
가의 기틀을 갖출 것을 제일 먼저 생각했다고 합니다. 한편 영구적인
국가를 수립하려고 노력한 그는 스스로 아주 용의주도하게 터를 마
련했을 뿐만 아니라 믿을 수 없을 만큼 좋은 기회를 빌려 이를 도시
건설에 지정했습니다. 즉 인력과 물자의 동원이라는 면에서 용이했
지만 루툴리인[15] 영토나 아보리기네스[16]의 영토로 진출하지도 않았

을 하지 못하게 하기 위한 것이었다. 그러나 군신 마르스에 의해서 임신해 쌍
둥이 형제를 낳는다.

14) auspicium: 새(avis)와 본다(specio)의 합성어로 새를 통해서 신의 의사를 알아
보는 수단이다. 흔히 병아리가 모이를 먹는 것을 보고 판단했다. 이 점의 목적
은 미래의 예언이 아니라 상징을 통해 단지 길흉만 판단하는 것이다.

15) Rutuli: 라틴인을 일컫는다. 아이네아스가 이탈리아에 왔을 때 그들의 왕인 투
르누스(Turnus)를 도와주었다 한다.

16) Aborigines: 기원(origin)을 모른다는 뜻으로 이탈리아의 원주민을 뜻한다. 이
들의 후예는 왕인 라티누스(Latinus)의 이름을 빌려서 라틴인(Latini)이라고
불렸다 한다. 로마가 건국된 것도 이들의 지역이다. 이들은 투르누스에 대항

습니다. 또 오랜 후에 왕 앙쿠스[17]가 식민도시를 건설했던 티베리스 강 하구에 (도시를) 건설하고자 해안으로 진출하지도 않았습니다. 대신 그는 비범한 예지로써 영구적이며 제국이 될 도시를 건설하려는 포부를 이루기 위해서는 해안에 입지하는 것이 최적이 아니라는 점을 감지했습니다. 왜냐하면 우선 해안의 도시들은 많은 잠재적인 위험에 노출되어 있기 때문입니다.

6   이를테면 도시가 땅에 둘러싸여 있는 경우에는 적들의 예상되는 침입뿐만 아니라 갑작스러운 침입이라도 다수의 징표로써, 마치 어떤 굉음 같은 소리로써 예고됩니다. 사실 어떤 적이든 땅 위를 날아서 올 수는 없으므로 우리는 적이 왔는지의 여부뿐 아니라 누가 어디로부터 올 것인지 왜 알 수 없겠습니까? 반면 해상을 통해서 배를 타고 오는 적은 생각보다 먼저 도달할 수 있고, 도달한 이후에도 누구인지 어디서 왔는지 심지어 무엇을 원하는지도 드러나지 않으며, 어떤 흔적으로도 우군인지 적군인지 구별하지 못합니다.

4

7   한편 해안 도시들은 관습의 타락과 변화가 있게 마련입니다. 즉 사람들은 새로운 담론과 교훈에 친숙해지며, 외국으로부터 상품뿐만 아니라 관습이 도입되어서 조상의 제도 중 순수한 것으로 남는 것은 전혀 없게 됩니다. 그래서 그런 도시들에 거주하는 자들은 자신의 거처에 고착하지 않고 언제나 조바심을 지니고 더욱 오랫동안 집에서 떠나 있습니다. 심지어 그자들은 몸으로는 머물러 있을지라도, 마음

해 아이네아스를 지원했다.

17) Ancus Marcius(재위 기원전 640~617): 로마의 제4대 왕. 23년간 재위한다. 이 책 2권 18.33 이하 참조.

으로는 흥분하고 방황합니다. 참으로 오랫동안 심하게 동요했던 카르타고와 코린토스가 어느 땐가 전복된 원인으로서 가장 큰 것은 이런 잘못으로 시민이 흩어지게 된 것이지요. 왜냐하면 그들은 장사하고 항해하려는 욕심에 사로잡혀서 농토를 경작하고 군사력을 기르는 일을 저버렸기 때문입니다.

8   게다가 바다에서는 사치를 조장하는 위험한 것들이 탈취되거나 유입됨으로써 나라에 들어오게 됩니다. 또한 쾌락 그 자체는 비용이 많이 들거나 게으름을 조장하는 탐욕의 유혹거리를 많이 지니고 있습니다. 그런데 내가 코린토스에 관해 언급한 점을 전체 그리스에 적용하는 것이 당연한 것 같습니다. 왜냐하면 펠로폰네소스는 거의 바다에 면해 있어 플레이우스[18]를 제외하고는 농토가 바다와 인접하지 않은 곳이 없으며, 펠로폰네소스의 밖에 있는 아이니아네스[19]와 도리스[20]와 돌로페스[21]만이 바다에서 떨어져 있기 때문입니다. 그리스의 섬지방에 대해서는 무슨 말을 할 수 있겠습니까? 이 섬들은 파도에 휩싸여서 도시들의 제도·관습과 함께 거의 다 표류하지요.

9   그리고 제가 앞에서 언급한 것들이 옛 그리스에 해당합니다. 마그

---

18) Phleius: 코린토스 남서쪽 아르고스 지역에 있는데, 현재의 네메아(Nemea)로 추정한다. 기원전 4세기에 민주파가 정권을 잡았으나 스파르타의 간섭으로 과두정이 된다. 포도주로 유명했다.
19) Aenianes: 테살리 남부에 자리 잡은 그리스 부족이다.
20) 그리스의 포키스, 테살리아, 아카르나니아 사이의 한 지역이다. 여기에 정착지를 만든 도루스(Dorus)의 이름을 빌려서 도리스라고 한다. 도리스인은 이곳에서 거주하다가 후에 펠로폰네소스로 이동한다.
21) Dolopes: 핀두스 산 근처에 거주한 테살리인이다. 다른 그리스인들처럼 이주하기를 좋아했다.

네시아[22] 한곳을 제외하고 사실상 그리스인에 의해서 아시아 · 트라키아 · 이탈리아 · 시칠리아 · 아프리카에 건설된 식민도시들 중에서 물에 인접하지 않은 곳이 어디인가요? 그래서 그리스의 경계선은 마치 야만인들의 토지로 둘러싸인 것처럼 보입니다. 왜냐하면 전에는 에트루리아인과 페니키아인을 제외하고는, 야만인들 중에서 어느 누구도 통상을 목적으로 때로는 해적질을 목적으로 해안에 인접한 경우가 없었기 때문입니다. 그리스의 약점과 정체변화에 관한 원인들이 방금 제시한 해안 도시들의 약점에서 비롯한다는 점이 고찰되었습니다. 그러나 이런 약점들 중에도 큰 편의가 있으니, 도처에서 생산된 것이 당신이 거주하는 도시로 건너올 수 있으며 그리고 반대로 자기의 토지에서 생산한 것을 원하는 지역에 수송할 가능성은 어디든지 있다는 점입니다.

5

10 로물루스는 항구적이며 일관성 있고 바다에 큰 영향을 미치는 강둑에 도시를 입지했는데, 그가 해안의 유익함을 취하면서 동시에 약점을 회피하는 데 이보다 얼마나 더 신적인 예지를 지닌 것이 있었겠습니까? 왜냐하면 그 도시는 바다에서 부족한 것을 받을 수 있으며 남는 것을 돌려 줄 수도 있는데, 동일한 강물을 따라서 생활과 경작에 가장 요긴한 것들을 바다에서 흡수할 뿐 아니라 심지어는 내륙으로부터도 받아들여 결국 이 도시에 언젠가는 최고의 지배권을 지닌 터전과 집들이 마련될 것이라고 예견했던 것으로 내게 보이기 때문입니다. 즉 이탈리아의 다른 어떤 지역에 있는 도시라도 사물에 대

---

22) Magnesia: 소아시아의 마이안데르에 건설된 식민도시로, 테미스토클레스가 죽은 곳으로 유명하다.

한 이 같은 잠재력을 더욱 쉽게 간직할 수 있었는지는 확실하지 않습니다.

6

11 한편 도시 자체의 자연적인 방어에 관해 매우 무관심해서, 그것을 마음에 두고 분명히 인식하지 않았던 자가 있겠습니까? 도시 성벽의 크기와 모양은 로물루스나 기타 왕들의 지혜를 빌려서 정해졌습니다. 모든 부분이 험하고 가파른 언덕으로 이루어졌으며 에스퀼리아이의 언덕과 퀴리누스의 언덕23) 사이에 하나의 접근로가 있고, 가장 큰 두둑을 마주하고 아주 넓은 하천으로 둘러싸였을 뿐 아니라, 그렇게 강화된 성채가 높고 마치 어떤 접근도 허용하지 않는 것 같은 바위로 둘러싸여서 빛나게 되었으므로, 무서운 갈리아인의 침입24)이라는 저 폭풍에서도 안전하고 불가침인 채로 남아 있었습니다. 그리고 그는 샘들이 풍부하고, 전염병이 있는 지역에서도 건강에 좋은 장소를 골랐습니다. 사실 저절로 통풍이 잘 되고 계곡에 그늘을 드리게 하는 곳이 바로 언덕들이기 때문입니다.

7

12 게다가 이런 일들은 사실 매우 빠르게 완결되었습니다. 도시를 수립하자, 그는 자신의 이름을 따라서 그것을 로마라고 명명했습니다.

---

23) 흔히 에스퀼리누스 언덕이라고 번역하나, 에스퀼리누스는 에스퀼리아이(Esquiliae)의 형용사다. 마찬가지로 로물루스의 호칭이기도 한 퀴리누스의 형용사가 퀴리날리스(Quirinalis)이므로, 퀴리누스 언덕으로 옮겨 보았다. 로마 시의 일곱 구릉에 속한다.

24) 기원전 390년 갈리아인의 침입으로 일시적으로 로마가 점령되었으나 카피톨리움은 굳게 수비되었다 한다.

그는 새 국가를 공고히 다지기 위해서 새롭고도 다소 촌스럽지만, 그래도 왕국과 그 인민의 업적을 지키기 위해서 위대한 인물이며 오래전부터 예견한 자의 계획을 추종했습니다. 즉 그는 콘수스[25] 축전을 위해서 매년 경기장에서 열리도록 최초로 제도화된 시합을 보러 로마에 왔던 명예로운 가문의 출신자인 사비니 처녀들을 탈취하도록 명하고 가장 고귀한 가문들과 강제로 혼인시켰습니다.

13 이런 이유로 사비니인이 로마인에 대해서 전쟁을 일으켰는데 전투의 양상은 다양하고 애매했지요. 사비니의 왕인 티투스 타티우스[26]와 조약을 체결했을 때, 탈취당한 부인들이 몸소 로마인을 대언했던 것이지요. 이 조약으로 인해서 제사를 함께 나누게 되었고, 그는 사비니인을 시민으로 받아들이고 아울러 그들의 왕과 더불어 그의 왕국을 병합시켰습니다.

8

14 한편 타티우스와 더불어 왕의 자문회의에 ─존경심 때문에 아버지라고 불리는─ 제일시민들을 그가 파견했고, 자신과 타티우스 그리고 로물루스의 동료로서 사비니 전쟁에서 사망한 루쿠모[27]의 이름을 빌려서 만든 3개의 지역구[28]와 30개의 쿠리아로 인민을 나누었

---

25) Consus: 로마의 옛 신이다. 어휘로 보아서 식물의 신으로 볼 수도 있으나 일반적으로 협의회를 주재하는 신으로 생각한다. 로물루스가 이를 기념하는 축전을 배설한다.

26) Titus Tatius: 사비니의 왕. 로마인들이 처녀들을 납치한 후에 카피톨리움 언덕을 점령했다고 한다. 납치된 부녀자들의 중재로 화해한 이후에 타티우스와 로물루스가 두 부족을 같이 통치했다. 그가 로마 시를 확대하고 의식(儀式)을 확립했으므로 실질적인 왕이었을 것으로 보이기도 한다.

27) Lucumo Tarquinus Priscus: 후에 루키우스(Lucius)로 변한다. 본래 이는 에트루리아어로 수장을 지칭한다.

28) 세 지역구의 이름은 티티에스, 람네스, 루케레스다. 각 지역구에서 10개의 쿠

습니다. ―이 쿠리아들은 납치당했다가 이후에 평화와 조약에 앞장선 사비니 출신 처녀들의 이름을 빌려서 그가 명명했습니다. ―타티우스가 죽자 로물루스에게 모든 전제권력이 돌아갔습니다. 비록 이런 구분이 타티우스의 생시에 이루어졌지만, 로물루스는 원로들의 권위와 계획의 도움을 받아서 죽은 그보다 훨씬 더 강하게 통치했습니다.

9

15 이런 사실에서 비로소 그는 얼마 전에 스파르타의 리쿠르고스가 보았던 것과 동일한 것을 보고 파악했습니다. 즉 최선량 각자의 권위가 절대적 지배의 힘에 통합된다면, 단일한 대권과 왕의 권력을 가지고도 나라들을 더 잘 통치하며 더 잘 지배한다고 하는 점입니다. 그래서 그는 마치 원로원과 같은 이 자문회의의 지지를 받아 권력을 강화했으며 인접한 다른 국가들과의 많은 전쟁들도 기꺼이 수행했습니다. 또 그는 전리품 중에서 어떠한 것도 자기 집에 가져가지 않았으며 이로써 시민으로서 부자가 되지 않은 사람이 없었습니다.

16 한편 로물루스는 오늘날 우리가 국가의 안녕에 많은 도움을 준다고 믿는 조점에 크게 의존했습니다. 즉 그 자신도 그것을 국가의 기초로 인식했으므로, 조점을 해본 이후에 도시를 건설했으며 조점을 행하는 데 필요한 모든 공공업무를 마련하기 위해 각 지역구에서 한 명씩의 조점관을 선발했고, 평민을 제일시민의 피호관계에 두었습니다. ―이것이 얼마나 유익했던지는 나중에 살펴보겠습니다. ―또 당시에는 재산가치가 가축과 토지점유에 있었으므로 가축부자와 토

리아를 내어서 총 30개의 쿠리아로 이루어지는 쿠리아회를 결성한다. 이 지역구명의 추론은 허구로 보기도 한다.

지부자[29]라는 말이 생겼고, 그는 강제와 처벌에 의해서가 아니라 양과 소로 내는 벌금을 선고함으로써 질서를 유지했습니다.

10

17   로물루스는 37년간 통치했습니다. 바로 태양이 어두워짐으로써 그가 보이지 않게 되었는데, 국가의 두 가지 특별한 토대인 조점과 원로원을 창안하고 잘 관장했으므로 그가 신들의 숫자 속에 받아들여졌다고 사람들은 생각했습니다. 특별한 덕의 영광을 지니지 않은 죽을 운명의 인간은 어느 누구도 그런 평판을 획득할 수 없었습니다.

18   그리고 이 점은 로물루스의 경우 더욱 찬사를 들을 만합니다. 인간으로서 신이 되었다는 이야기를 듣는 다른 사람들은 인간의 덜 개명한 시대에 존재했는데, 미숙한 자들이 쉽사리 믿어버리게 되는 때에 이런 이야기를 꾸며대는 것은 쉽습니다. 그에 비해서 로물루스는 600년이 조금 못 되는 지금, 근거 있는 문헌과 학설에 의해서 인간의 조야한 생활에서 비롯한 저 태고의 잘못이 제거된 이후에도 로물루스의 생애가 존재했다고 하는 사실이 밝혀졌기 때문입니다. 만약 그리스인의 연대기들에서 조사된 사실로서 로마가 제7회 올림피아 제전의 2번째 해에 건설되었다면 로물루스의 생애가 이 시기에 해당합니다. 이때에는 비록 옛것에 대한 신뢰를 별로 가질 수는 없다고 하더라도 이미 그리스에는 시인과 음악가들로 가득 차 있고 신화는 더욱 적었던 것입니다. 즉 리쿠르고스가 법을 제정하도록 한 이후 108년에 최초의 올림피아 제전이 이루어졌는데, 어떤 사람들은 명칭을 혼동해 올림피아 제전이 동일한 리쿠르고스에 의해서 만들어졌다고 생각합니다. 한편 그렇게 말하지 않는 자들은 호메로스를 리쿠르고

---

29) pecuniosi et locupletes.

스의 생애보다 거의 30년을 선행시켜놓습니다.[30]

19 이러한 점에서 호메로스가 로물루스보다 많은 해를 앞서서 있었다는 점을 파악하게 됩니다. 그래서 이제 학식 있는 자들이 있고 시대도 개화한 상황에서 무언가 조작할 여지는 거의 없었습니다. 사실상 아주 옛날에는 〔혼동된 상황으로부터〕 만들어진 우화를 받아들인 반면 〔이 시대에는 무엇이든지 이루어질 수 없는 것은 날조된 것이라고 비웃으면서 사람들은 받아들이기를 거부했습니다.〕

20 〔이어서 헤시오도스[31]는 비록 호메로스보다 수세대 이후라고 하더라도 로물루스보다는 앞서서 살았던 것으로 정해집니다. 도시가 세워진 이후 오래되지 않아서, 사람들이 말하듯이, 그의 외손자 스테시코로스[32]가 태어났습니다.〕〔사실〕 그가 죽었을 때, 같은 해에 제56회 올림피아 제전이 열렸고 시모니데스[33]가 태어났고 이제 인간들의 확실한 생애가 다루어지고 조사되는 때이므로 로물루스의 불

---

30) 제1회 올림피아 제전이 기원전 776년에 개최된 것을 인정한다면, 로마의 건국은 776 - (4×6+1)=751년(일반적으로는 바로Varro의 계산에 따라서 기원전 753년으로 인정됨), 리쿠르고스의 입법은 776+108=884년, 호메로스는 884+30=914년으로 계산한다. 리쿠르고스의 개혁은 기원전 7~6세기로 보는 견해가 우세하다.

31) Hesiodos: 그리스의 시인으로 기원전 700년경 살았던 것으로 추정된다. 대표작으로는 『신통기』와 『일과 날』이 전한다.

32) Stesichoros: 서정시인으로 실명은 테이시아스(Teisias)였다고 한다. 기원전 6세기 전반에 살았던 것으로 보이며 26권의 저술을 남겼다 한다. 그의 저술 『헬레나』 때문에 실명했다가 후에 헬레나가 트로이에 가지 않았다고 하고 호메로스를 비판하자 회복되었다는 전설이 전한다.

33) Simonides(기원전 556~468): 서정시인으로 아테네에 초빙된 적이 있다. 그의 출생년도는 776 - (55×4)=556년으로 계산된다.

멸성에 대한 신뢰를 좀더 쉽게 인정할 수 있습니다. 그렇지만 그에게 재능과 덕의 힘이 정말로 컸으므로, 이제 수백 년 전에 이미 죽을 운명의 다른 자에 관해서는 사람들이 믿지 않던 바가 로물루스에 관해서는 촌사람인 프로쿨루스 율리우스를 통해서 믿게 되었습니다. 원로원 의원들은 스스로 로물루스의 죽음에서 비롯한 악의를 불식시키고자 했습니다. 그래서 프로쿨루스는 원로원 의원들의 압력에 의해서 공청회에 나가, 오늘날 퀴리누스의 언덕이라고 불리는 곳에서 로물루스를 보게 되었다고 말했습니다. 그리고 로물루스는 그에게 그 언덕에 신전을 짓도록 인민에게 제안하는 일을 맡겼으며, 그 자신이 신으로 퀴리누스[34]라고 일컬어진다고 말했다고 합니다.

11

21   그러므로 당신들은 한 사람의 계획에 의해서 새로운 인민이 태어났을 뿐 아니라 요람에서 울도록 내버려지지 않고 자라서 거의 성인이 되었다는 사실을 알지 못하십니까?"

그러자 라일리우스가 말했다. "우리들도 역시 알고 있소. 그리고 그대는 그리스인의 책에는 없는 새로운 것들을 주장하기 위해서 이야기를 시작한 것이오. 이를테면 기록을 남기는 일에서 능가할 수 없는 제일시민인 그 사람[35]은 자신의 판단에 따라서 나라를 세울 터를 잡아놓고 있었는데, 그곳은 아마도 사실 훌륭한 곳이기는 하겠으나 인간의 생활이나 관행과는 동떨어진 곳이었습니다.

22   다른 사람들은 어떤 분명한 모범이나 형식 없이 국가의 종류에 관해서 그리고 나라의 기본원리에 관해서 설명했지요. 내가 보기에 당

---

34) Quirinus: 원래는 사비니의 신이다. 일찍부터 로마의 북쪽 퀴리누스의 언덕에서 예배된다. 마르스와 비슷한 역할을 했다고 보기도 한다.

35) 플라톤을 지시한다.

신은 양자를 다하려고 하는 것 같습니다. 왜냐하면 당신은 플라톤의 글에서 소크라테스가 하듯이 자신이 조작해내는 것이 아니라 오히려 스스로 발견한 것들을 다른 사람들에게 귀속시키는 일을 시도했으며, 도시의 입지에 관해서 로물루스에 의해서 우연히 또는 필연적으로 이루어진 체계를 상기시키고, 공허한 수사로써가 아니라 한 국가를 통해서 확인된 것을 주장했기 때문이오. 그 때문에 그대가 계속 가르침을 베풀기를 바라오. 이제 내가 보기에 그대는 국가를 마치 완전한 것처럼 논하면서 나머지 왕들을 통찰할 것이기 때문이오."

12

23   스키피오가 말한다. "그러므로 그 왕이 큰 권한을 부여해 최선량들은 스스로 '아버지들'이라고 또 그들의 자식들이 '아버지에게서 나온 자들'[36]로 불리기를 원했습니다. 이들로 구성된 로물루스의 원로원은 그의 죽음 이후에 왕이 없이 국가를 통치하려고 시도했을 때, 인민은 그렇게 하지 않았고 로물루스의 죽음을 애도해서 후에 왕을 계속 요구했습니다. 저 제일시민들은 현명하게 그때에 새롭고 다른 민족들에게서는 들어보지 못한 간왕(間王)[37]을 도입할 생각을 했는데, 이는 분명한 왕이 선포될 때까지 나라에 왕이 없도록 할 뿐 아니라 한 사람이 오랫동안 왕위에 있지 않도록 하자는 것이었습니다. 이때에 어떤 사람도 권력에 집착해 대권을 놓는 데 좀더 더디거나 대권을 잡는 데에 좀더 강고하게 되는 일은 일어나지 않았던 것입니다.

---

36) Patres 및 Patricii의 번역어다. 전자는 흔히 원로원 의원 senators와 동일시되고 후자는 혈통귀족의 의미를 지니고 있다.

37) interrex: 로물루스 사후에 원로원 의원이 5일씩 돌아가면서 통치한 것을 말한다.

24   그럼에도 사실 그 당시에 저 새로운 인민은 라케다이몬의 리쿠르 고스가 간과했던 것을 보았습니다. 리쿠르고스는 왕위의 결정문제 가 자신의 권한 안에 있을 수 있었다면 왕이 선발될 것이 아니라 헤 라클레스의 씨족에서 태어난 자라면 어느 누구도 왕으로 간주되어 야 한다고 생각했습니다. 반면 그때에도 우리의 저 촌 사람들은 왕에 합당한 덕과 지혜는 물려받는 것이 아니라 획득되어야 하는 것으로 보았던 것입니다.

13

25   그들 사이에서 누마 폼필리우스[38]가 뛰어나다는 소문이 돌자, 인 민 스스로 자기 시민을 제쳐놓고 원로원 의원들의 권위에 의존해 외 국인을 왕으로 인정했으며, 그 사비니인이 로마를 통치하도록 쿠레 스[39]에서 초빙했습니다. 그가 이곳에 오자 인민이 그를 쿠리아회에 서 왕이라고 결정했음에도, 그는 자신의 대권에 관한 쿠리아법을 제 정했습니다. 우선 그는 로물루스의 제도에 따라서 로마인들이 전쟁

---

38) Numa Pompilius: 로마의 제2대 왕으로 사비니 출신의 철학자다. 로마인들이 로물루스가 죽자 그에게 왕이 될 것을 요청했으나 처음에는 이를 거절했다가 마침내는 그 제안을 수락해 로마의 왕이 되었다. 우선 로물루스가 거느렸던 300명의 호위대를 해산시켰는데, 그 이유는 자신에게 통치권을 부여한 자들 을 믿기 때문이라고 한다. 그는 전쟁을 피하는 대신 인민을 교화하고 종교심 을 북돋우고 모든 시민을 상이한 등급으로 나누어 불화를 제거한다. 특이하 게도 신을 숭배할 때 신상을 만들지 않도록 해서 로마의 신전에는 이후 160년 간 신상이 없었다고 한다. 그는 베스타 여사제단을 만들었으며, 야누스 신의 신전을 지었는데 그 문이 닫혀 있는 동안은 평화가 계속됨을 의미한다고 한 다. 재위 39년을 보내고 기원전 672년에 사망한다. 유언을 남겨 로마인의 방 식대로 화장하지 말고 야니쿨룸 언덕에 매장하도록 한다. 그의 외손자가 제4 대 왕인 앙쿠스 마르키우스다.

39) Cures: 사비니의 고도(古都)다.

욕으로 불타오르는 것을 보고 그들을 그 관습에서 조금 후퇴하도록
해야 한다고 생각했지요.

14

26   그래서 우선 로물루스가 전쟁에서 차지한 토지들을 시민 각 남자
에게 분할해주었으며, 노략질과 약탈을 하지 않고도 땅을 갈음으로
써 모든 물건이 풍족할 수 있음을 그들에게 가르쳤습니다. 이로써 그
들에게 여가와 평화에 대한 사랑을 불러일으켰으므로 거기서 정의
와 신의가 매우 쉽게 확산되었고, 그것들이 보호해줌으로써 무엇보
다 토지의 경작과 열매수확이 지켜졌습니다. 게다가 폼필리우스는
조상들에 의해서 고안된 조점을 진작하기 위해서 처음의 수에 두 명
의 조점관[40]을 더하고, 신전을 감독하기 위해서 제일시민들 중에서
다섯 명의 제관(祭官)[41]을 임명했습니다. 우리가 기록 속에서 알고
있다시피 이 법률을 제안함으로써 그는 전쟁의 관습과 욕망으로 인
해서 불타고 있던 마음들을 종교의 신성함으로 진정시켰습니다. 그
밖에도 살리이 사제단,[42] 베스타 신의 여사제[43]들을 더했고 종교의

---

40) Augeres: 로마의 공식적인 조점관으로 단(collegium)을 형성하는데, 처음 3명
에서 16명으로 증원되었다.

41) Pontifex: 길이나 다리 만드는 기술자란 뜻인데 의미가 확대되어 공공제사의
기능을 수행하는 사제를 지칭한다. 통상 정무관을 보좌하는 자문단으로 후에
16명으로 증가되었다. 대제관(pontifex maximus)이 이 사제단의 장을 맡으며,
추첨으로 선정된 지역구에서 투표로 뽑힌다.

42) Flamines salii: 군신 마르스를 보필하는 12사제다. 3월 1일에 로마 시내를 가
로지르는 행진을 한다.

43) Virgines vestales: 가정의 여신(Vesta)에 봉사하는 여사제다. 원래는 2명이었
으나 후에 6명으로 증원되었다. 처음에는 봉사기간이 5년이었으나 30년으로
늘었고, 이 기간이 지나면 혼인할 수 있었다. 후보자의 나이는 6~10세이며,
이들의 선발권은 대제관이 지니고 있었다. 일단 여사제로 선발되면 부친의

모든 부분을 신성하게 만들었지요.

27 한편 저 신성한 것들을 주의 깊게 행하는 것은 매우 어려운 것이지만 준비는 매우 쉽기를 원했지요. 왜냐하면 그가 체득해야 하고 지켜야 하는 것을 많이 제정했지만, 그것들은 비용을 들이지 않아도 되는 것이었기 때문입니다. 그렇게 그는 종교를 받드는 데에 노력을 기울였으며, 비용을 절감했습니다. 그리고 동시에 시장과 연극과 모든 모임의 조건들과 기념물을 창안했습니다. 그런 것들이 갖추어지자 그는 전쟁을 하려는 열정으로 야만스럽고 순치되지 않은 인간들의 마음을 인간답고 점잖은 상태로 다시 불러들였습니다. 그리하여 그는 총 39년간을 평화와 화합 속에서 통치하고 나서 ── 분명히 시기를 조사하는 데 누구보다도 꼼꼼했고 가장 권위가 있었던 우리의 폴리비오스[44]를 우리가 따릅니다 ── 국가의 영속을 위해서 가장 소중한 종교와 자비(clementia)를 확고하게 한 채 생명에서 떠났지요.”

보호에서 벗어나 대제관의 감독을 받았다. 불을 꺼뜨리거나 정숙하지 못한 경우에는 생매장시켰다고 한다.

44) Polybius(기원전 200~118): 로마사를 저술한 그리스인으로 메갈로폴리스 출신이다. 퓌드나 전투에서 로마에 잡혀와 억류된다. 스키피오 아이밀리우스와 교분을 맺고 로마에 스키피오 서클의 회원으로 잔류한다. 그의 혼합정체이론이 로마의 정치가들에게 큰 영향을 주었다. 특히 혼합정체에 관해 논의하면서 로마의 정체가 혼합정체라고 보고 이를 묘사했다. 이하 논의에서는 그의 영향이 얼마나 큰 것인지를 보여준다. 폴리비오스는 정체에는 순환이 있다고 말하고, 각각 3개의 좋은 형태와 나쁜 형태를 따라서 변화하는데, 가장 좋은 정체는 ‘모든 개별적인 형태가 혼합된 것’(τὴν ἐκ πάντων τῶν προειρημένων ἰδιωμάτων συνεστῶσαν)이라고 말한다(『역사』 6.3.7). 누마의 통치와 관련된 이 구절은 폴리비우스의 『역사』 6.11a.5에 단편으로 수록되어 있다.

28 스키피오가 이 말을 마치자 마닐리우스가 말한다. "아프리카누스여, 왕 누마가 피타고라스의 직접적인 제자이거나 분명 피타고라스 학파였다는 사실이 기억에 의해서 드러나지 않습니까? 우리들은 종종 이 말을 어려서부터 조상들에게서 들었으며 일반적으로 그렇게 이해되고 있다고 생각합니다. 사실 그점은 공적인 연대기의 권위에 따르면 인정되지 않고 있는 것임을 우리는 알고 있지요." 그러자 스키피오가 말한다. "마닐리우스여, 사실상 전부가 날조된 것이오. 그것은 허구일 뿐 아니라 조잡하고 터무니없이 지어낸 것입니다. 허구일 뿐만 아니라 생길 수 없다고 우리가 느끼는 거짓된 것들을 결코 꾸며대서는 안 됩니다. 왜냐하면 루키우스 타르퀴니우스 수페르부스가 통치한 지 4년 되는 해에 피타고라스가 시바리스[45]와 크로톤[46]을 거쳐서 이탈리아의 이곳에 도착한 것이 확실하기 때문입니다. 실제 제62회 올림피아 제전 자체는 수페르부스 왕위의 시작과 피타고라스의 도착을 분명히 밝히고 있습니다.

29 이로부터 왕의 햇수를 계산하면 누마의 사후[47] 거의 140년째인 해에 최초로 피타고라스가 이탈리아에 도달했다는 점이 파악됩니다. 이 점은 시대의 연대를 꼼꼼히 연구한 자들 가운데서는 의심의 여지가 하나도 없는 사항이랍니다."

---

45) Sybaris: 남부 이탈리아의 도시로, 타렌툼 만에 있다.
46) Croton: 마그나 그라이키아에 있는 도시다.
47) 제62회 올림피아 제전은 776 − (61×4)=532년에 열렸으므로 이에 140년을 거슬러 올라가면 532+140=672이 누마가 죽은 시기로 계산할 수 있다. 그러나 앞의 로마 건국연도인 751년에서 로물루스의 통치년수 37과 누마의 통치년수 39를 빼면 751 − (37+39)=675년으로 계산된다. 피타고라스는 기원전 582?~500?년에 살았다.

마닐리우스가 말한다. "아뿔싸, 인간의 잘못이란 얼마나 크고 완고한지! 그럼에도 저는 우리가 해외의 학술이나 도입된 학술에는 박식하지 않아도, 타고나서 내재해 있는 덕에 관해서는 그러하다는 점을 쉽사리 용인합니다."

16

30   아프리카누스가 말한다. "그렇지만 만약 국가가 전진하여 어떤 자연적인 길과 통로를 따라서 최상의 상태에 도달한다는 점을 알고 있다면, 당신은 그점을 더욱 쉽사리 인정할 것이오. 바로 다음과 같은 점에서 당신은 조상들의 지혜가 찬양되어야 한다고 생각하지 않는가요? 다른 곳에서 얻은 많은 것들이 이곳으로 옮겨준 곳과 처음 만들어진 곳보다 우리나라에서 훨씬 더 좋은 것으로 되었다는 것을 이해하고 있으며 로마 인민이 우연히도 아니고 그렇다고 운명에 거슬리지도 않은 채 계획과 교육에 의해서 강고해졌음을 당신은 알고 있기 때문이오.

17

31   왕 폼필리우스가 죽자, 간왕의 요구에 따라서 인민은 쿠리아회에서 툴루스 호스틸리우스[48]를 왕으로 선출했습니다. 그는 자신의 대권에 관해 폼필리우스의 모범을 따라서 쿠리아회를 통해 인민에게 물어보았습니다. 군사적인 면에서 그의 뛰어난 영예와 전공(戰功)이 발휘되었으며, 그는 전리품으로 민회 집회장[49]과 원로원 의사당을 만들고 담을 둘렀습니다. 게다가 그는 전쟁 선포와 관련되는 법을 제정했는데, 포고되어 사전에 알려지지 않은 사정에서는 모든 전쟁은

---

48) Tullus Hostilius(재위: 기원전 670~640): 로마의 제3대 왕으로 역사상의 인물로 생각된다. 알바 롱가를 점령했다.

49) Comitium: 로마 광장 북서부 구석에 있었다.

부당하고 불경건한 것으로 판결되도록 하는, 가장 정의로운 고안물을 전쟁과 관련된 종교에 따라서 선포했습니다. 또 우리의 왕들이 이런 것을 인민에게 귀속시켜야 한다고 보았던 것이 얼마나 현명한 것인지를 당신들이 지각했던 것처럼 ─ 사실 이런 종류에 관해서 우리가 이야기할 것이 많습니다만 ─ 툴루스는 인민의 명령이 아니라면 실제로 왕의 표식들을 별로 사용하고자 하지 않았습니다. 왜냐하면 권표를 든 12명의 권표운반원이 앞서 가도록 하기 위해서……"

〔사분철 XVII, 제3장이 빠짐.〕

32   아우구스티누스, 『신국론』 3.15: 로물루스로부터 3번째 왕이었던 툴루스 호스틸리우스는 벼락을 맞아서 죽었는데, 키케로가 그에 관해 같은 책에서 말한 바에 따르면, 그런 죽음 때문에 그가 신들 속에 받아들여졌다고 믿어지지는 않는다. 왜냐하면 아마도 로물루스의 경우에 인정된 것, 즉 확실하다고 믿은 바를 로마인들이 통속화하기를 원하지 않았기 때문이다. 달리 말하면 이것이 딴 사람에게도 쉽사리 적용된다면 그렇게 하는 것이 무가치하다는 것이다.

18

33   (라일리우스?): ……실제로 당신이 언급한 것에 따르면 국가는 기어간 것이 아니라 최상의 상태로 도약하는군요.

(스키피오): 그 사람 다음에 누마 폼필리우스의 외손자인 앙쿠스 마르키우스가 인민에 의해서 왕으로 임명되었지요. 그도 마찬가지로 자신의 대권에 관한 쿠리아법을 통과시켰습니다. 그는 전쟁으로 라틴인을 진압하고는 그들을 나라로 받아들였으며, 로마 시에다 아벤티눔과 카일리우스 언덕을 덧붙였고, 획득한 농지를 분배했고, 얻어

진 삼림과 해안지역을 전부 공유화했으며, 티베리스 강의 입구에 도시를 건설하고 식민자들을 여기에 정착시켰습니다. 그리고 23년간을 통치하고 나서 죽었습니다.

그러자 라일리우스가 말했다. "그 왕은 찬사를 받기에 충분합니다. 그러나 만약 우리가 그 왕의 모친을 알면서 그의 부친을 모른다면 로마의 역사는 모호해질 것이오."

(스키피오가) 말한다. "사실 그러합니다. 그렇지만 당시에는 대개 왕들의 이름만 분명히 알려져 있었지요.

19

34   그러나 무엇보다도 이 경우에 시민들은 어떤 학문이 소개됨으로써 더욱 개화되는 것으로 여겨집니다. 이를테면 사실상 그리스에서 이 도시로 빈약한 책자가 들어온 것이 아니라 학문과 예술이 흘러넘치는 강처럼 밀려들어왔습니다. 한편 사람들은 코린토스의 데마라토스[50]가 명예와 권위와 재산에서 자기 나라의 제일시민이 될 수 있다고 말합니다. 그는 코린토스의 참주인 킵셀로스[51]를 견딜 수 없어서 많은 돈을 가지고 도망가서 가장 번영했던 에트루리아의 도시인 타르퀴니이[52]로 피난했다고 합니다. 그리고 킵셀로스의 전제정치가 강화될 것이라는 말을 듣고서 기꺼이 용기 있게 조국을 떠났고, 타르퀴니이인에 의해서 시민으로 받아들여져서 그 도시에 거주지와 안

---

50) Demaratos: 5대 왕인 타르퀴니우스의 아버지가 된다.

51) Cypselos(재위: 기원전 657~625): 곡식통을 뜻하는 킵셀레(Cypsele)에 들어가서 피살을 모면해 이름이 붙여졌다. 후에 코린토스의 지배족인 도리아계의 바키스(Bacchis)족을 몰아내고 참주가 되어 선정을 베풀었다.

52) Tarquinii: 에트루리아 12도시 가운데 수도다. 로마에서 60마일 정도 떨어진 고지대에 있으며, 로마의 왕 타르퀴니우스 프리스쿠스와 타르퀴니우스 수페르부스의 고향이다.

식처를 정했습니다. 여기서 그는 타르퀴니이인 가문의 부인에게서 두 명의 아들을 얻었는데, 이들은 모두 학문에 박식하도록 그리스의 교육방법에 따라서……

〔사분철 XVII, 제6장이 빠짐.〕

20

35   (스키피오)……그는 쉽사리 시민 속으로 받아들여졌습니다. 그리고 인품과 학식으로 인해서 그 이후로 계속 앙쿠스 왕의 절친한 친구가 되었으므로 그는 모든 위원회의 참여자로서 그리고 거의 왕의 동료로서 인정받기에 이르렀지요. 그밖에 그는 누구보다도 공손했고, 심지어는 전시민에 대해서 힘을 주고 도와주고 보호하고 베푸는 데에 가장 친절했지요. 그래서 마르키우스가 죽자 인민의 만장일치 투표로 루키우스 타르퀴니우스[53)]가 왕으로 선출되었습니다. 그는 자신의 이름을 그리스식에서 이처럼 바꾸었으므로, 그는 모든 면에서 이 인민의 관습을 따랐다고 여겨집니다. 또 그는 자신의 대권에 관한 법을 제정하고자 최초로 원래의 원로원의 수를 배가했습니다. 그가 먼저 의견을 물었던 원래 원로원 의원을 대씨족 원로원 의원, 자신에 의해서 받아들여진 자들을 소씨족 원로원 의원[54)]이라고 칭했지요.

36   그런 후에 이 관행에 따라서 지금까지 늘 유지되고 있는 기병대를 조직했습니다. 그리고 그가 원했으나 티티에스·람네스·루케레스 3부족의 명칭을 바꿀 수는 없었습니다. 왜냐하면 최고의 명예를 지닌

---

53) Lucius Tarquinius Priscus(재위: 기원전 616~579): 로마의 제5대 왕.

54) Patres maiorum gentium, minorum (gentium).

조점관 아투스 나비우스[55)]가 책임자로서 그를 지지하지 않았기 때문입니다. ─ 또 내가 보기에 코린토스인들은 예전에 고아들과 과부들에 대한 부과금인 트리부툼[56)]으로써 공마(公馬)를 할당하고 키우는 데에 때때로 관심을 기울였습니다. ─ 그렇지만 그는 원래의 부분에다 두 번째의 부분을 더함으로써 기병을 1,800[57)]으로 만들어서 숫

---

55) Atus Navius: 전설적인 조점관(Augur)이다. 여기서 로마의 초기 씨족을 배가하는 데 조점관의 승인이 반드시 필요했음을 확인할 수 있다. 조점관의 기능은 최근 들어 다시 주목되고 있는데, 이처럼 사회제도를 바꾸는 문제를 비롯해, 새로운 도시 건설과 나아가 토지측량자의 기능도 광범위하게 수행했던 것으로 알려지고 있다. 키케로, 『법률론』 2.8.20 이하 참조.

56) tributum: 이는 기원전 406년 베이이인을 공격할 때 병사들에게 봉급을 주기 위해서 최초로 마련되었다. 이는 소유재산에 비례해 부과되었으므로 직접세 또는 재산세라고 할 수 있으며, 전쟁을 목적으로 했으므로 목적세로 전쟁세라고 표현할 수도 있다. 이 세금의 성격에 관해서는 논쟁이 있는데, 이는 기원전 3세기의 사료에서 보듯이 전쟁 이후 들어온 전리품을 가지고 납부한 세액을 돌려주는 관행이 있었기 때문이다. 이 사실을 놓고 이를 일종의 공채로 보려는 경향도 있다. 이 세금은 계속 부과되다가 기원전 167년 이후에 중지되었다가 기원전 43년에 원로원이 재부과했으나 징수의 목적을 달성하지는 못했다. 본문에서는 부녀자들이나 고아의 재산에 부과한 이 트리부툼이 공공의 말을 사육하는 데 사용되었음을 알 수 있는데, 이들은 사실상 과세 대상이 아니었으므로 실제로는 후견인을 통해서 이루어졌다(허승일, 『증보 로마공화정 연구』, 서울대출판부, 1995, 391~417쪽). 체첼(Zetzel) 191쪽에 따르면, 코린토스인들이 고아와 과부에게 이처럼 공마를 기르기 위한 기금을 부과한 것은 본문에서만 확인된다. 따라서 키케로는 로마의 전쟁세 부과제도의 기원을 타르퀴니우스의 부친의 고향인 코린토스에서 유래한 것으로 연결시키고자 한 의도에서 나왔던 것으로 보고 있다. 이에 비해서 리비우스 1권 43.9에서는 세르비우스 툴리우스가 이 제도를 만들었고, 이 경우 과부에게만 부과한 것으로 보고하고 있어 대조를 이룬다.

57) 일반적으로 앞의 기사를 primores라고 하고 뒤에 추가된 것을 posterios라고 칭한다. 이 숫자에 관해서는 의문이 많다. 혹자에 따라서 1,200 또는 1,300으로 읽기도 한다. 리비우스(1권 30.3)에 따르면, 툴루스 호스틸리우스가 원래의 300에 600을 더했다고 보고하고 있는 데 비해서, 어떤 사료도 프리스쿠스 타르퀴니우스 이전에 900이 되었다고 보고하지는 않고 있다.

자를 배가했습니다. 이후 전쟁을 통해 용맹하고 로마 인민의 재산에 위협적이었던 아이퀴인들의 대씨족을 굴복시켰으며, 사비니인들을 도시 성벽에서 몰아낼 때는 기병대로 흩어놓고 나서 싸워서 굴복시켰습니다. 그가 최초로 로마식이라고 이야기되는 대제전[58]들을 만들었으며, 사비니인과의 대전쟁에서 그가 카피톨리움 언덕에 최고의 신인 유피테르를 위한 신전을 짓겠다고 전투 중에 맹세한 것을 우리는 인정합니다. 그는 38년간 통치한 후에 죽었습니다."

21

37   그때에 라일리우스(가 말한다.) "(우리) 국가의 형성은 한 시대나 한 인간에 속하지 않는다는 카토의 말은 이제 그 의미가 더 분명해지오. 왜냐하면 선한 것들과 유익한 것들에 대해 각 왕에 의해서 접근된 방식이 얼마나 위대한지 통찰되었기 때문이지요. 그렇지만 내가 보기에는 국가에서 누구보다도 가장 큰 안목을 가진 자가 왕위를 계승했소."

스키피오가 말한다. "그렇습니다. 왜냐하면 그 사람 이후에 세르비우스 툴리우스[59]가 최초로 인민의 명령 없이 통치했다고 전해지기 때문입니다. 왕의 한 피호민에 의해서 임신한 타르퀴니이 출신의 여자노예에게서 그가 출생했다고 사람들은 말합니다. 그는 여러 가내

---

58) Ludi romani: 9월 13, 14일에 열린다.

59) Servius Tullius(재위: 기원전 578~535): 로마의 제6대 왕. 그의 이름은 라틴동맹과 맺은 조약이 담긴 비문에 남아 있다. 키케로의 설명과 달리 세르비우스가 노예의 몸에서 출생했다는 설은 오늘날에는 받아들여지지 않고 있다. 키케로는 이 세르비우스의 시기를 로마가 혼합정체로 전환하는 시점으로 보았다. 이는 폴리비오스가 법률제정 10인위원(Decemvitatus)을 몰아낸 기원전 449년 이후로 보았던 것과 다른 점이라고 할 수 있다. 폴리비오스는 이런 좋은 상태가 한니발 전쟁까지 지속된 것으로 보고 있다.

노예 중에서 선발되어 왕의 식사에 시중들었는데, 그때에도 그 소년에게서 타오르고 있던 재능의 불꽃은 감추어지지 않았습니다. 그는 모든 직무와 언변에서 매우 뛰어났던 것이지요. 그래서 아주 어린 자식들만 있었던 타르퀴니우스는 세르비우스를 매우 아꼈으므로, 그가 세간에는 그의 아들로 여겨지게 되었고, 왕은 자신이 열심히 배웠던 모든 학예를 그리스인의 엄밀한 관습에 따라서 그에게 가르쳤습니다.

38 그러나 타르퀴니우스가 앙쿠스의 자식들이 꾸민 음모로 죽자, 앞서 말한 대로, 세르비우스는 명령이 아니라 시민들의 자발적 의사와 합의에 따라서 통치하기 시작했습니다. 부언하면 타르퀴니우스가 중상을 입어 앓고 있지만 살아 있다고 잘못 이야기되자, 그는 스스로 왕의 옷을 빌려 법을 집행하고 빚진 자들을 자신의 돈으로 해방했으며 매우 예의바르게 행해 자신은 타르퀴니우스의 위임에 따라서 법을 집행하고 있음을 입증했지요. 그러고 나서 타르퀴니우스를 매장하고 그는 원로원 의원들에게 의탁하지 않고 인민에게 직접 자신에 관해 의견을 물어보았습니다. 그는 통치하라는 명령을 받은 후에야 비로소 자신의 대권에 관한 쿠리아법을 제정했습니다. 이후에 비로소 에트루리아인의 불의함을 전쟁으로써 보복했습니다. 이로부터 …… 하자.

〔사분철 XVIII, 제3장이 빠짐.〕

22

39 ……최대의 재산액을 가진 18개를 …… 그 이후에 많은 기사가 인민의 총회와 분리되자 …… 그는 나머지 인민을 5개의 등급[60]으로 분할하고, 이를 청년조와 장년조[61]로 구분했습니다. 이렇게 분리함

으로써 투표권이 다수의 권한에가 아니라 부자들의 권한에 있게 되었습니다. 게다가 국가에서는 최대다수가 최대의 권력을 지니지 않도록 주의했습니다. 만일 이러한 등급구분이 당신들에게 알려지지 않은 것이라면, 제가 설명해보겠습니다. 이제는 다음과 같이 계산된다는 것을 당신들은 알고 있습니다. 즉 6표를 포함한 기병 백인대들과 제1등급에다, 가장 유용하도록 도시의 대장장이와 목수들에게 주어진 백인대를 더하면 89백인대에 이르게 됩니다.[62] 여기에 ─ 남아 있는 것인 ─ 104개의 백인대 중에서 만약 8표만 더해진다면 인민 전체의 힘이 획득됩니다. …… 그리고 나머지 다수인 96백인대는 투표

---

60) classis: 5개의 등급은 처음에는 토지보유의 크기에 따라서 나뉜다. 1등급은 20유게라(=5헥타르), 2등급은 15유게라, 3등급은 10유게라, 4등급은 5유게라, 5등급은 2.5유게라로 규정되고 재산이 많은 순서대로 전쟁에서는 중무장을 갖추도록 하고 전열에 서도록 하고 민회의 하나인 백인대회에서는 등급 순서로 투표하게 했다. 이로써 이른바 기하학적인 평등을 이루도록 했다.

61) 청년조는 iuniores의 번역어로 17~45세에 드는 사람들이 주로 공격에 임하고, 장년조는 seniores의 번역어로 46~60세에 드는 자들이며 주로 방어전에 복무한다.

62) 이 구절은 로마사에서 백인대회의 투표방식과 관련해 치열한 쟁점이 되고 있다. 원래 백인대회는 기병 18, 보병 1등급 80, 2등급 20, 3등급 20, 4등급 20, 5등급 30, 기타 5로 총 193개로 구성되었다. 이에 따르면 과반수는 보병 1등급에서 도달했다. 이 백인대회는 기원전 241년 전후해 개편되었음을 알 수 있는데, 자세한 내용이 전하지 않아서 개편의 내용은 알기 어려웠다. 중세 말에 판타가투스가 "백인대의 수가 배가되었다"는 단서와 35개의 지역구에 일치했다는 내용에 따라서 1등급부터 5등급이 전부 70(이 중 청년대 35, 장년대 35)개로 편성되어, 총 373개의 백인대로 구성되었고, 따라서 과반수는 보병 3등급에 도달한다고 주장했다. 이 설은 오랫동안 정설로 굳어졌다. 그러나 이 책의 내용과 불일치하게 되어 혼란이 초래되었다. 이 책의 내용에 따르면, 보병 2등급에서 과반수에 도달하기 때문이다. 테오도르 몸젠은 이 문제와 관련해, 편성은 373개이고, 투표단위는 193였다는 가설을 제시했고, 이는 다른 비문에 의해서 방증되었다. 이후 백인대회의 편성문제는 여러 학자들의 가설로 취급되었으나, 테일러(L. R. Taylor)의 견해가 정설로 인정받고 있다.

권에서 배제되지도 않으며 오만하지도 않고 너무 강하지도 않으며 위험하지도 않게 됩니다.

40 이와 관련해 그는 말과 칭호에 관해 주의를 기울였습니다. 그는 '돈을 낸다'(asse dando)라는 말에서 유추해 부자들을 '아시두이' (assidui)[63]라고 불렀지요. 한편 자신의 재산평가 때 1,500아스보다 많지 않거나 머리 이외에는 전혀 아무것도 가져오지 않은 자들을 '프롤레타리이'라고 호칭했습니다. 이들로부터는 자식들, 즉 나라의 후손들을 기대한다고 생각됩니다. 아울러 저 96개의 백인대 중에서 한 백인대에 거의 제1등급 전체에 들어가는 것보다 더 많은 자들이 등재되었습니다. 그래서 각자는 투표의 권리를 박탈당하지는 않았으나, 나라가 최상의 상태에 있는 것에 가장 큰 관심을 가진 자들이 투표에서 가장 큰 영향력을 누렸습니다. 심지어 보충병들과 취주병들과 프롤레타리이에게도……

〔사분철 XVIII의 제6~7장이 빠짐.〕

23

41 노니우스, p. 342, 39: 마르쿠스 툴리우스,『국가론』II: 나는 저 세 가지 종류, 즉 왕정·귀족정·민주정이 적당히 뒤섞여서 제어됨으로써, 〔시민 중에서〕 거칠고 야만스럽고 위험한 생각을 불러일으키지 않는 국가가 최상인 것으로 선정했습니다.

---

63) assidui를 as+dare에서 유추하는 것은 잘못이라고 보는 견해도 있다. 오히려 ad+sidere로 보아서 정착자 또는 토지소유자로 보기도 한다.

42 (스키피오): ……[카르타고는 도시 로마보다 4년과] 60년 더 오래되
었습니다. 왜냐하면 제1회 올림피아 제전이 있기 전 39년에[64] 건설
되었기 때문입니다. 그리고 연로한 저 리쿠르고스는 바로 그것을 목
도했지요. 그래서 저 동등함과 삼중의 국가[65]는 그 인민들과 우리들
에게 공통이었다고 생각합니다. 그렇다고 해도 우리 것보다 더 훌륭
한 것은 아무것도 있을 수 없습니다. 그러므로 우리나라의 고유한 것
을 가능하면 더 세밀하게 추적해보겠습니다. 우리 고유의 양식에 속
하는 것은 어떤 것도 다른 나라에서는 똑같이 발견되지 않습니다. 사
실상 우리나라, 라케다이몬, 카르타고의 국가체제와 관련해 이제까
지 내가 제시한 바는 균형이 잡히도록 적절하게 혼합된 것이 아닙
니다.

43 이를테면 어떤 한 사람이 영속적인 권한 특히 왕권을 차지하고 있
는 어떤 국가에서도, 즉 왕정기의 로마나 스파르타의 리쿠르고스 법
률들의 경우처럼 아무리 원로원이 있고 우리의 왕정시대처럼 심지
어 인민의 권리가 있었다고 하더라도, 돋보이는 것은 왕들의 이름입
니다. 이런 양식의 국가는 왕정이 아닐 수 없으며 그 이외의 다른 명
칭으로 불릴 수는 없습니다. 반면 한 사람의 결점으로 쉽사리 가장
파멸적인 방향으로 기울어져서 망한다는 이유 때문에 이런 형태의
나라는 변화의 가능성이 매우 큽니다. 그렇다고 해도 왕정하의 나라

---

64) 776+39=751(이 책에서 말하는 로마건국)+64=815년이다.

65) Triplex rerum publicanum genus: 이는 디카이아르코스의 저서, 『3중정체』
(*Tripolitikos*)를 반영한 것으로 보인다. 그는 메세니아 출신으로 스파르타 관련
저술이 있는 것으로 알려져 있다. 이 이론도 스파르타의 정체를 설명하는 것
이며 따라서 혼합정체와 관련이 있다. 키케로도 이를 잘 알고 있었고, 이 점
또한 강조한다.

는 결코 거부되지 않아야 합니다. 어떤 점은 인정한다고 하더라도 한 형태의 국가가 나머지 단순형의 국가보다 훨씬 더 우수한 것으로 간주되어야 하는지는 나로서는 전혀 알지 못합니다. 물론 각 정체가 각자의 상태를 유지하는 한에서만 그렇지요. 한편 왕정은 한 사람의 지속적인 권한과 정의에 의해서 또한 그 한 사람의 지혜에 의해서 시민 전체의 안녕과 형평이 이끌어지는 상태입니다. 그렇지만 왕의 치하에 있는 인민에게는 전체적으로 많은 것들이 결핍되어 있는데, 우선 자유가 없습니다. 그것은 우리에게 정의로운 주인이 있을 때 존재하는 것이 아니라 결코 아무도 없을 때에 존재하는 것입니다. ······

〔사분철 XVIIII, 제2장이 빠짐.〕

24

44   (스키피오): 그들은 ······을 견디었습니다. 왜냐하면 저 불의하고 난폭한 주인[66]에게 한동안 행운이 따라서 일이 생각한 대로 잘 되었기 때문입니다. 이를테면 그는 전쟁을 통해서 라티움을 전부 굴복시켰고, 풍족한 도시인 수에사 포메티아[67]를 차지했고, 매우 많은 금·은의 전리품으로써 부유하게 되자 카피톨리움 신전[68]을 건축함으로써 자기 부친의 맹세를 이행했고, 식민도시들을 건설했으며, 자신을 낳은 사람들의 제도에 따라서 큰 선물을 마치 약탈품 중에서 신에게 헌사하듯이 델포이에 있는 아폴론 신에게 보냈습니다.

---

66) 타르퀴니우스 수페르부스(Tarquinius Superbus)를 지칭한다.
67) Suessa Pometia: 라티움에 있는 알바 롱가의 식민도시다.
68) 로마의 타르페이우스 암반 위에 세워진 유피테르 신전이다.

25

45 이제 여기서 순환이 이루어지게 되지요. 여러분은 순환의 자연적인 운동과 그 경로를 처음부터 배워서 알도록 하십시오. 왜냐하면 당신들이 어떤 일이 어떻게 변화할 것인지를 알면 미리 억제하거나 대처할 수 있는 것처럼, 국가들의 경로와 변화를 보는 것이 우리들이 나누는 모든 논의의 초점이 되는 시민적 예지의 머리에 해당하기 때문입니다. 이를테면 현재 우리가 언급하는 저 왕은 애초에 가장 좋은 왕을 살해함으로써 (피로) 오염되었고, 건전한 심성을 지니지 않았으며, 자신의 죄에서 비롯할 극한 형벌이 두려워 자신이 다른 사람들이 두려워하는 대상이 될 것을 원했던 것입니다. 이어서 승리와 재부로 고무되자 그의 오만함은 과도해졌으며, 그는 자신의 습관은 물론이고 자기 식구들의 정욕도 통제할 수 없었습니다.

46 그래서 그의 장남이 트리키피티누스의 딸이자 콘라티누스의 부인인 루크레티아를 강간했습니다. 그 불의함에 대해서 이 현명하고 고귀한 부인은 자살함으로써 스스로를 벌했지요. 그때 재능과 덕을 겸비한 루키우스 브루투스[69]가 나서서 강고한 노예상태라는 부당한 멍에를 자신의 시민에게서 제거했습니다. 그는 비록 개인이었지만 국가 전체를 유지했으며, 최초로 이 나라에서 시민의 자유를 보호하는 데는 개인이 따로 없다는 점을 가르쳤지요. 그의 주장과 지도에 이끌려 흥분한 시민들은 루크레티아의 아버지와 친척들이 당시에 제기한 불평과 아울러 타르퀴니우스 자신과 그 자식들이 저지른 수많은 불의에서 비롯한 오만함에 대해서 기억하고는, 왕과 그의 자식

---

69) Lucius Iunius Brutus: 로마 공화정의 건설자로 실제의 인물이다. 기원전 509년에 통령직을 맡았다거나 원시적인 관습을 고쳤다는 주장은 의문시된다.

들과 타르퀴니우스 씨족의 추방을 명령했습니다.

26

47   그러므로 왕에게서 주인이 출현하고, 한 사람의 약점으로 이 종류의 국가가 좋은 상태에서 가장 나쁜 상태로 전환하는 것을 여러분은 보지 못하십니까? 사실 이 자는 인민에 대한 주인으로서 그리스인이 참주라고 부른 자입니다. 왜냐하면 그들은 왕이란 부모처럼 인민에게 조언하고 저 최선의 조건 속에서 생활하는 것을 책임지는 자가 소속된 집단을 보존하는 자라고 생각하기 때문입니다. 이것이 내가 언급한 좋은 종류의 국가이지만, 그럼에도 쉽사리 가장 위험한 상태로 빠지는 경향이 있습니다.

48   그리고 동시에 이 왕은 좀더 불의한 주인의 상태로 바뀌고 즉시 참주가 됩니다. 어떤 동물도 그자보다 더 혐오스럽고, 더 무섭고, 신과 인간에 의해서 더 외면되는 동물은 없을 것입니다. 참주는 비록 인간의 모습을 하고 있으나 습성의 야비함에서는 아무리 사나운 동물이라도 능가합니다. 사실 자신의 시민들과 더불어서, 나아가 만민과 함께 어떤 권리의 공유나 인간다운 사회관계를 원하지 않은 이 자가 바로 인간이라고 주장할 수 있겠습니까? 하지만 이런 종류의 문제에 관해서는 우리들에게 더욱 적합한 다른 화제가 제시될 것입니다. 그 때에 가면 사안 자체가 우리로 하여금 나라가 해방되었음에도 전제 체제를 바라는 자에 관해서 언급하도록 상기할 것입니다.

27

49   이렇게 해서 당신들은 참주의 기원을 파악했습니다. 한편 그리스인은 이 명칭이 불의한 왕에게 속한다고 생각했습니다. 사실상 우리

나라 사람들은 인민에 대해서 홀로 영구한 권한을 가진 자는 누구든
지 왕이라고 칭해왔습니다. 그래서 스푸리우스 카시우스,[70] 마르쿠
스 만리우스,[71] 스푸리우스 마일리우스[72]는 왕권을 차지하려 했다
는 말을 듣는 것이지요. 그리고 어느 정도……

〔사분철 XVIIII의 제7장이 누락됨.〕

28

50　(스키피오): ……(리쿠르고스)는 라케다이몬에서 사실상 매우 작은
수효인 28명을 선발했습니다. 아울러 최고의 대권은 왕이 지니고, 최
고의 계획은 그들이 보유하기를 원했습니다. 여기서 우리나라 사람
들은 그와 같은 것을 따르고 옮겨놓았지요. 그들은 우리가 앞서 로
물루스가 선발된 '아버지들'로써 만들었다고 말한 것처럼, 그가 원
로라고 부른 이들의 모임을 사람들은 원로원이라고 했습니다.[73] 그
럼에도 왕의 힘과 권한과 명성이 두드러지고 돋보였습니다. 심지어
리쿠르고스와 로물루스처럼 미숙한 인민에게 권력의 일부를 당신

---

70) Spurius Cassius: 이름으로는 평민 출신이지만 로마의 관직자 명단에 따르면
　　기원전 502, 493, 486년의 통령이다. 라틴인과 동맹을 체결해 평화를 가져오
　　는 데 기여했다. 기원전 486년에 평민을 위해서 농지법을 제정함으로써 이를
　　통해 왕이 되고자 했다는 의심을 사게 되어 이듬해에 피살된다.

71) Marcus Manlius: 기원전 392년에 아이퀴인을 격파한다. 갈리아인을 공격해
　　로마의 카피톨리움 언덕을 재탈환한다. 귀족이면서도 빈민을 위해서 카밀루
　　스에게 저항했으나 실패한다(기원전 384).

72) Spurius Maelius: 부유한 평민으로 기원전 440년에 자비로 곡물공급에 나선
　　다. 후에 참주를 기도한다고 의심을 받아서 피살되었다.

73) 스파르타사에서는 장로회라고 표기하는데, 원어로는 게루시아(gerusia), 게
　　론티아(gerontia), 게로키아(gerochia)로 불렸으며, 2명의 왕과 60세 이상의 원
　　로(gerontes)가 참여했다.

은 부여해보시오. 그러면 당신은 인민을 자유로써 만족시키는 게 아니라 그 정도 권력을 맛보게 할 경우 그들로 하여금 자유에 대한 욕망으로 불타게 할 것이오. 사실상 대부분 그런 것처럼, 왕이 불의하게 되지나 않을까 하는 두려움이 항상 그들에게 드리워져 있을 것입니다. 그러므로 앞서 이야기했듯이, 인민의 행운은 한 사람의 의지와 습성에 달려 있으므로, 부숴지기 쉬운 것입니다.

29

51 당신들은 타르퀴니우스가 새 권한을 얻지 못하고 가진 권력을 불의하게 사용해 이 왕국 전체를 멸망시켰음을 파악했습니다. 조점(鳥占)을 치고 그에 따라서 로물루스가 건설한 국가에서 참주의 최초 형태와 유형과 기원이 어떻게 이루어지는가 하는 것을 우리는 파악했어도, 플라톤에 기록되어 있는 세련된 주장을 통해서 소크라테스가 제시한 것에서는 찾아볼 수 없습니다. 이 참주에게 대립되는 자가 있는데, 그는 선하고 현명하며 국가의 감시자요 보호자처럼 시민의 유익함과 위엄을 잘 다루는 자입니다. 그래서 사실 그런 자는 누구든지 나라의 통치자요 키잡이라고 불리고 있으며 당신들은 그 사람을 알아보도록 하십시오. 그 사람은 계획과 수고함으로써 나라를 지킬 수 있는 사람입니다. 내 이야기에서 이제까지 이름은 별로 알려지지 않았지만, 그런 종류의 사람은 우리가 나머지 토론에서 더 자주 언급해야 할 것입니다. ……

〔사분철 XX의 내면 6장이 빠짐.〕

30

52 (스키피오): ……그는 원인을 조사했습니다. 그리고 그는 바라기는

하지만 이루어낼 수 없는 나라보다는 오히려 선택되는 나라를 창출했는데, 그 나라는 (단순히) 존재할 수 있는 것이 아니라, 시민의 일에 대한 추론이 통찰될 수 있는 나라입니다. 그렇지만 나는, 가능하다면, 플라톤이 보았던 것과 동일한 생각을 따르되, 나라의 그림자와 형상을 통해서가 아니라 가장 위대한 국가에서 공적인 선과 악에 대한 각각의 원인을 마치 잣대로 재듯이 접근하는 것으로 보일 수 있을 것입니다.

실제 약간의 공위(空位)기간이 있기는 했지만 240여 년 동안 왕들이 통치하고 타르퀴니우스가 쫓겨났을 때 로물루스에 대한 큰, 아니 오히려 과도한 관심만큼이나 크게 왕의 이름에 대한 큰 혐오가 로마 인민을 사로잡았습니다. 그래서 그때에 왕이 있을 수 없었던 것처럼, 타르퀴니우스가 쫓겨난 이후에 인민은 왕이란 명칭은 들을 수 없었습니다. 이 자가 가능성을 …… 때, ……

〔사분철 XXI이 빠짐.〕

31

53　노니우스, p. 526, 10: 키케로,『국가론』II: 그래서 로물루스의 저 훌륭한 국가체제가 거의 240년간 거의 확고하게 잔존한 이후에……

아우구스티누스,『신국론』5, 12: 그들은 왕의 전제를 참을 수 없었으므로 1년간 지속되는 대권을 가진 장군들을 2명이 되도록 했는데, 그들은 '자문한다'(consulendo)는 말에서 통령이라고 불렸으며 통치한다와 지배한다는 말에서 비롯한 왕이나 주인이라고 불리지는 않았다.

(스키피오): ……저 법은 전부 다 제거되었습니다. 그때에 이런 생

각으로 인해서 우리의 조상들은 혈연관계를 의심해 무죄인 콘라티누스[74]도 추방했고, 이름에 대한 불쾌감 때문에 타르퀴니우스의 성을 가진 나머지 사람들도 추방했습니다. 똑같은 의도로써 푸블리우스 발레리우스[75]는 민회의 공청회에서 발언하기 시작할 때 최초로 권표를 내리도록 명령했으며 자신의 집을 벨리아[76] 언덕 아래로 옮겨놓았습니다. 왜냐하면 그는 벨리아 구역의 좀더 높은 곳에서 처음에 집을 짓다가 마침 그곳이 툴루스 왕이 거주하던 곳임을 깨닫고 인민의 의심이 야기되리라고 느꼈기 때문입니다. 그는 특히 '푸블리콜라'라는 호칭을 들었는데, 어느 정무관도 개인이 (백인대회에) 상고[77]했다고 해서 로마 시민을 죽이거나 때리지도 못하게 하는 법을 최초로 제안해 백인대회에서 인민을 위해 통과시킨 바 있습니다.

54 한편 「제관의 서」[78]는 심지어 왕들이 제기한[79] 민회상고(provocatio)

---

74) Lucius Tarquinus Conlatinus: 타르퀴니우스 오만 왕의 조카로 강간당한 루크레티아의 남편이다. 그는 브루투스와 함께 왕을 축출했고 통령이 되었으나 타르퀴니우스의 일가이므로 로마인민에게 혐오를 받자 통령을 사임하고 알바로 귀향한다.

75) Valerius Publius: 인기가 많아 푸블리콜라(Publicola)라는 별명을 가진다. 브루투스를 도와서 타르퀴니우스를 축출하는 데에 앞장섰으며 로마의 자유와 독립을 지지한 최초의 인물이다. 로마인들이 그의 집이 크고 높다고 비난하자 이를 받아들여 낮추도록 했으며 이로써 동료시민들과 동일한 위치에 있음을 보여주고자 했다. 콘라티누스가 축출된 후에 통령이 되었고 타르퀴니우스의 자식들을 패배시킨다. 통령을 4번 지낸 후에 죽었는데, 빈한해 국가에서 장사지냈다 한다.

76) Velia: 로마의 팔라티움 언덕에 있는 구역이다.

77) provocatio: 상급 재판소에 재판을 청구하는 제도로 여기서는 백인대회에 상고하는 것을 의미한다. 이것은 중대한 위법행위에만 적용되었으나, 다른 위법행위에도 확대적용되었던 것으로 보인다.

78) Pontificii libri: 종교적인 의식을 담고 있는 책이라고 간주된다. 이 문구에서 여기에 법규정이 기록되어 있었음을 추론할 수 있다.

가 있었다고 선언하고 있으며, 게다가 「조점관의 서」도 그런 의미를 제시합니다. 또한 12표법은 여러 법조문을 통해 모든 판결과 벌금형과 관련해서도 상고하는 것이 가능함을 시사합니다. 그리고 기록된 바에 따르면 법률제정 10인 위원이 면제특권[80]을 지니고 선출되었지만 나머지 정무관은 그런 면제특권을 지니지 않았음을 충분히 알 수 있습니다. 그리고 현명하게도 화합을 위해서 평민파였던 두 사람, 루키우스 발레리우스 포티투스와 마르쿠스 호라티우스 바르바투스[81]에 의해서 제안된 통령에 관한 법은 면제특권을 가진 정무관은 아무도 선출되도록 하지 않았습니다. 사실 당신들도 알다시피 3인의 포르키우스에서 비롯해 3개가 되는 포르키우스의 법들[82]은 형벌을 규정한 법조문을 제외하고는 어떤 새로운 것도 만들지 않았습니다.

55   그래서 푸블리콜라[83]는 민회상고에 대한 법이 통과되자 즉시 권표에서 도끼를 뽑도록 명했으며, 다음날 스스로 스푸리우스 루크레

---

79) 'provocatio etiam a regibus' 이 부분을 키즈(Keyes)와 치글러(Ziegler)는 왕에 대해서 민회에 상고하는 것으로 번역한 반면 바릴레(Barrile), 스티라티(Stirati)는 왕이 있던 시절부터라고 번역했다. 전자의 번역은 a regibus를 in reges라고 잘못 본 것으로 여겨지며, 후자의 번역은 이에 이어지는 동사 fuisse의 시제와 관련해볼 때 잘 맞지 않는다. 옮긴이는 제3의 안으로 '심지어 왕들이 제기한 민회상고'라고 번역해보았다. 이 경우 왕들도 민회에 소송을 제기할 수 있었다는 의미로도 해석하는 것이 가능하다.

80) sine provocatione: 정무관이 자신의 집무행위로 인해 민회에 소추되지 않는 특권을 말한다.

81) Lucius Valerius Potitus, Marcus Horatius Barbatus: 기원전 449년의 통령이다.

82) leges Porciae: 제정년도는 기원전 2세기경으로 추측된다.

83) Publicola: 이 단어는 인민을 뜻하는 populus와 이끌다는 뜻의 colo가 합성된 말이다. 곧 인민의 목자라는 뜻으로 볼 수 있다.

티우스[84]를 동료로 보궐 선출하도록 했습니다. 그리고 그가 더 연장자였으므로 자신의 권표운반원들을 그에게 가도록 했으며 권표운반원들이 격월로 각 통령을 호위하도록 최초로 제도화했습니다. 이렇게 해서 인민이 자유롭게 된 상태에서 대권의 표시물들이 왕정 아래 있었을 때보다 더 많지 않도록 했습니다. 내가 알고 있기로 그는 결코 평범한 자가 아니었습니다. 그는 제한된 자유를 인민에게 부여함으로써 제일시민의 권위를 좀더 쉽게 유지했습니다. 이제 나는 여러분에게 매우 오래되고 매우 진부한 이런 것들을 근거 없이 되풀이한 것이 아니라, 빛나는 인물이나 시대 속에서 사람과 사물에 대한 예를 제시했습니다. 나머지 것들에 관해서도 제 소견을 펼치겠습니다.

32

56 그 당시에 원로원은 이런 상태에서 국가를 장악한 셈입니다. 결과적으로 자유로운 인민 속에서 인민을 통해 성취된 것은 소수인 데 비해서 원로원의 권위와 지도와 관습에 의해서 이루어진 것이 훨씬 많았지요. 통령들은 종류와 법규정으로 보아서 왕에 속하는 권한을 시간적으로 정확히 1년간 유지했으며, 명사들[85]의 권력을 유지하는 데 가장 중요한 인민의 집회는 그것이 원로원 의원들의 권위가 승인하는 것이 아니라면 열리지 않도록 적극 고수했습니다.

게다가 바로 같은 시기에 최초의 통령들 이후 거의 10년이 지난 후,

---

84) Spurius Lucretius Tricipitinus: 루크레티아의 아버지. 브루투스 이후 통령이
   되었으나 곧 자살한다.
85) nobilium(nobilitas): 기원전 367년 리키니우스·섹스티우스법이 제정된 이후
   평민도 귀족과 동등하게 통령직에 진출할 수 있어서 혈통신분에 관계없이 관
   직귀족층을 이루게 된다. 이들을 명사라고 번역해보았다.

티투스 라르키우스[86])가 독재관으로 지명되었으며 그런 종류의 대권은 새로운 것으로 거의 왕정의 모방처럼 보였습니다. 그렇지만 그것이 일어난 것은 인민이 후퇴함으로 권위를 지닌 제일시민에 의해서 가장 중요한 것들이 장악되는 경우인데, 그때에는 중대사인 전쟁이 발발해 최고의 대권을 부여받은 가장 강력한 자들인 독재관이나 통령들이 이를 치러야 했습니다.

33

57 그러나 왕들에게서 해방된 인민이 스스로 좀더 많은 권리를 획득하려는 것은 사물의 본성에 따라서 필연적입니다. 이것은 오래지 않아서, 즉 거의 16년 만에 포스투무스 코미니우스와 스푸리우스 카시우스[87]) 두 통령에 의해서 추구되었습니다. 이 경우 아마도 이성이 결여되어 있었으나 국가들의 본성 자체가 종종 이성을 넘어서는 것입니다. 애초에 내가 말한 것을 상기해보십시오. 즉 만약 정무관들에게는 충분한 권한이, 제일시민들의 협의회에는 충분한 권위가, 인민에게는 충분한 자유가 있도록 권리와 의무와 부담에 대한 동등한 보상이 없다면 국가의 불변상태가 보존될 수 없다는 점입니다.

58 이를테면 부채로 인해서 나라가 동요했을 때에 평민은 먼저 성산(聖山)[88])에 올랐으며 후에 아벤티눔 언덕을 점거했습니다. 또 실제

---

86) Titus Larcius Flavius: 빈민에 의해서 발생한 소요를 진정시키기 위해서 기원전 498년에 최초로 독재관에 선출된 통령이다. 스푸리우스 카시우스를 기병대장으로 임명한다.

87) Postumus Cominius, Spurius Cassius: 기원전 493년의 통령이다. 이때 평민의 분리운동이 있었으며, 라틴인과 카시우스 조약(Foedus Cassianum)이 체결된다.

88) Mons Sacer: 로마에서 약 3마일 정도 떨어진 곳에 있는 언덕이다. 성산사건을

리쿠르고스의 가르침도 그리스인에게서 통제력을 발휘하지 못했습니다. 심지어 테오폼포스[89]가 스파르타를 통치할 때 사람들이 에포로스[90]라고 부른 자들이 5명 있었으며 크레타에는 코스모이[91]라고 불리는 10명이 있었는데, 호민관이 통령의 대권에 대항하듯이, 이들은 왕의 세력에 대항해 구성되었습니다.

34

59   아마도 우리 조상들에게는 부채를 경감하는 것에 관하여 어떤 생각이 있었을 겁니다. 멀지 않은 시기에 있었던 아테네의 솔론이나 또 잠시 후에 우리나라의 원로원도 그 문제를 회피할 수 없었지요. 한 사람[92]의 탐욕으로 시민들의 모든 채무예속이 면제되고 이후에는 채무로 인해서 예속되는 것이 중지되었습니다. 그리고 평민이 만연된 재앙 때문에 비용을 들임으로써 약해지고 몰락했을 때는 언제나 만인의 안녕을 위해서 이 부담에 대한 경감책이나 치료책이 선택됩니다. 그때에 이런 고려사항이 간과됨으로써 인민에게 명분이 생

계기로 이른바 신분투쟁이 전개되었다.

89) Theopompos(기원전 ?~723): 스파르타의 프로클레스 가문(Proclidae)의 왕이다. 에포로스 제도를 만들었다고 하며(아니라고 보는 견해도 있다) 그의 치세는 길고 평화로웠다.

90) ephoros: 복수 ephoroi, 스파르타의 정무관으로 5명이다. 이들은 민회에서 선출되며 임기는 1년인데, 일설에 따르면 리쿠르고스가 이 직책을 만들었다고 한다. 이들은 왕에 대한 감찰권이 있어 매월 왕과 서약을 교환하며 왕에게 제재를 가하기도 한다. 외국인에 대한 감독, 노예에 대한 관할, 외교사절 접대가 이들의 권한에 들어간다. 행정관·감독관으로 번역된다.

91) Cosmoe: 기원전 5세기 이전에는 입증되지 않는다.

92) 루키우스 파피리우스(Lucius Papirius)를 가리키는 것으로 보인다. 그가 철저히 부채에 관한 법을 이용했으므로 그것이 발단이 되어 기원전 326년에는 부채법이 폐지되었다 한다.

겼는데, 원로원의 권능과 권위를 축소시키기 위한 봉기를 목적으로 2 명의 호민관[93]이 뽑혔습니다. 그렇지만 가장 현명하고도 가장 강한 자들이 군대와 협의회를 통해 나라를 지켰으므로 중대한 것이 남게 되었습니다. 그들의 권위는 최대로 꽃피었으니, 그 이유는 그들이 명예를 지니고 다른 사람보다 훨씬 앞섰으되 쾌락에서는 좀더 못했으며 금전상으로 거의 남과 다를 바 없었기 때문입니다. 게다가 각자의 덕이 그보다 더욱 고맙게 여겨지는 것은 바로 국정에 참여할 때이지요. 왜냐하면 그런 사람들은 사적인 일에서 수고와 조언과 물자로써 각 시민을 보호했기 때문입니다.

35

60   국가가 이 상태에 있었을 때, 스푸리우스 카시우스[94]는 왕권을 차지하고자 노력해 인민 가운데서 최고의 명성을 누리고 있던 중이었는데, 한 재무관[95]이 그를 고소했지요. 당신들도 들었다시피 그의 부친은 그가 유죄라는 것을 알았다고 말했고, 그때 인민은 그를 단념했으므로 그는 사형을 받았습니다. 최초의 통령 이후 약 54년째인 해에 통령 스푸리우스 타르페이우스와 아울루스 아테르니우스[96]는 백인

---

93) tribunus plebis: 최초로 뽑힌 것은 기원전 494년이다. 정무관에 대해서 평민을 보호하는 직책을 지니고 있었다. 최종적으로 10명으로 구성되고 평민회에 법률을 제안할 수 있으며 상호간에 비토권을 지니고 있었다.

94) Spurius Cassius: 3회에 걸쳐 통령에 당선된 이후에 참주기도의 혐의를 받아서 기원전 485년에 사형에 처해진다.

95) Quaestor: 국가의 재정지출을 담당하고 국고를 관리한다. 이 명칭이 심문(quaestio)과 관련이 있는 것으로 보아서 애초에는 기소권도 지녔던 것으로 보인다.

96) Spurius Tarpeius Montanus Capitolinus, Aulus Aternius Varus Fontinalis: 기원전 454년의 통령이다.

대회에서 벌금과 선서보증금[97])에 관한 고마운 법을 제정했습니다. 이로부터 20년 후 루키우스 파피리우스와 푸블리우스 피나리우스 두 호구조사관들은 벌금을 부과함으로써 매우 많은 가축을 개인으로부터 국고로 들어오게 했으므로, 통령인 가이우스 율리우스와 푸블리우스 파피리우스[98])의 법에 의해서 벌금으로 내는 가축에 대한 합당한 가치평가가 이루어졌습니다.

36

61　그러나 여러 해 전 최고의 권위가 원로원에 있고 인민이 인내하고 복종하는 상태에서 통령들과 호민관들이 정무관직에서 스스로 물러나고, 최고의 대권을 부여받고 법률을 제정하기 위해서 면제특권마저 부여된, 최고의 권한을 지닌 10인[99])을 선발했습니다. 이들은 10표의 법을 최고의 형평성과 지혜로 작성했습니다. 이어서 다음 1년간 일할 또 다른 10인이 대리자로 선출된 것이 통과되었는데, 이번에 뽑힌 자들의 신의나 정의는 전자들처럼 찬양받지는 못했습니다. 그렇지만 그 동료들 중에서 가이우스 율리우스에 대한 칭찬은 매우 두드러집니다. 명사인 루키우스 세스티우스가 자신의 침실에서 난자당해 죽었을 때, 그는 현장에 있었다고 합니다. 그 자신은 면제특권을 지닌 10인의 한 사람이어서 최상의 권리를 지니고 있었지만 그래도 보석을 요청했습니다. 왜냐하면 그는 로마 시민의 생명에 관해서는 백인대회를 통하지 않으면 어떠한 결정도 내리는 것을 금지한 저 홀

---

97) sacramentum: 재판 때 소송당사자들이 법무관 등에게 맡기는 공탁금으로 재판에서 패소한 자들이 그 돈을 상실한다. 흔히 신성도금(神聖賭金)이라고 번역되기도 한다.

98) Caius Iulius, Publius Papirius: 기원전 430년의 통령이다.

99) decemvir: 이들의 활동기간은 기원전 451~449년이다.

륭한 법을 무시하는 것을 거부했기 때문입니다.

37

62 10인 위원이 3년째 지속되었을 때, 동일한 자들이 그 자리를 계속 차지하고 있었으며 그들은 다른 사람들이 대리하는 것을 원하지도 않았습니다. 이제까지 여러 차례 이야기한 것처럼 나라의 모든 신분 사이에 동등함이 없어서 국가가 지속할 수 없는 상태가 되었습니다. 가장 저명한 10인이 우선시되었으므로, 반대하는 호민관도 없었고, 다른 부수적인 정무관도 없고, 살인과 채찍질에 대해서 인민에 상고하는 것이 허용되지 않았으므로 제일시민들에게 국가 전체가 장악되고 있었습니다.

63 따라서 이들의 불의함에서부터 바로 최대의 소요와 국가 전체의 교체가 비롯하는 것입니다. 그전에는 그들과 분리된 인민들에게 얼마간의 혼인이 인정되어왔습니다. 이들은 2표의 불평등한 법조문을 덧붙임으로써 그들은 평민에게 원로원 의원들과의 혼인이 없도록 하는 규정을 가장 비인간적인 법으로 뒷받침했지요. 그 후 이 법은 카눌레이우스가 제안한 평민 결의[100]에 의해서 대체되었지요. 이처럼 그들은 스스로의 탐욕에서 전권을 가지고 무자비하고 거침없이 인민을 지배했습니다. 문헌의 많은 기록에 따르면, 바로 다음의 사실이 알려지고 유명해졌습니다. 10인 위원 중의 한 사람의 무절제로 인해서 데키무스 베르기니우스는 손수 자신의 처녀 딸을 광장에서 죽

---

100) Lex Canuleia: 기원전 445년에 호민관 카눌레이우스(Canuleius)가 평민회를 통해서 통과시킨 법으로서 12표법에 규정되어 있던 귀족과 평민 사이의 혼인금지 조항을 폐지한 것이다.

인 후에 마침 알기두스 산[101])에 있던 부대에 전투준비가 된 병력을 남겨줄 것을 읍소했고, 먼저 있던 유사한 사건처럼 먼저 성산을, 이어서 아벤티눔 언덕을 점거……

〔사분철 XXIII, 내면 4장이 빠짐.〕

세르비우스, 『베르길리우스의 농경시에 관한 주석』 3.125: 키케로, 『국가론』에 다음과 같이: 독재관 루키우스 큉크티우스[102])를 임명한 후……

(스키피오): ……나는 우리의 조상들이 이를 누구보다도 입증했고 가장 현명하게 유지했다고 판단합니다.”

38

64   스키피오가 이 말을 마치고 모든 사람이 침묵으로써 다음 말을 기다리고 있을 때, 투베로가 (말한다.) “여기에 있는 나이 많으신 분들은 아프리카누스 님께 아무것도 질문하지 않으므로, 내가 알고 싶어 하는 바를 들어주십시오.”
스키피오가 말한다. “물론이다. 기꺼이 그렇게 하도록 하자.”
그러자 (투베로가 말한다.) “라일리우스께서 우리나라에 관해서가

---

101) Algidus: 로마 시의 남동쪽인 라티움에 있는 산이다. 지금의 몬테 캄파트리 (Monte Campatri).

102) Lucius Quinctius Cincinnatus: 기원전 458년에 쟁기질하다가 원로원에서 독재관으로 선출되어 볼스키인과 아이퀴인을 무찌르고 로마로 귀환해서 독재관으로 지명된 지 16일 만에 사임하고 농토로 돌아갔다고 한다. 80세 때에는 다시 부름받아서 프라이네스테를 격파하고 21일 만에 직책을 사임하고 일체의 보상을 경멸했다.

아니라 국가 일반에 관해 질문했지만 당신은 우리나라를 찬양하고 있다고 나는 느꼈습니다. 게다가 당신의 연설에서는 당신이 찬양한 바로 그 국가마저도 어떤 교훈, 관습, 도덕에 의해서 우리가 형성하고 유지할 수 있었는지 나는 배우지 못했습니다."

39

65　이에 대해서 아프리카누스(는 다음과 같이 답한다.) "투베로야, 이제 곧 나라를 수립하고 보존하는 것에 관해 우리들이 논쟁하기에 좀 더 적합한 기회가 있게 될 것이야. 그리고 라일리우스께서 질문한 최상의 국가 상태에 관해 나는 충분히 답변했다고 판단한다. 이를테면 먼저 숫자상 있음직한 세 종류의 나라를 정했다. 그것은 파멸되며, 아울러 세 가지가 완전히 대립되는 것이며, 이것들 중에서 어느 하나도 최상이 아니며 단지 원래의 세 가지로부터 적절히 혼합된 것이 각각의 단일형태보다도 우월한 것이라는 점을 밝혔지.

66　그런데 그것은 내가 우리나라의 예를 사용했기 때문인데, 그 목적은 최상의 상태를 정의하는 데에 효과가 있어서가 아니라 — 왜냐하면 그것은 예가 없어도 이루어질 수 있는 것이므로 — 오히려 가장 위대한 나라를 통해서 이성과 연설이 묘사한 바가 어떠한 것이었는지를 실제적으로 파악하기 위해서다. 그렇지만 어떤 인민의 예가 없는 상태에서 최상의 상태를 지니는 종류를 논한다면, 우리들은 자연의 형상을 이용해야 한다. 왜냐하면 너는 도시와 인민의 이 형상을 지〔나치게 개략적으로 기술했다고 판단하기 때문에〕……103)

---

103) 바릴레(Barrile)에 의한 보충이다. 4면 정도로 추정하는 이하의 내용은 정치가의 성품을 논하는 것으로 짐작된다.

[사분철 XXIV, 처음의 2장이 빠졌을 것으로 보임.]

40

67 (스키피오): ······나는 그를 이제 오랫동안 찾고 있었으며 그에게 가기를 원합니다.

(라일리우스): 아마도 당신은 현명한 자를 찾고 있는 것이겠지요?

(스키피오): 바로 그렇지요.

(라일리우스): 여기 참석한 분들이 충분히 그대의 마음에 들 테니 당신 스스로 시작해보시오.

그때 스키피오(가 말한다.) "그러면 그것은 원로원 전체 중에서 맡은 역할에 비례하는 셈이군요! 그렇지만 우리가 아프리카에서 종종 보았듯이 거대하고 길들여지지 않은 야수[104]와 함께 살면서 원하는 어떤 짐승도 억제하고 지배해서 가벼운 암시나 손짓만으로도 야수를 움직이는 자가 바로 현자입니다."

(라일리우스): 나도 알고 있소. 그대와 함께 장군사절로 복무했을 때 종종 보았소.

(스키피오): 그러므로 저 인도인이나 카르타고인은 한 야수를 제압했고 그 짐승을 고분고분하게 하고 인간의 관습에 익숙해지도록 했지요. 그런데 생기기 어려운 일이 언젠가 일어나지만, 그것은 사실상 인간의 정신 속에 잠재해 있으면서 정신의 일부로서 마음(mens)이라고 불리는 것이 있어서 제거하기에 간단하지 않거나 쉽지 않은 짐승을 구속하고 길들이기 때문입니다. 그런데 야수를 제압하는 일에 용기가 있는 사람은······

---

104) 코끼리를 의미한다.

〔사분철 XXIV의 내지 제2장이 빠짐.〕

41

68   노니우스, p. 300, 29: 어떤 야수는 피를 먹고 살며, 어떤 야수는 매우 잔인해 인간들의 처참한 죽음에 의해서도 거의 만족하지 않을 정도로 날뛴다.

노니우스, p. 491, 16: 한편 욕심으로 인해서 갈망하고 탐욕으로 가득 차 있고 쾌락 속에 뒹굴면서……

노니우스, p. 72, 34: 네 번째의 근심은 비탄에 빠져서 울면서 언제나 그것으로 인해서 마음을 동요시키는 것이다.

노니우스, p. 228, 18: 한편 번민은 비참함에 의해서 가중되었거나 소심함과 게으름에 의해서 내던져졌다.

노니우스, p. 292, 38: 마치 미숙한 전차몰이꾼이 전차에서 뛰어나와 깨지고 다치고 흩어지듯이……

42

69   ……라고 말할 수 있겠지요."

그러자 라일리우스(가 말한다.) "이제야 내가 기대했던 사람을 보겠군. 당신은 그에게 직책과 의무를 주도록 하시오."

아프리카누스(가 말한다.) "즉 거의 모든 것이 이 한 사람에게 속합니다. ―즉 이 한 사람에게 나머지 다른 것들이 있다는 말이지요. ―왜냐하면 스스로 자신을 훈계하고 성찰하지 않을 수 없으며, 자신의 모습을 모방하도록 다른 사람을 부르며 자신의 정신과 생을 빛냄으로써 스스로 시민의 거울이 되기 때문입니다. 이를테면 수금이나 피리를 연주하거나 노래하는 경우, 여러 목소리들에서 구분되는 소리들로 어떤 화음이 유지되지만, 귀가 숙달된 사람들은 그것의 잘못된 변동이나 불협화음을 참을 수 없지요. 그리고 그 화음이 〔아주 상이한 목소리들의 조정에서〕 한마음이 되고 조화되어서 나오듯이, 나라는 최상 최하 중간에 놓인 신분들에서 나오는 소리들처럼 이성에 맞게 조절될 때 〔매우 다른 자들의 합의에 기초해〕 화합합니다. 〔그리고 노래에서 음악가들이 하모니라고 일컫는 것이 나라에서는 화합입니다. 그것은 모든 국가에서 가장 긴밀하고 가장 좋은 안전띠이며 정의가 없어서는 어떤 계약으로도 존재할 수 없습니다.〕"(아우구스티누스, 『신국론』 2.21)

〔11장이 빠졌음. 이는 사분철 XXIV의 마지막 2장, 사분철 XXV 전체와 사분철 XXVI의 첫 장에 해당함.〕

폼페이우스 트로구스, 단편, p. 16: 수금은 힘과 충격에 의해서가 아니라 부드럽고 평온하게 연주되어야 한다.

43

아우구스티누스, 『신국론』 2.21: 그리고 이어서 그(스키피오)가 정의가 어떤 도시에 유익하며, 정의가 없을 경우 얼마나 손해가 나는지를 광범하고도 풍부하게 설명하고 나자, 이어서 그 토론에 참석한 사람들 중의 하나인 필루스가 나서서 이 문제를 더욱 진지하게 취급할 것을 제안했다. 당시 항간에 국가는 부정 없이는 통치될 수 없다는 생각이 퍼져 있으므로 정의에 관해 좀더 많은 논의가 이루어진다.

44

70   (필루스): ……정의가 차고 넘칩니다.

그러자 스키피오(가 말한다.) "사실 나는 동의하며 이제 여러분에게 다음과 같은 점을 밝힙니다. 즉 불의가 없을 수밖에 없다는 것은 거짓일 뿐 아니라, 최상의 정의가 없이 국가는 전혀 운영될 수 없다는 점이 확증되지 않는다면 우리는 더 이상 진전할 수 있도록 이제까지 국가에 관해서 우리가 언급되었다고 생각하는 것은 아무것도 아니라고 간주합니다. 괜찮으시다면 오늘은 그만 이야기하고 나머지는—화젯거리가 충분히 남았으므로—내일로 연기합시다."

좋다고 동의했으므로 그날의 토론을 종결지었다.

제3권

〔다음은 원문에서 빠진 부분 가운데 아우구스티누스의 『신국론』 2.21에서 보충한 것임.〕

그의 질문에 대한 답변이 다음날로 연기되었으며 제3권에서는 대토론이 전개된다. 자신은 실제로 그렇게 생각한다고 믿지 않도록 특별히 조심하면서, 필루스는 국가란 불의가 없이는 운영될 수 없다고 생각하는 사람들의 주장을 대변하는 것처럼 보이도록 했다. 그는 정의에 반대하고 불의에 찬성하는 주장을 매우 적극적으로 전개해 국가에는 후자가 유익하고 전자가 무익한 것임을 그럴듯한 논거와 예를 들어서 제시하고자 노력하는 것으로 보였다. 그러자 라일리우스는 모든 질문자를 대신해 정의를 옹호하고자 했으며, 국가에 대해서 불의만큼 해악이 되는 것이 있을 수 없으며 국가는 큰 정의가 없어서는 운영될 수도, 현상유지될 수도 없다는 주장을 폈다. 스키피오는 이 문제를 충분히 취급했다고 여기자 그 이야기를 중단시키고 자신의 주장을 다시 전개했다. 그는 국가에 대해 간단한 정의(定義)를 내리면서 국가란 인민의 것이라고 말했다. 나아가 그는 인민이란 대중의 전체 모임이 아니라 법에 대한 합의와 유익의 공유를 통해 결속된 것이라고 구별했다. 이어서 그는 논쟁을 전개하는 데 정의를 내리는 것이 얼마나 유익한 것인지를 지적했고, 자신의 그 정의에 따라서 총괄하기를, 왕에 의해서든 소수의 최선량들에 의해서든 전체 인민에 의해서든 선하고 정의롭게 운영될 때에야 국가, 즉 인민의 것이 존재한다고 했다. 그렇지만 왕이 불의할 때 ─ 그는 이를 그리스인의 관습에 따라서 참주라고 불렀다 ─, 최선량들이 불의한 경우 ─ 그는 그들 사이의 합의를 도당이라고 했다 ─, 또는 인민 스스로가 불의한 경우 ─ 이 경우 그것도 참주라고 부르지 않는다면, 일반적인 명칭을 찾지 못했을 것이다 ─, 국가는 어제의 논의대로 타락한 것일 뿐만 아니라 그러한 정의들로부터 조합한 추론이 가르쳐준 것처럼 국가란 존재할 수 없게 된다. 왜냐하면 참주나 도당이 국가를 차지한 경우 인민의 것이 없기 때문이다. 또 인민이 불의한 경우 그 인민은 더 이상 인민이 아닌데, 인민이라고 정의된 것에 따르면 대중이 법에 대한 합의와 유익의 공유에 의해서 결속되지 않았기 때문이다.[1]

1

1 아우구스티누스, 『율리아누스에 대한 반론』 4.12.60 t. X p. 612 Ben.: 『국가론』 제3권에서 툴리우스는 말하기를, 인간은 생모에게서라기보다는 계모인 자연에게서 태어났는데, 인간의 벗은 몸은 연약해 굳세지 못하고 정신은 괴로움에 대해 걱정하며 공포 앞에 비굴하며 고생 앞에 나약하고 욕망에 쉽게 유혹되지만 그 속에는 재능과 생각이라는 사실상 신의 불씨가 감추어져 있다고 했다.

암브로시우스, 『사티루스의 지나침에 관해』 2.27: 육체는 연약하고

---

1) 제3권은 전체 256장에서 불과 15.6퍼센트인 16장만 남아 있어서 내용을 알기 어려웠다. 그러나 아우구스티누스의 이 요약이 제시되어 3권 전체의 대요를 알 수 있게 되었다.

마음은 확고하지 못하고 정신은 나약하고 근심걱정하고 수고할 일에 게으르며 쉽사리 쾌락에 빠지는 성향을 지닌 채 약탈당하고 벌거벗은 상태로 이 생에 던져진 우리보다 더욱 비참한 것이 무엇이겠는가?[2]

2   락탄티우스, 『신의 작품에 관해』 3.16, 17, 19: (인간이) 비록 연약하고 무기력하게 태어났지만 그래도 모든 말 못하는 것으로부터 자신을 지킬 수 있고 또 인간보다 연약하게 태어난 모든 것들은 비록 기후의 힘에 강하게 견딜 수 있다고 해도 인간으로부터 스스로를 지킬 수 없다. 자연이 말하지 못하는 것들에게 부여한 것보다 이성이 인간에게 부여한 것이 더 큰 셈이다. 왜냐하면 저들에게서 큰 힘도 강건한 몸도 우리에 의해서 억압받지 않거나 우리의 능력에 굴복되지 않도록 할 수는 없기 때문이다. (19) 내가 믿는 바에 따르면 플라톤은 이 배은망덕한 자들을 반박했고, 자신이 인간으로 태어난 것에 대해 자연에 감사를 표했다.

〔사분철 XXVI, 내지 제4장이 빠짐.〕

2

3   (생각은) …… 수송수단으로써 (인간의) 느림을 보완하도록 했다. 마찬가지로 (생각은) 인간들이 무질서한 음성들 때문에 불완전하고 뒤섞인 것을 소리내고 있음을 파악하자, 이 음성들을 분할해서 몇 개의 부분으로 구분하고 어떤 신호처럼 단어들을 사물들에 적용했으며, 드디어는 언어라는 가장 유쾌한 연결끈[3]으로써 이전에는 연합

---

2) 암브로시우스의 이 구절은 아우구스티누스의 앞 문장을 그대로 따온 것일 뿐 아니라, 널리 알려진 문구임을 알게 한다.

3) 뷔흐너에 따르면, 인간이 언어를 통해 얻을 수 있는 것은 사회적인 결속 외에 언어가 주는 즐거움이 있다.

되지 못했던 사람들을 함께 결속시켰다. 심지어 같은 생각에 의해 무한한 것으로 보였던 목소리들이 모두 몇 개의 발명된 부호에 의해 표시되고 기록되었는데, 이로써 부재중인 사람과의 대화, 의사표시, 과거지사의 기록이 지속되어왔다. 여기에 숫자가 더해지는데, 이는 생활에 필요한 것일 뿐 아니라 불변하고 영원한 것이기도 하다. 숫자는 우리가 우선 하늘을 관찰하게 하면서 별들의 움직임을 무질서하게 보도록 하지 않으며 밤과 낮의 계산에 의해서[4]……

〔이하 4장이 빠짐. 빠진 것은 사분철 XXVI의 마지막 장, XXVII의 처음 3개 장임.〕

3

4 ……그들의 정신은 더욱 높이 고양되며, 앞서 내가 말했듯이, 신들의 선물에 적합한 것을 제시하거나 생각해낼 수 있었습니다. 그런 이유로 삶의 근거에 관해 주장을 펼친 사람들이 ─ 현재도 그러하듯이 ─ 우리에게는 위대한 인물이며, 박식한 자이며, 진리와 덕의 스승이 될 것이다. 이 생각이 국가의 다양함에 관해 연구한 자들에 의해서 고안되거나, 은퇴해서 여가를 지닌 자들의 문필 속에서 취급되었거나, ─ 지금도 그러하듯 ─ 사실상 거의 비난받지 않고 시민에게 알맞은 이론과 인민들의 규율이 되어서 좋은 재능[5] 속에서 완성되는

---

4) 여기서는 단순히 피타고라스나 플라톤에 관한 암시만 하고 있다. 여기서 키케로는 숫자가 하늘을 관찰하는 데 요긴한 것으로 언급하는데, 이는 숫자를 생성 원인으로 보지 않고 있음을 의미한다. 오히려 숫자를 통해서 하늘을 관찰함으로써 천문학과 그 이상의 인식에 도달할 수 있음을 보여준다. 키케로, 『신들의 본성에 관해』 2.153에서 이 부분에 관한 보완을 찾을 수 있다. 키케로는 플라톤, 『티마이오스』 47a를 번역했는데, 이와 유사한 생각을 보여준다.

5) 이 재능은 능력과 교양을 의미하는데, 이 문장은 정치 활동을 지향한다. 이런

법이다. 이제는 매우 자주 그렇게 완성해서 결과적으로 어떤 경이로운 것과 신적인 덕이 존재하게 된다.

5   이 책의 논쟁에 몰두한 사람들처럼 만약 어떤 사람이 본성에 따라서 그리고 시민의 제도들과 관련해 지니고 있는 정신의 도구들에다 학문과 사물에 대한 더욱 풍부한 인식을 몸소 갖추어야 한다고 생각한 사람이 있다면, 그런 사람을 (다른) 모든 사람보다 우선시하지 않을 사람은 없다. 사실상 그런 학술들에 관한 열정과 인식과 중요한 사안들을 다루고 활용하는 것이 결부되는 경우보다 더 훌륭한 것은 무엇이겠는가? 또는 푸블리우스 스키피오, 가이우스 라일리우스, 루키우스 필루스[6]보다 더 완벽한 예가 무엇이라고 생각할 수 있겠는가? 그들은 뛰어난 자들에 대한 최고의 찬사에 해당하는 것을 간과하지 않기 위해서 자기 나라에 관련되고 조상에 의해서 이루어진 관습에다 심지어는 소크라테스로부터 유래하는 학설도 적용했다.

6   그러므로 두 가지를 다하려는 의지와 능력을 갖춘 자는 조상의 제도와 아울러 학설들을 배우고자 전념하면 찬사를 받으리라고 생각한다. 그렇지만 만약 다른 예지(叡智)의 길[7]이 선택된다면, 비록 그에게는 최상의 학문과 예술 속에서 평온하게 사는 삶의 근거가 더 행복하게 보일지라도, 정치적 활동과 관련된 삶이 분명히 더욱 칭찬받을 만하며 더욱 빛나는 것이다. 이런 삶에서 최상의 인물이 등장했으

활동을 통해서 완성되는 자야말로 로마인의 이상형이다.
6) 이 세 사람은 키케로, 『연설가론』 2.154에서 교양을 갖춘 정치가로 언급된다.
7) 이 말은 'utra via prudentiae'를 번역한 것인데, 문맥에 따르면 실천지인 프로네시스를 의미하는 것이지, 학적 지식인 소피아를 의미하는 것이 아니다.

니, 마니우스 쿠리우스[8]가 그 예다. 그에 관해 "아무도 그를 검으로도 황금으로도 꺾을 수 없었다"[9]고 기록되어 있고, 또 ……

〔사분철 XXVII의 마지막 3장이 빠짐.〕

세네카, 『루킬리우스에 보내는 서신』 108.33: 이어서 그(즉 키케로의 『국가론』에서 그 문법학자)는 엔니우스에 의해서 전해지는 시구들과 우선 아프리카누스에 관해 기록된 바를 수집했다.

그에게는 어떤 시민도 어떤 적도
그의 행위에 대해 충분한 대가를 지불할 수 없을 것이다.

4

7 ……지혜가 있었지만 양자의 종류를 고찰함에서는 다음과 같은 차이가 있다. 즉 전자는 자연의 원칙들을 언어와 학예로써 발전시킨 반면에, 후자는 제도와 법률로써 그렇게 했다. 사실 하나의 나라는, 더 많은 사람들에게 법과 제도를 제공했다. 이것은 현자에게 속하는 것은 아니다. 왜냐하면 전자의 사람들이 매우 엄격하게 그 명칭을 고수

---

8) Manius Curius Dentatus: 기원전 290, 284, 275, 274년에 통령을, 기원전 272년에는 호구조사관을 역임했다. 그는 삼니움인, 사비니인에 대한 원정을 승리로 이끌었으며, 시칠리아에서 돌아오는 피로스 왕에게 승리를 거두었다. 호구조사관 시절 아니오의 수도교를 건설했다. 그는 군사적인 책략뿐 아니라, 검소하고 옛 덕을 갖춘 전형적인 인물로 간주된다. 삼니움의 사절이 그의 오두막에 들러서 토기그릇으로 야채를 끓이고 있는 것을 보고 많은 선물을 주어서 매수하고자 했으나 "나는 내 토기그릇을 너희의 금은그릇보다 더 좋아한다. 그리고 나는 돈이 없어 가난하게 살지만 돈을 지닌 자들을 부리는 것이 나의 소원이다"라고 말했다.

9) 엔니우스, 『연대기』 378행에서 나온다.

하고 있기 때문이다. 그러나 (후자의 사람들은) 현자들의 훈계와 고안물을 실행했으므로 분명 최고의 찬사를 받을 가치가 있다. 또한 영속될 수 있는 국가를 수립하는 것이 사물의 본성에 비추어 특별히 가장 큰 계획[10]에 속하므로, 이제 각 국가에서 일일이 우리가 수를 헤아린다면, 얼마나 많은 수의 걸출한 인물들을 찾아볼 것인가! 그리고 만약 우리가 이탈리아의 라티움이나 사비니인이나 볼스키 씨족, 또는 삼니움이나 에트루리아, 마그나 그라이키아를 우리의 마음에 비추어보고자 한다면, 이어서 아시리아인, 페르시아인, 페니키아인, 그리고 이……[11]

〔사분철 XXVIII의 내지 6장이 빠짐.〕

5

8　그러자 필루스[12]: 당신들은 내가 불공정[13]에 대해 비호하는 것으로 여기면서, 내게 참으로 훌륭한 소송을 거시려 하고 있군요.

라일리우스가 말한다. "그렇지만 흔히 정의에 반해 이야기되는 것을 당신이 말하더라도 자신은 그렇게 생각하고 있다고 보이지 않도록 조심하시오. 그대 자신은 마치 옛날부터 내려오는 정직과 신의의

---

10) consilium: 지속되어야 할 임무라는 의미를 지닌다. 이것이 최고의 지혜에 속하는 것으로 강조된다.

11) 지금까지가 제3권에 대한 키케로의 서문이다. 이 서문 중 인류의 문화발전에 관해서는 디카이아르코스를 참조했고, 이론과 실천에 관한 구분은 아리스토텔레스의 견해를 반영한 것으로 파악된다.

12) 제3권에서는 필루스가 자신의 의사와 관계 없이, 불의에 대해 옹호하는 주장을 편다. 뷔흐너에 따르면 이 주장은 내용상 카르네아데스의 견해와 관련이 있으며, 여기보다는 2권의 말미에 들어가는 것이 자연스럽다.

13) improbitas: 이 말은 나쁜 성질을 의미하지만, 여기서는 정의에 대한 반대어로 번역했다.

유일한 모범 같으면서, 그대가 진실을 가장 수월히 찾을 수 있다고 생각했으므로 대립되는 부분으로 구분해서 토의하는 그대의 관행[14]을 우리가 알게 하시오." 그러자 필루스가 말한다. "참으로 그러지요! 나는 당신들의 의지에 따르고 의식적으로 나 자신을 더럽히고자 합니다. 왜냐하면 황금을 구하는 자는 자신에게 아무것도 거리끼는 것이 없다고 생각하는 것처럼, 모든 황금보다 더욱 소중한 정의[15]를 우리가 연구하는 때에 필경 어떤 난관도 회피하지 말아야 하기 때문이지요. 또한 내가 타인의 언변에 이용될 것처럼 내게도 타인의 입을 이용하는 것이 허용되는 바입니다! 그리스인으로서 단어로서 적절한 것…… 하는 습관이 있었던 카르네아데스[16]가 ……한 것들을 이제는 루키우스 푸리우스 필루스가 언급해야겠습니다."

[사분철 XXIX의 처음 2장이 빠짐.]

9　노니우스, p. 263, 8: 마르쿠스 툴리우스, 『국가론』 II: 자주 교묘한 거짓증언으로 최상의 논거조차도 속여 넘겼던 카르네아데스에게 당신들이 답변하는 것같이……

---

14) 필루스는 소크라테스의 방법론을 따라서 사물의 긍정적인 면과 부정적인 면을 골고루 보고자 했다.
15) 이 말은 플라톤, 『국가』 I, 336e, "많은 금보다 더 소중한 정의를 구하는 ……"에서 나온다.
16) Carneades: 아프리카 퀴레네 출신의 철학자. 신아카데미아 학파의 창설자다. 기원전 155년에 로마를 방문해서 한 연설에서는 정의를 옹호했고, 다른 연설에서는 먼저의 내용을 반박했다고 한다. 이 사실을 알게 된 노(老)카토는 다른 수행자와 함께 그를 추방한다.

6

락탄티우스, 『신적 교양』 5.14.3~5: 아카데미아 학파의 철학자인 카르네아데스가 논쟁에서 얼마나 설득력이 있었고 얼마나 달변가였고 어떤 예리함을 지녔는지 모르는 자는 바로 키케로의 찬사에서 또는 루킬리우스의 글에서 그 사실을 알게 된다. 루킬리우스의 글에서 넵투누스는 가장 어려운 일에 관해 검토하면서 "바로 카르네아데스를 오르쿠스[17]가 되돌려 보내지 않는다면" 그 문제가 해명되지 않음을 보여주었다. 아테네인이 그를 사절로서 로마에 파견했을 때, 그는 당시 최고의 연설가인 갈바[18]와 카토 켄소리우스가 듣는 자리에서 정의에 관해 능숙하게 자신의 주장을 전개했다. 그러나 그는 다음날 자신의 주장을 반대되는 주장으로써 뒤집었으며 전날에 찬양했던 정의를 논박했다. 그는 이를 자신의 생각이 확고부동해야 하는 철학자의 권위에 의해서가 아니라 두 편으로 나누어서 하는 변론의 연습처럼 했다. 이로써 그는 어느 사람이든 다른 편의 주장자들에 반박할 수 있도록 하곤 했다. 키케로의 글에서 루키우스 푸리우스는 정의를 반격하는 그런 주장이 있었음을 기억했다. 그 이유는 정의가 없이는 국가를 통치할 수 없다고 생각했으나, 그가 정의에 대한 변호와 찬양을 도출하기 위해서 『국가론』에서 주장을 펼쳤기 때문이라고 나는 믿는다. 한편 카르네아데스는 정의의 변호자인 아리스토텔레스와 플라톤을 반박하기 위해서 우선 그 주장에 정의를 위해서 언급된 것 모두를 연결시켰는데, 그가 그래왔듯이 이는 반론을 제기하기 위한 것이다.

7

10   락탄티우스, 『신적 교양 강요』 50(55).5~8: 실제로 철학자들의 대다

---

17) Orcus: 지하의 신.

18) Sergius Galba: 유명한 연설가다. 자식들을 인민 앞에 내세워서 적대자들이 주장할 처벌을 면하고자 했다 한다.

수가 그렇지만, 누구보다도 플라톤과 아리스토텔레스가 정의에 관해 많은 것을 말했다. 그것은 각자의 것을 각자에게 귀속시키고 형평을 만인 가운데서 보전하므로, 그 덕을 변호하고 최고의 찬사로써 칭찬했다. 그리고 나머지 덕들은 마치 침묵을 지키고 있고 내부에 갇혀 있는 것과 같은 반면 추천되고, 감추어지지 않고 밖으로 완전히 드러나고, 잘할 수 있도록 쉬워서 될 수 있는 한 많은 사람들에게 유익하게 되는 덕은 정의가 유일하다고 말한다. 이는 마치 정의는 사실상 배심원들에게만 그리고 권력을 부여받아 임명된 자들에게만 있어야 하며, 모든 사람 속에 있는 것이 아니라는 말과 같다!

11   미천해 구걸하는 자가 아닌 자들 중에 정의가 적용될 수 없는 자는 참으로 존재하지 않는다. 그렇지만 사람들은 최상의 덕, 즉 모든 사람의 공통선이 무엇이며, 어디에서 왔으며, 어떤 작용을 하는지를 알지 못해 소수인에게 귀속시키며, 그것은 나름대로의 유익을 하나도 기대하지 않고 단지 다른 편익을 위해서 그처럼 추구된다고 말한다. 카르네아데스가 최상의 재능과 영민함을 지닌 사람으로서 등장하는 것은 부당한 일이 아니다. 그는 그런 사람들의 주장을 반박했으며 확고한 근거를 지니지 않은 정의를 뒤집었다. 왜냐하면 그는 정의가 비난받아야 한다고 생각했기 때문이 아니라 그것을 변호하는 사람들이 정의에 관해 전혀 확실하지도 확고하지도 않은 것을 주장하고 있음을 보여주고자 했기 때문이다.

노니우스, p. 373, 30: 정의는 밖으로 드러나며 모두 돌출되고 두드러진다.

노니우스, p. 299, 30: 다른 것보다 이 덕은 스스로를 전부 타인의 이익에 바치며 베푼다.

12   (필루스): ······발견하고 보았으며, 다른 사람은[19] 정의 그 자체에 관해 실제로 4권의 큰 책을 채워넣었습니다. 그렇지만 나는 크리시포스에게서 어떤 크고 위대한 것을 바라지 않았습니다. 그는 모든 것을 단어의 의미변화로 평가하고 실제의 영향력으로는 평가하지 않은 자신의 취향에 따라서 말했습니다. 만약 존재한다면, 하나이며 가장 빛나고 관대하며 자신을 위해서라기보다는 타인을 위해서 태어났고 자신보다는 만인을 더욱 사랑하는 그 덕을 죽어 있는 상태에서 소생시키고 지혜에서 멀리 떨어지지 않은[20] 신의 자리에 놓는 것은 저 영웅들[21]에게 속할 겁니다.

13   사실상 그들에게는 의지가 없지 않았지요. 왜냐하면 기록하는 다른 이유가 무엇입니까? 아니면 전체적으로 무슨 계획이 있었습니까? 그들은 모든 사람들보다 우월했으므로 재능이 없지 않았습니다. 그러나 그들의 의지와 수단을 넘어서는 것이 원인입니다. 이를테면 우리가 질문했던 법은 시민에 관한 것[22]이지 결코 자연에 관한 것이 아닙니다. 왜냐하면 만약 그러했다면 덥고 춥고 쓰고 단 것처럼 정의와 불의는 모든 사람에게 동일하기 때문입니다.

---

19) 아리스토텔레스의 『정의론』(*peri dikaiosyne*)을 지시하는데, 키케로는 이를 읽은 것으로 알려져 있다. 현재 전하지는 않는다.

20) 이 구절은 플라톤, 『국가』 I, 351a, "참으로 만약 지혜와 덕이 정의라고 한다면······"과 비교된다.

21) 일반적으로 플라톤과 아리스토텔레스를 지칭하는 것으로 본다.

22) 여기서 시민법(ius civile)이 문제가 아니라, 공적인 일을 의미하는 것으로 해석한다.

14   한편 이제 만약 어떤 사람이 파쿠비우스[23]의 저 날개 달린 뱀들이
끄는 수레를 몰고서 수많고 다양한 종족과 도시를 눈으로 조망하고
묘사할 수 있다면, 우선 그는 불멸하며 가장 위대한 이집트 민족을
볼 것입니다. 그들은 수많은 시대와 사건들에 관한 기억을 문자를 통
해서 보존하고 있지요. 이집트인이 아피스[24]라고 부르는 황소는 신
으로 여겨지며 그들 중에 많은 이적이 있고 신들의 수에 따라서 각종
짐승이 희생으로 바쳐집니다. 이어서 그리스인은 우리들과 마찬가
지로 인간의 형상들에게 큰 신전을 헌정합니다. 페르시아인은 이것
을 불경한 것으로 생각했는데, 이로 인해서 크세르크세스[25]는 아테
네인의 신전을 태워버리도록 명령을 내린 것으로 전해집니다. 그는
신들의 집은 바로 이 세상 전체인데 신들을 집의 벽 속에 가두어두는
것이야말로 불경한 짓이라고 추론했던 탓이지요.

15   한편 후에 페르시아인과 전쟁을 생각했던 필리포스와 그것을 실행
에 옮긴 알렉산드로스는 그리스 신전에 가해진 피해에 대해 복수한

---

23) Marcus Pacuvius(기원전 200~132): 로마의 비극시인으로 화자인 필루스와 동
시대인이다. 이 마차는 이아손의 배신으로 이혼한 메데아가 자식들을 죽이고
달아나는 데 사용했다는 것이다.

24) Apis: 이집트에서 섬겨지던 신으로 황소의 형태를 지니고 있다. 이집트인은
오시리스의 영혼이 소에게 옮겨졌다고 믿었는데, 그 이유는 오시리스가 이집
트에 농경을 도입하면서 소가 필수였기 때문이라고 한다. 아피스를 기념하는
축제는 7일간 지속되며 모든 사람이 그 소를 집안에 맞아들이고자 했으며, 소
가 죽으면 오시리스가 죽은 것처럼 애도했다.

25) Xerxes I: 페르시아의 다리우스를 계승해 그리스와의 전쟁을 대비한다. 그리
스를 공격했으나 테르모필라이에서 스파르타군에게 저지당하고 아테네를
점령했으나 살라미스 해전에서 패배한다. 페르시아로 귀국한 후에는 학정을
일삼다가 기원전 464년에 반란이 일어나서 피살되었다.

다는 전쟁의 구실을 제시했습니다. 실제로 그리스인은 그 신전이 복구되어서는 안 된다고 생각했는데, 이로써 후손들에게 페르시아인의 악행에 대한 증거가 영구히 눈앞에 있도록 한 것입니다. 흑해에 있는 타우리인,[26] 이집트의 왕 부시리스,[27] 갈리아인, 페니키아인 등 얼마나 많은 사람이 신에게 인신공양하는 것이 경건하며 불멸의 신들에게 최대의 감사함을 표현하는 것이라고 생각했는지! 사실 생활의 제도들은 매우 거리가 있어서 크레타인과 아이톨리아인은 해적질을 도덕적인 것이라고 생각하고, 라케다이몬 사람들은 자신의 토지는 모두 창으로써 획득할 수 있는 것이라고 흔히 말할 정도입니다. 심지어 아테네인은 올리브와 기타 과실을 내는 땅은 모두 자기들의 것이라고 공개적으로 맹세하곤 했습니다. 갈리아인은 곡물을 손으로 구하는 것이 추하다고 생각해 무장을 한 채 타인의 토지에서 수확을 했지요.

16   사실상 가장 정의로운 우리나라 사람들도 트란스알피나의 종족이 올리브와 포도를 심지 못하도록 했는데, 이는 우리의 포도와 올리브 농장을 더 많게 하기 위한 것이었습니다.[28] 우리가 이렇게 할 때, 당

---

26) Tauri: 크리미아에 거주하는 스키티아계의 사람이다.

27) Busiris: 이집트의 왕으로서 모든 외국인을 묶어서 제우스 신에게 바쳤다. 헤라클레스를 묶어서 바쳤으나 오히려 그의 손에 자신과 아들 등이 제물로 바쳐졌다.

28) 흔히 이 문구는 로마 제국주의의 경제적 동기에 대한 단서로 인용되어왔다. 로스토브체프는 이 구절을 '서부 속주에서 포도·올리브 경작을 금지하는 것'으로 파악했다. 그리고 이와 같은 경제적 제국주의 정책의 시점을 기원전 154년(또는 125년)으로 거슬러 올라가는 것으로 보았다. 이를 비판해 베이디언은 여기서 '트란스알피나'라는 표현에 주목해 갈리아 트란스알피나를 제외한 에스파냐와 시칠리아 같은 지역에는 적용되지 않는다고 보았다. 이들 지역에는 포도와 올리브가 풍부하게 있었다는 것이다. 그러므로 이 조치는

신들이 지혜란 형평과 불일치한다고 이해했듯이, 지혜롭게 했다는 말을 듣기는 하지만 정의롭게 했다는 말은 듣지 못하지요. 한편 리쿠르고스는 가장 선한 법들과 가장 형평한 권리의 발명자로서 부자들의 토지를 평민에게 나누어주고 노예제도를 통해서 경작하도록 했습니다.

10

17   만약 내가 법·제도·관습·풍습의 종류를 기술하고자 한다면, 매우 많은 종족들에서 상이할 뿐 아니라 한 도시에서도 특히 우리의 도시에서도 천 번이나 변해왔음을 제시할 것입니다. 즉 지금 여기에 있는 우리들의 법해설자 마닐리우스[29)]가 부녀자들의 유증과 상속에 관해 이야기한 바 있는 권리와 그가 젊었을 때에 보코니우스법[30)]이

경제적 동기와는 관련이 없는 것으로 보았다(What economic sense is there in that?). 또 제기되는 중요한 문제는 이 『국가론』의 대화가 사실상 기원전 129년을 무대로 한 것으로 파악되는 데에 있다. 그렇다면 위의 조치는 기원전 154년으로 정해질 수 있는데, 이때에는 위에서 거론된 지역과 그런 조약을 강요할 만한 관련을 맺지도 못했고, 로마로서는 그런 관심도 없었다는 것이다. 여기서 부당한 조처라고 언급하는 내용은 마실리아(Massilia)의 요구였다고 보는 프랭크(Tenny Frank)의 설명이 필수불가결하다고 베이디언은 보았다. 아울러 그는 이 내용은 키케로가 살고 있던 시기의 사정을 투영한 것이므로, 키케로 당시의 사정에 대한 귀중한 증거라고 파악했다. E. Badian, *Roman Imperialism in the Late Republic*, Basil Blackwell, 1968, 19쪽 이하 참조.

29) M'. Manilius: 기원전 147년에 스키피오 아이밀리아누스 휘하에서 천부장으로 복무했고, 통령을 역임하기도 했다. 이 시기 법률가들은 법에 대한 답변을 통해 의견을 밝히는 행위로 법을 발전시켰는데, 그는 보코니우스법 이전에 이미 의견을 제시한 것으로 알려져 있다.

30) Lex Voconia (de testimentis): 호민관 보코니우스(Quintus Voconius Saxa)가 기원전 169년에 제정한다. 이에 따르면 어떤 부녀자도 토지의 상속자가 되지 못하며 어떤 부자도 유언으로 재산의 4분의 1 이상을 여자에게 줄 수 없도록 한다. 카이우스(Caius, II, 274)에 따르면, 1등급에 속하는 시민은 부녀자를 상속

아직 제정되지 않은 상황에서 이야기한 것과는 상이합니다. 사실 이 법률 자체가 남자들의 유익을 위해서 제정되었으므로 여자들에게는 불의로 가득 차 있는 셈입니다. 실제로 왜 여자가 돈을 가지지 않도록 했습니까? 왜 베스타 신을 모시는 처녀 사제들에게는 상속자가 있도록 했으나 그 모친에게는 없도록 했을까요? 한편 만약 여자들에게 재산의 규모가 정해져야 한다면, 아버지의 외동딸임에도, 확실한 법에 의해서 1,000배의 돈을 푸블리우스 크라수스[31]의 딸이 가질 수 있었으며, 왜 내 딸은 30배의 돈[32]을 가질 수 없었는지……

〔사분철 XXIX의 제7장이 빠짐.〕

11

18　(필루스): ……〔만약 정의가 자연적인 것이라면 자연이〕 우리에게 법들을 확정했고 모든 사람이 마찬가지로 동일한 법을 따르고, 설령 시대가 다르다고 해도 다른 법을 따르지는 않을 것입니다. …… 그래

인으로 지정할 수 없었다. 이는 로마의 가문이 소멸되는 것을 막기 위한 조치로 해석된다. 키케로, 『최고선악론』 2.55에 보면 이 법은 실효성이 없었던 것으로 보인다. 이른바 '신의에 의탁되어'라는 구실로 법을 우회할 수 있었다. 아우구스투스 때의 인구정책과 맞물려 중단되기도 한다. 그러나 최종 폐지되는 것은 유스티니아누스의 치세 때다.

31) P. Licinius Crassus Mucianus: 3두정치기에 주역으로 등장하는 크라수스의 아버지다. 그는 기원전 97년에 통령을 역임했으며, 10년 후 마리우스와 킨나의 반동으로 인한 희생자가 된다.

32) 아스(AS): 로마의 기본적 화폐인 동화(銅貨)다. 처음에는 325그램의 무게단위였으나 후에는 6분의 1로 줄었다. 이는 은화인 데나리우스의 10분의 1로 계산된다. 일반적으로 본문에 나오는 1000배나 30배는 각각 1억 세스테르티이, 300만 세스테르티이를 의미하는 것으로 해석된다. 여기서 필루스는 재산이 별로 없었던 것으로 알려져 있다. 세스테르티우스는 2.5아스로 계산된다.

서 제가 묻겠습니다. 법에 복종하는 것이 정의로운 자와 선한 자에 속한다면, 어떤 법에 복종합니까? 아무 법에나 복종합니까? 또 덕은 일관성이 없음을 용납하지 않고 자연은 다양성을 인정하지 않습니다. 법은 우리들의 정의라고 인정되는 게 아니라 처벌이라고 인정됩니다.[33] 그러므로 자연법은 아무것도 지니지 않습니다. 이로부터 자연에 따라서는 정의로운 자들이 존재하지 않는다는 결론이 나옵니다. 사실 법들 속에는 다양함이 있는 반면 자연에서 선한 자들이 따르는 것은 고안된 정의가 아니라 있는 정의라고 사람들이 말합니까? 실제로 그들은 각자에게 합당한 것을 각자에게 귀속시키는 것이 선하고 정의로운 자가 할 일이라고 말합니다.

19 그러므로 우선 우리는 말하지 못하는 짐승에게 그런 것을 허용해야 합니까? 평범한 사람이 아니라 가장 위대하고 박식했던 피타고라스와 엠페도클레스는 모든 살아 있는 것의 조건 중 하나가 권리에 있다고 선언했으며, 짐승을 괴롭힌 자를 처벌하는 것이 필수적이라고 외쳤습니다. 따라서 짐승에 해를 끼치는 것은 죄인데, 왜냐하면 ……
하고자 하는 자는 죄……

〔사분철 XXX~XXXIX(즉 80장) 중에서 4장만 남음.〕

12

20 락탄티우스,『신적 교양』6.9.2~4: 또는 만약 어떤 사람이 정의를 따르기를 원하면서도 신의 법에 대해서 무지하다면, 자기가 속한 종족의 법을 진짜 법으로 파악할 것이다. 그것은 결코 정의가 아니라 유익이라고 파

---

33) 이 내용은 당착어법(Oxymoron)으로 이해된다. 즉 법이 인정되는 것은 우리들이 준법하는 것에 의해서가 아니라 법을 어기는 데 따르는 처벌에 의한 것이기 때문이다.

악된다. 만약 각 종족이 각자의 일에 유익하다고 판단한 것을 승인했기 때문이라고 하지 않는다면, 왜 모든 민족에게 상이하고 다양한 법이 만들어졌는가? 한편 유익이 정의에서 얼마나 떨어져 있는지는 바로 로마 인민이 가르쳐준다. 그들은 전쟁과 평화선포의 책임을 지고 있는 사제단을 통해서 전쟁을 선포해 합법적으로 부당한 전쟁을 하며, 언제나 타인의 것을 탐내어 전 세계의 소유를 스스로 탈취하는 경향이 있다.

내가 틀리지 않는다면, 모든 왕국이나 제국은 전쟁으로 획득되고 전쟁의 승리로 확대되었으며 나아가 전쟁과 승리의 주 요소는 도시의 점령과 파괴다. 그런 행위는 신들에게 해를 끼치지 않고는 불가능하다. 왜냐하면 성벽의 파괴는 신전의 파괴와 같으며 시민의 살해는 사제의 살해를 포함하며 세속재산의 탈취는 또한 신성한 보화의 약탈을 포함하기 때문이다. 여기서 로마인의 비종교적인 행위는 그 승리의 숫자와 동일하며 한 인민에 대한 승리는 전부 그 인민의 신들에 대한 승리이고 약탈물의 수집은 포로된 신상의 숫자와 같게 된다.

21 ﹒락탄티우스, 『신적 교양』 5.16.2~4: 따라서 철학자들이 주장한 것들은 확고하지 못해 반박하는 것이 가능하다고 파악했으므로 카르네아데스는 반박할 배짱을 지니게 되었다. 그의 주장의 요점은 이러했다. 즉 인간은 스스로 유익하기 위해서 법들을 통과시킨다. 관습에 따라서 다양한 법이 만들어지며 사람들 속에서 시대에 맞추어 종종 그 법은 바뀌게 마련이므로 자연법이란 존재하지 않는다. 모든 인간과 기타 짐승들은 자연의 인도에 따라서 유익함에로 이끌려진다. 결국 정의란 존재하지 않는 것이거나, 만약 다른 어떤 것일 수 있다면 그것은 어리석음의 극치일 것이다. 왜냐하면 타인의 편의를 위해서는 도움말을 해주면서 자신에게는 해를 가하는 것일 수밖에 없기 때문이다. 그리고 그는 이런 주장도 제시했다. 즉 제국으로 번영을 누린 모든 인민들이나 전 세계의 주인이 된 로마인들도 그

들이 만약 정의롭고자 한다면, 다시 말해 타인의 것을 되돌려준다면 오두막집으로 돌아가고 가난과 비참 속에 빠져야 한다는 것이다.

22　　락탄티우스, 『신적 교양』 6.6.19와 23: '그들은 다른 무엇보다도 조국의 편의를 제일이라고 생각하도다.' 인간들의 불화가 제거된 상태에서 덕은 전혀 존재하지 않는다. 사실상 조국의 편의라고 하는 것은 다른 나라나 다른 종족의 불편이 아니라면 무엇인가? 즉 타국에서 강제로 빼앗아 국경을 확대하고 제국을 넓혀서 속주세의 징수를 크게 늘리는 것이다. ……
23 따라서 당신들이 부르듯이 이 선한 것들을 각자가 조국을 위해서 획득했다. 즉 나라들을 파괴하고 종족들을 멸망시킴으로써 돈으로 국고를 가득 채웠으며, 토지를 탈취하고, 자국의 시민 가운데 더욱 땅이 많은 자가 되도록 하는 자가 극찬을 받으며, 이 자에게 최고요 완전한 덕이 있다고 생각했다. 이것은 인민과 미숙한 자들의 잘못일 뿐 아니라 철학자들의 잘못이기도 하다. 왜냐하면 이들은 어리석음과 사악함에 관한 가르침과 권위를 상실하지 않기 위해서 불의함과 관련된 교훈을 제시하기 때문이다.

13

23　　(필루스): ……사실상 인민에 대해서 생사(生死)의 권한을 가진 자들은 모두 참주이지만, 이들은 유피테르 신의 가장 좋은 이름에 따라서 왕이라고 불리기를 원합니다. 한편 재부나 가문이나 기타의 능력으로 인해서 특정한 사람들이 국가를 장악한 경우에, 그들은 도당이지만 최선량들로 불립니다. 만약 사실상 인민이 가장 힘이 있고 인민의 자의에 따라서 모든 것이 이루어진다면, 그것은 자유라고 불리지만 사실은 방종입니다. 그러나 어떤 사람이 다른 사람을 두려워하고, 인간이 인간을, 신분이 신분을 두려워할 때 어느 누구도 자기에게 자신감을 갖지 않으므로 인민과 유력자들 사이에 일종의 계약이 생깁

니다. 이로부터 스키피오께서 찬사를 바친 국가라는 결속된 종류가 생깁니다. 사실상 정의의 어머니는 자연이나 의지가 아니라 연약함입니다.[34] 이를테면 (남에게) 불의를 가하되 당하지 않는 것, 가하고 당하는 것, 중간의 것, 이 세 가지 중 하나를 선택해야 한다면 가능하면 피해를 당하지 않고 가하는 것이 최선이며, 두 번째는 가하거나 당하지도 않는 것이며, 가장 비참한 것은 불의를 가하기도 하고 당하기도 하면서 언제나 싸우는 것[35]이지요. 그러므로 첫 번째의 것을 따르[지 못하는] 자는 2번째의 선택, 즉 불의를 가하지도 겪지도 않는 것을 선택[36]해야 합니다.……

〔이 사분철 가운데 내지 4장이 빠짐.〕

14

24 노니우스, p. 125, 12; 318, 18; 574, 15: 〔한 해적이〕 어떤 악의로 동기가 유발되어 한 척의 해적선으로 바다를 위험하게 했느냐는 질문을 받자, 그는 "(알렉산드로스여) 그대가 세계를 차지한 것과 동일한 악으로"라고 대답했다.[37]

---

34) 이는 플라톤, 『고르기아스』 483b와 유사하다. "그러나 나는 법을 세운 자들이 연약한 자들이고 다수의 사람이라고 봅니다."

35) digliari: 이 단어는 대부분 철학 논쟁에서 사용되며, 특히 키케로, 『법률론』 3.20에서 가이우스 그라쿠스의 호민관직 이후의 내란상태를 가리키는 데 같은 단어가 사용되고 있다.

36) 뷔흐너는 이 두 번째 선택은 에피쿠로스 학파의 특징을 보여주고 있다고 판단한다. 에피쿠로스, 『주요학설』 17, "정의로운 자는 가장 평안한 자요, 불의한 자는 최대의 번민으로 가득한 자이니라."

37) 이 구절은 제국주의가 결국은 범죄행위라는 점을 폭로하고 있다.

15

(필루스): ……모두 기억하십시오. 지혜[38]는 능력을 키울 것, 재부를 늘릴 것, 경계를 확장시킬 것을—최고의 장군들을 위한 기념물에 새겨진 '제국의 국경이 확대되었도다'라는 찬사는 타인에게서 어떤 것을 취하지 않았다면 어디서 비롯했겠습니까?—, 또 가능하면 많은 사람에게 명령을 내릴 것, 쾌락을 즐길 것, 군림하고 주인 노릇할 수 있을 것을 명령합니다. 반면에 정의는 모든 면에서 절약할 것, 만민에게 도움말을 줄 것, 각자의 것을 각자에게 돌릴 것, 타국의 공공신전에 손대지 말 것을 가르칩니다. 그러므로 그대가 지혜에 복종한다면 무엇이 생기겠습니까? 재부, 권한, 능력, 명예, 대권, 왕위가 개인에게든 공적으로든 생깁니다. 그러나 우리가 국가에 관해서 이야기하고 있으므로 공적으로 생기는 것들을 조명할 것입니다. 또 어느 경우나 법의 이성은 동일하므로[39] 인민의 지혜에 관해 이야기해야 한다고 생각합니다. 이제 다른 경우는 생략하지요. 아프리카누스께서 어제의 대화에서 근본적으로 파헤친 바 있고 세상을 그 대권 아래 두고 있는 우리 인민이 가장 작은 것에서 출발해〔가장 크게 된 것이〕정의에 의해서입니까, 아니면 지혜에 의해서입니까?[40]

---

38) sapientia: 로마에서 지혜라는 말은 현명함과 교활함을 다 포괄하는 것으로 이해된다. 여기서 이 말이 올바른 것과 이타적인 것에 대비해 최초로 이익의 성공적인 추구라는 의미로 사용되었다.

39) Eadem est ratio iuris: 이 문구를 통해 로마법의 원리에서 사적인 것과 공적인 것이 구분되지 않고 있으며, 내정과 외정의 구분도 없음을 알 수 있다. 그래서 필루스가 인민의 지혜에 관해 언급하는 것이다.

40) 이 대목에서 지혜와 정의를 대비해 규정하는 태도가 새롭게 보인다. 이는 소피스트적인 논법으로 이해된다. 한편 지혜에 대한 로마인의 실용적인 면을 볼 수도 있다. 여기서 화자들이 로마의 팽창에 중요한 전쟁이었던 3차 포이니 전쟁, 누만티아 전쟁과 코린토스 정벌의 동시대인임을 주목할 필요가 있는데, 바로 그들에게 그것이 정의에 의한 것인지 아니면 교활한 정책-지혜-에

〔2개의 장이 빠졌을 가능성이 있음.〕

25　(필루스): ……내가 믿기에, 언젠가 정의의 포고령이 생기지 않을까 두려워하면서 작은 쥐들이 들에서 나오듯이 스스로도 땅에서 생겼다고 회상하는 아르카디아인과 아테네인은 제외로 하고……

16

26　이 점에 관해서 토론에서 결코 나쁘지 않은 자[41]들이 우선적으로 다음과 같은 사실을 이야기하고 있는데, 이들은 이 문제와 관련해 좀 더 많은 권위를 지니고 있습니다. 왜냐하면 우리가 솔직하고 소박하다고 생각하는 선한 자에 관해 질문이 제기될 때, 그들은 논쟁에서 교묘하지도 노련하지도 간사하지도 않기 때문입니다. 사실상 그들은 선과 정의가 스스로 또 그 자체로 선한 자를 즐겁게 해주기 때문에 선한 자가 지혜로운 자라는 점을 부정합니다. 오히려 선한 자들의 생활은 공포·근심·고독·위험에서 벗어나 있고, 반면에 어떤 악한 자들에게는 정신에 언제나 타인에 대한 가책이 고착되어 있으며, 그들에게는 언제나 공개적으로 심판과 처벌이 드리워져 있고, 게다가 어떤 이득도 없고, 불의에서 비롯하는 큰 보상도 없어서 결국 늘 두려워하고 늘 어떤 처벌이 가까이 있어서 내려진다고 그대가 생각하게 되어서, 피해…… 기 때문이라고 (그들은 생각합니다.)[42]

의한 것인지를 묻는다.

41) 이들은 에피쿠로스 학파를 지칭한다. 이들은 스토아 학파와 달리 논리에 빠지지 않고, 현상을 그대로 표현한다.

42) 이 생각은 에피쿠로스 학파의 정의에 관한 견해다. 이 점과 관련해서는 키케로, 『최고선악론』 2.21 참조.

〔4장이 빠짐. 대신 거의 1면 정도가 락탄티우스의 보고로 보충됨.〕

17

27 (필루스): 제가 질문하겠습니다. 만약 두 사람이 있다고 합시다. 이 중 한 사람은 가장 선하고 가장 공평하고 최상의 정의와 특별한 신의가 있는 데 비해서 다른 사람은 유별난 악덕과 대담함을 지니고 있습니다. 그리고 어떤 나라가 실수[43]로 후자에게 통치되어서 그 선한 자를 귀찮고 사악하고 불경건하다고 생각하게 된 반면 누구보다도 악한 그자가 최고의 성실과 신의를 지니고 있다고 평가했다고 합시다. 또 모든 시민이 이런 의견으로 인해서 저 선한 자가 괴로움을 당하고 빼앗기고 게다가 손을 절단당하고 눈이 뽑히고 사형선고를 받고 결박되고 화형에 처해지고 추방되고 궁핍하고 마침내는 최상의 권리를 지닌 모든 사람에 의해서 가장 비참한 자로 여겨진 반면 저 도덕적으로 악한 자는 칭찬받고 존경받고 모든 사람에게서 사랑받고 모든 명예·대권·재산 그리고 모든 풍족한 것이 다 그에게 모이고 마침내 모든 사람의 평가에서 가장 선한 자요 최상의 운명에 가장 적합한 자로 판단된다고 합시다. 그렇다면 후자처럼 되기를 망설일 만큼 정신 나간 자가 누구이겠습니까?

18

28 개인에게 적용되는 것은 인민에게도 동일하게 적용됩니다. 정의롭게 종노릇하기보다 불의하게 지배하기를 더 원하지 않을 만큼 어리석은 나라는 없습니다. 사실상 나는 더 멀리 나가지 않겠습니다. 내

---

43) 뷔흐너에 따르면, 이하의 구절은 플라톤에게는 소크라테스의 죽음을, 키케로에게는 권력을 잡기 위해서 이루어지는 권모술수나 위선을 시사한다.

가 통령이었을 때 당신들이 나를 위해 도움말을 해주어서 누만티아인과의 조약에 관해서 조사했습니다. 퀸투스 폼페이우스가 그 조약을 만들었고 만키누스[44]도 같은 처지에 있었음을 모르는 사람이 누구이겠습니까? 원로원의 조언에 따라서 내가 법을 제안했을 때 가장 선한 자였던 자는 심지어 그 제안을 추천하기도 했으나 다른 사람은 힘껏 자신을 변호했습니다. 만약 수치심·성실·신의를 따진다면 이에 도달한 자는 만키누스이며, 계산·판단력·용의주도함을 따진다면 폼페이우스가 앞설 것입니다.……

19

29   락탄티우스, 『신적 교양』 5.16.5~13: 그때 (카르네아데스는) 공통의 문제를 생략하고 원래의 관심사로 돌아왔다. 그는 말했다.[45] "한 선한 사람이 도망한 노예 또는 건강에 해롭고 병을 일으키는 집을 가지고 있는데 그 결함들을 자신만 알고 있으며 그런 이유로 이를 팔고자 한다면, 도망한 노예나 병이 도는 집을 파는 것이라고 스스로 알릴 것인가, 아니면 구매자에게 이 사실을 숨길 것인가? 만약 알린다면 그는 속이지 않았으므로 참으로 선한 자이지만, 그는 싸게 팔거나 전혀 팔지 못하므로 어리석

---

44) Gaius Hostilius Mancinus는 기원전 135년의 통령으로서 누만티아와 항복조약을 체결했으나, 원로원은 이를 인준하지 않았다. 같은 시기에 필루스는 통령을 지내고 있었으며, 만키누스 문제를 다루었다. 심의위원회를 구성했는데, 여기에는 마닐리우스, 라일리우스, 스키피오가 소속되어 있었다. 퀸투스 폼페이우스(Quintus Pompeius)는 기원전 141년의 총독으로서 같은 일을 당했다. 폼페이우스의 경우에는 원로원이 조약을 무효화했으나, 만키누스의 경우는 통령으로서의 책임을 추궁해 누만티아인들에게 되돌려 보내졌다. 여기서 만키누스가 가장 선한 자라는 표현을 볼 수 있다.

45) 이 부분은 직접 말한 것처럼 표현되었으나, 치글러는 이를 원문처럼 다루고 있지 않다. 이하에 나오는 3가지의 사례는 키케로, 『의무론』 3권, 54; 91; 92에 나온다.

다고 판단될 것이다. 만약 숨긴다면 그는 자기의 이익을 고려했으므로 참으로 지혜로운 자다. 그러나 속였으므로 역시 그는 악한 자다. 반대로 어떤 사람이 금이나 납이나 은인 것을 동광석으로 알고 판다면 그것을 싸게 사기 위해서 침묵을 지킬 것인가, 아니면 그점을 알려서 비싼 값을 치를 것인가? 비싼 값을 치르려는 것은 명백히 어리석은 것으로 보인다." 이러한 말로 미루어 보아 정의롭고 선한 자는 어리석고, 지혜로운 자는 악하다는 사실을 납득시키기를 그가 원한 것으로 보인다. 그래도 가난함에 자족한다면 정의로운 사람이라는 결론이 별 위험 없이 도출될 수 있다고 그는 생각했다.

<h2 style="text-align:center">20</h2>

30 그러자 그는 좀더 큰 문제로 화제를 돌렸다. 이 경우에는 어느 누구도 생명의 위험이 없이 정의로울 수 없는 문제가 제기되었다. 예컨대 그는 다음과 같이 말했다. "사람을 죽이지 않는 것, 남의 것에 절대로 손대지 않는 것은 확실히 정의다. 그렇다면 만약 우연히 배가 난파했을 때, 힘이 약한 사람이 널판을 차지했다면 정의로운 자는 어떻게 할 것인가? 그에게서 널판을 빼앗아서 그 위에 타고 위험에서 벗어나고자 하지 않겠는가? 특히 바다 가운데 아무런 증인도 없는 때에 그러지 않겠는가? 만약 그가 지혜롭다면 그렇게 할 것이다. 만약 그렇게 하지 않으면 그에게는 필경 죽음이 올 것이기 때문이다. 반면 타인에게 폭력을 가하기보다는 차라리 죽기를 원한다면, 그는 바로 정의로운 자이지만 남의 목숨은 아끼고 자신의 것은 아끼지 않는 어리석은 자다. 마찬가지로 전투에서 패배해 적들이 추적하기 시작했을 때 정의로운 자가 말 위에 타고 있는 어떤 부상자를 만났다면, 그에게 관용을 베풀어 스스로 죽음을 당할 것인가, 아니면 그를 말에서 끌어내려 적에게서 스스로 도피할 것인가? 만약 그렇게 한다면 그는 지혜로운 자이지만 악한 자와 동일하며, 만약 그렇게 하지 않는다면 그는

정의로운 자이지만 필연적으로 어리석은 자와 같게 된다."

31   이처럼 그는 정의를 두 부분으로 나누어서 하나는 시민적인 것이요 다른 하나는 자연적인 것이라고 말하면서 두 가지를 다 논파했다. 왜냐하면 하나는 시민적인 지혜이지만 정의는 아니며, 다른 하나는 자연적인 정의이지만 지혜는 아니기 때문이다. 이 주장은 매우 자명하고 설득력이 컸으므로 마르쿠스 툴리우스는 이를 반박할 수 없었다. 이를테면 그는 라일리우스로 하여금 푸리우스에게 답변하면서 정의를 변호하도록 했음에도, 이 함정은 반박하지 못한 채 지나쳤다. 즉 라일리우스는 어리석음이라는 죄에 해당하지 않은 자연적인 정의가 아니라 시민적인 정의를 변호한 것으로 보이는데, 푸리우스는 그것은 지혜이지만 불의라고 단정했다.

   겔리우스, 『아테네의 밤』 1.22.8: 키케로는 『국가론』 제3권에서 쉽사리 간과해서는 안 되는 단어(superesse)를 제시했다. 같은 권에 다음과 같은 단어들이 있다.

<h2 style="text-align:center">21</h2>

32   (필루스): ……라일리우스여, 내가 생각하기에 이 사람들이 원하고 또 내 자신도 우리들의 대화에서 또 다른 부분을 당신이 취급해주기를 바라지 않는 한 이야기를 끊지 않으면 좋겠습니다. 특히 어제 당신 스스로 우리들에게 〔정의가〕 살아남을 것이라고 말했으니 말입니다. 진실로 그런 것은 실제 있을 수 없겠지요. 우리는 모두 당신이 실패하지 않기를 바랍니다.

   노니우스, p. 323, 18; 324, 15: 그러나 우리 젊은 사람들이 그의 말[46]

---

46) 카르네아데스를 지시한다. 누가 이런 식으로 비판하는지는 정확히 알 수

을 귀담아 들을 필요는 없다. 실제로 어떤 사람이 느끼는 대로 말한다면 그는 되먹지 못한 자다. 그러나 만약 그렇지 않다면, 그것은 내가 원하는 바인데, 별로 나쁜 연설이 아니다.

락탄티우스, 『신적 교양』 6.8.6~9: 그러므로 신의 법이 채택되어야 한다. 이 법은 우리들이 이를 향한 길로 가도록 인도하는 것인데, 신성한 법, 즉 하늘의 법이라야 할 것이다. 이 법을 마르쿠스 툴리우스는 『국가론』 제3권에서 거의 신의 음성을 빌려서 묘사했다. 내가 더 이상 언급하지 않고 그의 말을 아래에 제시했다.

22

33　(라일리우스): 실제로 진정한 법[47]은 올바른 이성[48]이며, 자연에 부합하는 것이며, 만민에게 확산되는 것이며, 늘 변함없고, 영구히 지속되는 것입니다. 의무에 대해서는 행하라고 명하면서 부르는 것이며, 속임수에 대해서는 금하면서 하지 않도록 하며, 그렇지만 성실한 자에게는 이유 없이 명하거나 금지하지 않고, 불성실한 자에 대해서는 명하거나 금하면서 움직이지 않게 하지요. 이 법에는 수정되는 것이 허용되지 않으며, 또 이 법으로부터는 어떤 완화도 가해질 수 없

없다.

47) 키케로, 『법률론』 1.18 참조.
48) recta ratio: 이 말은 그리스어의 ὀρθὸς λόγος(바른 말)에 해당한다. 후자의 표현은 헤로도토스(2.17) 이래로 적용되었다. 크리시포스(SVF 3,4)는 공통의 법(κοινὸς νομός)을 '만인에 회자되는 바른 말'(ὀρθὸς λόγος διὰ πάντων ἐρχόμενος)이라고 정의내린 바 있다. 뷔흐너에 따르면 라일리우스는 스토아 철학의 윤리적인 강령이 아니라 로마인의 생활관념을 말하고 있다. 이런 의미에서 올바른 이성이란 해야 할 의무를 하는 것이고 현실의 사술과 간계를 대비하도록 한다는 뜻이다. 여기서 의무(officium)는 속임수(fraus)에 대한 대비로 사용된다.

으며, 더욱이 전부 폐지될 수는 없고, 사실상 원로원이나 인민을 통해서도 이 법의 적용에서 우리가 면제받을 수도 없습니다. 또한 법의 설명자요 해석자로서 섹스투스 아일리우스[49]를 찾아서는 안 되고, 로마와 아테네에서 각각 다른 것도 아니며, 지금도 앞으로도 달라지는 것이 아니라, 모든 민족을 모든 시기에 하나의 영구적이며 불변적인 법이 통제할 것이며, 이는 유일하고도 보편적이어서 만인의 스승이요 사령관인 신과 같습니다. 신이야말로 이 법의 발명자요, 고안자요, 제안자입니다.[50] 여기에 복종하지 않는 자는 스스로 소멸되며, 인간의 본성을 경멸한 자는 바로 그 자체에 의해서, 비록 가해지는 기타의 처벌을 모면한다고 하더라도 그 대가를 가장 큰 벌로 치릅니다.[51]

23

34   아우구스티누스, 『신국론』 22.6: 내가 착각하지 않았다면, 『국가론』 제3권에서 키케로는 다음과 같이 주장했음을 나는 알고 있다. "신의를 위해서 또는 안녕을 위한 것이 아니라면 가장 선한 나라는 아무런 전쟁도 도발하진 않는다." 한편 그가 안녕에 관해 무엇을 말하고 있는지 또는 어떤 안녕으로 이해되기를 원하는지는 다른 곳에서 제시되었다. 그는 말한다. "가장 어리석은 자들도 느낄 처벌인 가난, 추방, 결박, 채찍질로부터 종종 개인은 죽음이 빨리 오게 됨으로써 벗어나는 반면, 개인

---

49) 이 책 123쪽 주 79) 참조.
50) 비슷한 생각이 키케로, 『법률론』 2.10에서 보인다.
51) 라일리우스의 이 대답은 앞서 필루스의 주장, 즉 법은 자연에서 기인한 것이 아니라는 것에 대한 반론으로, 모든 실정법은 올바른 이성이라는 영구한 법에 토대를 두고 있으며, 궁극적으로는 신에서 기인한다는 논리를 제시하고 있다.

을 벌에서 벗어나게 해주는 것으로 보이는 죽음 그 자체가 여러 나라들에게는 벌이다. 왜냐하면 나라는 영구히 지속하도록 이루어졌음이 틀림없기 때문이다. 따라서 죽음이 필요할 뿐 아니라 심지어 종종 소원하는 바이기도 한 개인의 경우와는 달리 국가에는 자연적인 죽음이란 없다. 우리가 큰 것에 작은 것을 비교한다면, 오히려 나라가 파괴되고 멸망해 소멸할 때의 양상은 이 모든 세상이 멸망해서 무너지는 경우와 비슷하다."[52]

35 이시도로스, 『어원』 18.1.2 이하: [전쟁에는 합법적인 것, 불법적인 것, 시민 사이에 발생하는 것, 외국과 치르는 것의 4가지가 있다. 합법적인 전쟁은 공식적으로 선포된 것으로 권리가 있는 재산을 보호하고 침략자를 무찌르기 위해서 하는 것이다. 불법적인 전쟁은 광적인 충동으로 정당한 이유 없이 시작한 전쟁이다.] 이 점에 관해서는 키케로가 『국가론』에서 밝히고 있다. 즉 이유 없이 도발된 전쟁은 불의한 것이다. 이를테면 적들에게 원수를 갚거나 적들을 몰아낸다는 이유를 떠나서는 어떤 정의로운 전쟁도 감행할 수 없다. 그리고 바로 툴리우스는 사소한 것들을 생략하고 다음의 상황을 제시했다. 즉 선전포고나 통보나 밝혀진 이유가 없이는 어떤 전쟁도 정의롭다고 간주되지는 않는다.[53]

---

52) 뷔흐너에 따르면(322쪽), 라일리우스의 반론에서 자연적인 정의에 기초하지 않고, 약점의 산물이거나 유익함 때문에 세워진 국가는 멸망할 수밖에 없다는 의미를 파악할 수 있다. 여기서 로마인과 그리스인의 관점이 다르게 드러난다. 즉 전자는 국가의 멸망을 세계의 멸망과 동일시하면서 비자연적인 것으로 보았는 데 비해서, 후자 그리스인은 플라톤적인 최선의 정체조차도 세속적인 모든 것의 길을 따라가는 것이라고 보았다.

53) 정당한 전쟁에 관한 키케로의 생각은 『의무론』 1.34와 36을 참조. 여기서 전쟁의 문제가 나온 것은 필루스가 로마의 확장, 즉 제국주의가 전쟁을 통해서 이루어졌다고 주장한 것에 대한 반론에서 비롯한다.

노니우스, p. 498, 16: 한편 우리 인민은 동맹국들을 방어함으로써 이제는 모든 땅을 차지하게 되었다.[54]

24

36　아우구스티누스,『신국론』19.21:『국가론』의 같은 권에서 불의에 반하고 정의를 위한 주장이 분명하고 힘차게 그리고 가장 강하게 제기되었다. 그런데 먼저 불의의 부분들을 옹호하기 위해서 정의에 반하는 주장이 제기되었는데, 불의를 통하지 않는다면 국가는 유지될 수도 확장될 수도 없다고 이야기되었다. 만약 인간이 지배하는 인간에게 종속되는 것은 불의한 것이고 큰 국가를 가진 제국적인 나라가 이런 불의를 따르지 않는다면, 그 나라는 속주들에게 명령을 내릴 수도 없다는 주장이 가장 설득력을 지닌 것으로 인정되었다. 정의를 옹호하는 편에서는 다음과 같이 응수했다. 즉 노예제도는 특정한 종류의 사람들에게 유익하기 때문에 타인의 지배를 받는 것은 정의롭다. 또 그것이 올바르게 이루어지는 때, 다시 말해 불성실한 자들에게서 불의하고자 하는 방종이 제거되고 오히려 그들이 길들여져서 행동하게 될 때가 그들의 유익을 위한 것이라고 주장한다. 왜냐하면 길들여지지 않은 상태에서는 더욱 열등하게 처신하기 때문이다. 그리고 그런 생각은 마치 자연에 의해서 취해진 고귀한 모범처럼 확고해진다는 대안이 제시되었다. 그래서 다음과 같이 선언되었다. 〔최선량들에게 지배받는 것은 미천한 자들에게 최고의 유익함으로써 그리고 바로 자연 그 자체에 의해서 인정된 것임을 우리가 깨닫지 못하는가?〕 따라서 왜 신이 인간에게, 정신이 육체에, 이성이 정욕과 〔분노〕 같은

---

54) 이 말은 필루스가 한 것으로 보인다. 그래서 뷔흐너는 이곳이 아니라 24절 뒤에 놓는다. 이 말은 로마가 동맹국을 보호한다는 구실로 세계를 정복한 것이므로, 이것은 정의의 차원이 아니라 책략의 차원에서 보아야 한다는 것으로 이해된다.

정신의 사악한 부분들에게 명령을 내리는가?[55)]

25

37   아우구스티누스, 『율리아누스에 대한 반론』 4.12.61: 그러나 다스리는 것과 종노릇하는 것의 상이한 점들이 인식되어야 한다. 이를테면 정신이 육체에게 명령한다고 이야기되고 심지어 정욕에게도 그러하다고 하나, 육체에 내리는 명령은 왕이 자기의 시민에게 또는 부모가 자식에게 하듯이 이루어지는 데 비해서 정욕에 대해서는 정욕을 제압하고 굴복시키므로 마치 주인이 노예를 부리는 것과 같다. 그래서 왕·사령관·스승·부모·인민의 명령은, 마치 정신이 육체에 앞서듯이, 시민과 동맹국보다 우선하는 데 비해서, 주인들이 노예를 괴롭히는 것은 정신의 최선부분인 지혜가 동일한 정신의 사악하고 연약한 부분인 정욕·분노, 기타 걱정을 굴복시키는 것과 같다.

    노니우스, p. 109, 2: 자신의 권리를 지닐 수 있는 자가 타인의 소유물이 되는 경우 사실상 그것은 불의한 종류의 노예상태다. 한편 그들이 종노릇할 때……

---

55) 이 논리에 따르면, 라일리우스를 통해서 키케로가 주장하고 있는 본성 (natura)의 의미가 분명해진다. 앞에서 필루스가 인간이 다른 인간에게 지배당하는 것이 불의한 것이라고 주장한 데 대해서, 정신이 영혼을 지배하듯이 약자가 강한 자의 지배를 받은 것이 자연스럽고 또한 유익이 된다는 주장을 전개하고 있다. 같은 주장은 아리스토텔레스, 『정치학』 I, 5 1254a 21: "왜냐하면 지배하고 지배받는 것은 강요하는 것일 뿐만 아니라 유익한 것이기 때문이다." 키케로는 이 글을 보지 못하고, 아리스토텔레스의 다른 글을 보았을 것으로 추정된다. 키케로는 지배하는 것이란 본성에 따른 필연적인 것일 뿐 아니라 좋기도 한 것이라는 관념을 집약하고 있다.

26

38 키케로,『최고선악론』2.18.59: 카르네아데스가 말했다. 한 마리의 독사가 보이지 않게 숨어 있고 이를 알지 못하는 어떤 사람이 그 위에 앉고자 하는데, 그의 죽음이 그대에게 장차 이익이 될 것이라는 점을 그대가 알고 있는 경우, 비록 그대가 앉지 말도록 경고하지 않으면 그대가 불성실하게 행동한 것이라고 하더라도 그대는 처벌에서 면제될 것이다. 도대체 그 사실을 그대가 알고 있었다는 점을 누가 입증할 수 있겠는가? 그러나 이는 엄청나게 큰 것이다. 사실 형평과 신의와 정의가 본성에서 생기지 않고, 만약 이 모든 것이 유익함을 위해서 초래되는 경우 선한 자는 전혀 찾아볼 수 없다는 사실을 통찰할 수 있네. 그리고 이런 것들에 관해서는 내가 지은 『국가론』에서 라일리우스를 통해 충분히 언급했다.

키케로,『아티쿠스에게 보내는 서한』10.4.4: 또 우리가 그대 때문에 회상하게 된 것처럼, 저 책에서 우리가 말한 대로 도덕적인 것이 아니면 선한 것이 없고, 추한 것이 아니면 악한 것도 없다는 주장이 옳다면……

27

39 키케로,『아티쿠스에게 보내는 서한』7.2.4: 그대의 어린 딸이 그대를 기쁘고 즐겁게 해주며, 그대에게는 딸을 향한 사랑이 있는데 이는 자연적인 것임이 입증된다. 사실 이것이 없다고 한다면 인간에게는 인간에 대한 자연적인 결합이 전혀 존재하지 않는다. 그런 생의 결합이 파괴되면 사회는 붕괴된다. 카르네아데스는 "잘 되도록 하라"고 말했는데, 이 말은 불순하지만 우리나라 사람인 루키우스와 파트론[56]의 말보다는 더욱 현명한

---

56) Lucius: 누구를 지칭하는지 불명확한데 스미스(Smith)에 따르면, 키케로의 『최고선악론』에서 에피쿠로스의 사상을 대변하는 토르콰투스(Lucius Manlius Torquatus)다.

말이다. 이들은 모든 것의 원인을 자기 탓으로 돌리면서 어떠한 것도 [결코] 타인의 탓이 아니라고 생각했다. 그렇지만 그것으로 인해서 사람은 선하게 되며 악은 지니지 않게 된다고 말하는데, 이는 본성상 옳아서가 아니라 했을 때, 그들은 자신들이 선한 자가 아니라 꾀가 많은 자에 관해서 언급하고 있었음을 이해하지 못하기 때문이다. 그러나 이런 것들은 그대가 칭찬함으로써 나를 고무했던 책에 수록되었다고 나는 생각한다.

프리스키아누스, 8,6,32 Hertz. (ed.) p. 399, 13: 이런 점에서 소요를 일으키고 위험을 초래하는 정의는 현명한 자에게 속하지 않는다는 주장에 나는 동의한다.[57]

28

40   락탄티우스, 『신적 교양』 5,18,4~8: 키케로의 글에서 라일리우스는 정의에 대한 변호자로서 말했다. "명백하게도 덕은 명예[58]를 원한다. 그리고 기타 어떤 이득은 덕에 속하지 않는다." 그것은 명백하다. 그리고 실제로 덕에 가장 잘 부합하는 바이다. 라일리우스여, 이것을 그대는 예견할 수 없었을 것이다. 사실상 성서 중 어느 것도 그대는 알지 못했기 때문

Patron: 유명한 에피쿠로스 학자로 기원전 70~51년 동안 아테네에서 에피쿠로스 학파의 장을 지낸다. 키케로와 친구 사이로 알려져 있다.

57) 이 단편은 정의가 위험하다는 필루스의 반박의 내용을 일부 반영한 것으로 보인다. 이에 대한 키케로의 답변은 『의무론』 3,20,81에서 찾아볼 수 있다. "유익한 것으로 보이는 것은 결코 도덕적으로 악한 것이 될 수 없으며, 도덕적으로 악한 것은 결코 유익한 것으로 보이지 않는다는 사실이다." 다시 말해 라일리우스는 필루스가 지혜와 정의를 구분해서 다룬 것에 반론을 제기하는 것으로 짐작된다.

58) 뷔흐너에 따르면, 명예(honos)는 외적으로 드러난 사회적 인정이다. 로마에서는 덕(virtus)과 명예는 같은 신전에서 모셔진다. 그래서 명예는 덕의 외적인 측면인 것이며 보상으로 생각된다.

이다. 그는 말한다. "정의는 쉽게 받은 것을 가혹하게 회수하지 않는다."59) 그대 자신이 다른 곳에서 말한 것이 무엇보다도 사실이겠는데 만약 그대가 인간에 의해서 덕에 대한 보상이 이루어질 수 있다고 생각한다면 그것은 잘못된 것이다. "당신은 이 사람에게 어떤 재부, 대권, 왕권을 제시하겠는가? 그는 이러한 것들을 인간적인 것이라고 생각하고 자신의 선한 것들을 신적인 것이라고 판단한다." 그러므로 그대 자신이 스스로 모순되는 것들을 이야기하고 잠시 후에 덕에게 부여한 것을 다시 빼앗을 때 라일리우스여, 누가 그대를 지혜로운 자라고 하겠는가? 그러나 진실에 관한 무지가 불분명하고 동요하는 생각을 만들어내기 때문에 이러한 생각을 하게 된 것이 분명하다. 이어서 그대는 무엇을 연결시켰는가? "그러나 만약 은혜를 모르는 모든 사람들이나 시기하는 다수나 적대적인 유력자들이 그들의 선물로써 덕을 빼앗아버린다면……" ──그들의 선물로써 빼앗길 수 있다면 그대가 내세운 덕이란 얼마나 연약하고 공허한 것인지! 만약 그대가 주장하듯이 덕은 자신의 선한 것들을 신적인 것으로 판단한다면, 신에 의해서 덕에 부여된 선한 것들로부터 덕을 빼앗을 힘이 있을 만큼 그렇게 감사할 줄 모르고 그렇게 시기하고 그렇게 강한 자들이 생길 수 있겠는가? ──그는 말한다. "덕은 많은 위안으로써 자신을 즐겁게 하지 않는다. 무엇보다도 자신의 적합함60)에 의해서 스스로를 지탱한다."

---

59) 이 구절에서 국가는 채무자, 덕은 채권자처럼 묘사된다. 즉 국가가 받은 혜택에 대해서 덕을 지닌 사람은 대가를 치를 것을 철저하게 요구하지 않는다는 뜻으로 이해된다.

60) decorum: 분수와 상황에 맞는 것을 지시한다. 여기서는 도덕성을 의미하는 honestum과 같은 의미로 보인다. 이에 관해서는 키케로, 『의무론』1.94~100을 보라.

아우구스티누스, 『신국론』 22.4: 그러나 자명하게도 학자와 지혜로운 자는 그런 권위의 힘에 대항해 …… 육체들의 부활에 반대해 스스로 날카롭게 논증하면서 키케로가 『국가론』 제3권에 기록한 바를 언급하는 것을 본다. 이를테면 헤라클레스와 로물루스가 인간으로서 신이 되었다고 사람들이 주장할 때, 키케로는 "그들의 육체가 하늘로 올려진 것이 아니며 사실상 땅으로부터 나온 것이 땅 이외의 곳에 머물러 있다는 것이 자연에는 발견되지 않는다"라고 말한다.

노니우스, p. 125, 18: 힘과 활동력과 인내의 면에서 결코 강한 자들이 아닌……

노니우스, p. 132, 17: 피로스[61]의 호방함은 파브리키우스[62]에게 없었고 삼니움인의 부유함이 쿠리우스[63]에게는 분명히 없었다.[64]

---

61) Pyrrhos: 에페이로스의 왕이다. 기원전 280년에 타렌툼의 초빙으로 로마로 원정해 로마와 전쟁을 벌였다. 첫 번째 전투에서는 승리했으나 많은 사상자를 냈고 이에 로마와 강화하고자 했으나 거부당한다. 기원전 274년에는 로마의 쿠리우스 장군이 거느리는 군대와 접전해 대패한다. 철수한 이후에 아르고스와 싸우다가 노파가 던진 기와에 맞아서 낙마해 죽었다. 피로스는 장군으로서 찬사를 받는다. 피로스도 로마인의 용맹함에 놀라 자기가 로마군을 지휘한다면 정복되지 않을 나라가 없을 것이라는 말을 남겼다.

62) Gaius Fabricius Luscinus: 기원전 282, 278년에 통령, 기원전 275년에 호구조사관을 지냈다. 삼니움과 루카니아에 대해서 여러 차례 승리를 거둔다. 전쟁에서 거둔 전리품은 병사들에게 나누어주고 국고에 400탈란톤을 전입시켰으나 자신은 하나도 가지지 않고 가난하게 살았다. 피로스 왕에게 사절로 파견되어 왕의 선물을 거부했고, 전쟁 중에 피로스 왕을 독살시키는 조건으로 돈을 요구한 의사가 있었음을 알려주어 왕을 놀라게 했다. 원로원 의원인 루피니우스의 집에 10파운드가 넘는 은접시가 있다고 해 그를 원로원에서 축출한다.

63) Curius: 이 책 3권 각주 8) 참조.

64) 라일리우스의 반론은 논리가 아니라 로마사에 나오는 사례를 들어 전개된다.

노니우스, p. 522, 26: 우리의 저 카토[65]에게서 우리가 직접 들은 바에 따르면, 사비니에 있는 자기 집에 왔을 때 난로를 보곤 했는데, 그는 그곳에 앉아서 한때는 적이었으나 이제는 자신의 피호민인 삼니움 사람들의 선물을 되돌려주었다.

〔사분철 XL이 시작됨.〕

29

41　(라일리우스): [66]……아시아[67]에서 그러했던 것처럼, 티베리우스 그라쿠스는 시민의 문제에만 집착했고 동맹국과 라틴인의 권리와 조약을 무시했소.[68] 만약 그러한 관습과 방종이 다 남아서 널리 확산되기 시작하고, 우리 대권이 법에서 폭력으로 바뀌어, 이제까지 자발적으로 우리에게 복종했던 자들이 공포에 의해서 유지된다면, 현재에는 우리가 살아서 관심을 기울이겠지만, 우리의 후손과 국가의 불

---

65) Cato ille noster: 키케로가 카토에 대해서 지니고 있는 존경심을 잘 보여주는 표현이다. 이하의 표현에서 피정복된 사람에 대해 정복자가 보호자가 되는 로마의 관행을 볼 수 있다.

66) 이하 라일리우스의 결론이 나온다. 로마가 법을 준수하고, 도덕을 지닌 통치자가 지배하는 한 로마는 영원할 것이라는 내용이다.

67) 이 단편에서 나오는 아시아는 티베리우스 그라쿠스의 정책에서 매우 중요한 자금원이 되었다. 그라쿠스의 농지분배 법안을 시행하기 위한 자원이었을 뿐 아니라 이곳에 이해관계를 지니고 있던 기사 신분의 지지를 얻기 위한 초석이기도 했다. 이 지역에 있는 아탈로스 왕국에 대한 관할권을 유증으로 받은 그라쿠스는 이곳의 수입을 자신의 정책수행에 사용해, 전통적으로 재정에 관한 원로원의 권한을 침해한다. 자세한 내용은 허승일, 『증보 로마공화정 연구』, 45~255쪽을 보고, 유증문제는 220쪽을 참조.

68) 동맹국에 대한 로마법의 적용에 관해서는 허승일, 『로마사입문: 공화정편』 51~55쪽을 참조. 일반적으로 그라쿠스 형제의 농지법이 시행되면서, 이들이 로마 공유지에 대해서 지니고 있던 점유권이 박탈된 것으로 보고 있다.

멸성에 관해서는 염려하는 바이오. 국가란 선조들의 제도와 관습을 추종해 살아간다면 영구히 지속될 수 있을 거요."

30

42 라일리우스가 이 말을 마치자 참석한 모든 사람들이 그가 자신들을 매우 기쁘게 해주었음을 표시했고 특히 스키피오는 어떤 만족함으로 인해서 흥분한 것 같았다.

그가 말한다. "라일리우스여, 실로 당신은 많은 소송에서 변호한 적이 있으므로, 살아 있었더라면 당신이 어떤 사람보다도 낮게 여겼을 우리들의 동료인 세르비우스 갈바[69]뿐만 아니라 어떤 아테네인 연설가[70]도 매력이라는 면에서 당신과……"

〔사분철 XL의 내지 여섯 장이 빠짐.〕

노니우스, p. 262, 24: 그는 스스로 두 가지의 것, 즉 자신감과 목소리가 결여되었으므로 군중에게 그리고 광장에서 좀더 적게 말하게 되었다.

『유베날레스의 풍자시에 대한 주석』6, 486: 그것(팔라리스의 황소)에 관해서 키케로가 말하길, 갇힌 자들의 신음에 황소가 울었도다.

---

69) Servius Galba: 기원전 144년의 통령이다. 키케로는 『브루투스』89에서 라일리우스에게는 연설의 정밀함(elegantia)이 있고, 갈바에게는 청중을 움직이는 힘(vis)이 있다고 기술한다.
70) 이는 이소크라테스를 지칭하는 것으로 간주된다.

31

43　(스키피오): [71]……보고했습니다.[72] 그러므로 한 사람의 잔인함에 의해서 전체가 억압받고, 또 하나의 법적인 유대나 합의나 계약된 결속, 즉 인민이 존재하지 않을 때에 누가 그것을 인민의 것, 즉 국가[73]라고 하겠습니까? 게다가 그것은 바로 시라쿠사이인에게 해당합니다. 티마이오스[74]에 따르면 저 훌륭한 도시는 그리스 도시 중에서 최대이며 가장 아름다웠다고 합니다. 볼 만한 가치가 있는 산채, 언제나 성채의 들어간 곳에 있으며 도시의 제방에 면해 펼쳐진 항구들·대로·회랑·신전·성벽이 있었건만, 디오니시오스가 저것을 국가라고 했을 때, 그보다 더 훌륭한 것은 전혀 이루지 못했습니다. 왜냐하면 인민의 것이란 부재했고 오히려 인민 그 자체가 한 사람의 것이었기 때문입니다. 그러므로 참주가 있는 이곳에, 어제 내가 말한 대로[75] 나쁘지 않습니다만, 이제 이성에 따르자면 명백하게도 아무런 국가가 존재하지 않는다고 말해야만 합니다.

32

44　"참으로 당신은 훌륭하게 말하고 있소. 나는 설명이 계속되기를 바

---

71) 이하는 스키피오가 내리는 결론에 해당한다. 그의 핵심적인 주장은 국가란 정의에 입각한 것이고, 법에 대한 합의가 있어야 한다는 것으로 요약된다.

72) 보고의 내용은 시칠리아 섬에 있는 아그리겐툼의 참주 팔라리스의 기사로 짐작된다. 위에 있는 내용과 관련 있는 것으로 보이며, 스키피오가 말하려는 것은 타락한 국가는 국가가 아니라는 점이다.

73) 이 정의에서 로마인의 국가관을 집약해볼 수 있다. 한편으로 국가의 공공성과 다른 한편으로 법과 용익에 대한 인민의 참여가 국가의 본질인 것이다.

74) Timaeos of Tauromenium(기원전 356~260): 시칠리아의 역사와 피루스 전쟁을 저술했다. 키케로는『연설가론』2.58에서 티마이오스가 많은 자료를 가지고 정확하게 기술한 것으로 말하면서 대중연설의 경험은 없는 것으로 묘사한다.

75) 이 책 1.28.44 참조.

라오"라고 라일리우스(가 말한다.)

(스키피오): 그렇다면, 모든 것이 도당의 권력 아래 있는 것은 국가라고 부를 수 없다고 당신은 파악하고 있지요?

(라일리우스): 나는 아주 분명하다고 판단하오.

(스키피오): 당신은 사실상 가장 올바르게 판단하고 있습니다. 이를테면 펠로폰네소스 대전 이후에 30명의 인사들이 가장 불의하게 도시를 장악했을 때[76] 아테네인의 국가는 어떠했을까요? 나라의 낡은 영광이나 성채 또는 극장의 훌륭한 외관, 체육장들, 회랑이나 유명한 아크로폴리스 관문,[77] 또는 산채,[78] 또는 페이디아스[79]의 경이로운 작품들, 또는 저 웅대한 페이라이에우스 항구가 국가를 만들어냈다고 하는 것이 맞겠습니까?

라일리우스(가 말한다.) "그렇게 될 가능성은 거의 없소. 왜냐하면 그것은 인민의 것이 아니었기 때문이오."

(스키피오): 다음의 예는 어떻습니까? 로마에서 민회상고 면제특권을 지닌 10인위원회가 3년째 되던 해에 자유 그 자체가 보증인을 잃

---

76) 기원전 404년 크리티아스와 테라메네스가 연합해 민주파를 억누른 정변이다. 흔히 30인 참주정이라고 하는데, 과두주의자들의 반동으로 이해된다. 이 기간에 1500명의 반대자가 처형되었다.

77) 프로필라이아(Propylaea): 이것이 건립된 시기는 기원전 437~432년으로 알려져 있다. 원래 이 말은 신전으로 들어가는 입구를 지칭하는데, 이후 신전 건립에서 모범이 되었다. 도리스식 기둥이 2줄로 6개씩 놓여 있고, 가운데 통로가 가장 넓었는데, 이곳을 통해 희생물을 통과시켰다.

78) 아륵스(Arx): 아크로폴리스(Acropolis)를 말한다.

79) Pheidias: 페리클레스 시대 때 아테네의 유명한 조각가다. 아테네 여신상과 제우스상이 걸작으로 뽑히고 파르테논 신전도 그의 작품이라고 한다. 기원전 432년경에 사망한 것으로 보았으나, 최근 올림피아에 있는 공방에서 그의 서명이 든 도자기가 발견됨으로써, 이곳에서 작품을 만들면서 노후를 보낸 것으로 추측한다.

었을 때 말입니다.

(라일리우스): 그것은 인민의 것이 결코 아닙니다. 오히려 인민은 자신의 것을 회복하기 위해서 움직였습니다.

33

45 (스키피오): 이제 세 번째 종류의 국가로 화제를 바꾸겠습니다. 이 경우에도 아마 결점이 있을 것으로 보입니다. 인민에 의해서 이끌어지고 또 인민의 권한 속에 모든 것이 있다고 할 때, 또 대중[80]이 원하는 개인에 대해서 처벌을 가할 때, 대중이 원하는 것을 이끌고 탈취하고 유지하며 해산시킬 때, 사실상 우리가 국가는 인민의 것이라고 생각했듯이 모든 것이 인민에게 속해 있을 때, 라일리우스여, 당신은 그것이 국가라는 것을 부정할 수 없겠습니까?

그러자 라일리우스: 모든 것이 대중의 권한에 있는 것보다 국가가 아니라고 부정함에서 내가 더 빠르게 할 것은 없을 것이오. 부연하면 우리에게서 시라쿠사이인에게 국가가 있었다는 것이 가당치 않고, 또 참주가 있었을 때의 아그리겐툼[81]과 아테네에서 그러하며, 우리나라에서 10인이 지배할 때가 그러하건대, 어떻게 대중이 주인노릇하는 상태[82] 속에 국가라는 이름이 생기는지 나는 알지 못하겠오. 왜냐하면 우선 스키피오 당신이 가장 잘 정의했듯이 법에 대한 합의로 억제되지 않은 자들은 인민이 아니기 때문이오. 오히려 인민이 한

---

80) multitido: 뷔흐너(338쪽)에 따르면 이 단어는 다수(Mehrheit)의 의미를 지닌다.

81) Agrigentum: 시칠리아 섬에 있던 도시다. 로도스인이나 이오니아인의 식민도시로 출발했다. 전성기에는 인구가 20만이 있었고 사치스러운 생활을 한 것으로 유명하다. 처음에는 왕정이었으나 민주정으로 넘어갔고 시라쿠사이와 카르타고에 예속되기도 했다. 팔라리스가 권력을 찬탈했다.

82) Multitudinis dominatu: 여기서 대중의 지배를 전제정으로 묘사하고 있다.

명의 사람처럼 모일 때는 참주나 다름없는데, 이 경우가 더욱 무서운
법이지요. 왜냐하면 인민의 모습과 이름을 흉내 낸 것보다 더 잔인한
짐승은 없기 때문입니다. 그리고 정신이상자들의 재산이 법률에 의
해서 부계친족들의 권한에 놓여 있을 때는 그들이 ⋯⋯[83] 하기 때문
에 ⋯⋯ 참으로 ⋯⋯하게 되지 않습니다.

34

46　(스키피오): ⋯⋯왕정에 관해 이야기된 것이 왜 국가나 인민의 것에
관련되는지 설명할 수 있습니다.

품미우스가 말한다. "그리고 심지어 더 크게 말할 수 있습니다. 구
체적으로 왕인 경우에는 한 사람이므로 주인과 유사한 것이 발생합
니다. 그 국가에서는 진실로 여러 선한 사람들이 국가의 여러 업무를
관장하는데, 이보다 더 바람직한 것이 있을 수 없습니다. 그러나 그
렇다고 하더라도 나는 자유로운 인민보다는 오히려 왕정을 원합니
다. 왜냐하면 여러분에게 국가 중 최악의 종류는 세 번째의 것이기
때문입니다."

35

47　이 말에 대해서 스키피오가 말한다. "스푸리우스여, 나는 그대의
성격이 인민 체제에 적대적임을 알고 있소. 그렇지만 비록 그대가 인
내했던 것보다 더 완화된 정도로 견딜 수 있다고 하더라도, 이 세 가
지 중에서 어느 것도 덜 인정되는 것이 없다는 생각에 나는 동의하고
있습니다. 그러므로 최선량들이 의로운 왕에 우선한다는 주장에 나

---

83) 뷔흐너는 이 부분을 "그들의 정신이 통치하는 데에 적합하지 않으므로"(339
　　쪽)로 보충한다.

는 찬성하지 않습니다. 중요한 점은 국가를 조정해나가는 것이 지혜라는 사실인데, 이것이 한 사람에게 있습니까, 아니면 여러 사람에게 있습니까? 그런데 우리는 어떤 착오에 의해서 속아 다음과 같이 주장하게 됩니다. 즉 최선량들이라고 불릴 때 어느 것도 그보다 더 우선할 수 있는 것으로 보이지 않는다는 것입니다. 사실 최선보다 더 나은 자라고 생각되는 것이 무엇이겠습니까? 한편 왕에 관해서 말하자면, 심지어 정신적으로 불의한 왕이 생기기도 합니다. 지금 우리가 왕에 의해서 통치되는 나라에 관해 연구하고 있으므로 불의한 왕에 관해서는 말하지 않겠습니다. 그러므로 로물루스나 폼필리우스나 툴리우스를 왕으로 생각해보시오. 아마도 그런 유형의 국가는 그대를 그처럼 실망시키지 않을 것이오."

48　(뭄미우스): 그렇다면 인민에 의한 국가에 관해서 당신은 어떤 찬사를 남겨놓았습니까?

(스키피오): 그대는 어떻게 생각하시오? 스푸리우스여, 최근에 우리가 함께 가 있던[84] 로도스인의 국가는 당신에게 결국 아무것도 아닌 것으로 여겨졌나요?

(뭄미우스): 내게도 사실상 국가로 보였습니다. 그리고 비난할 만한 점도 전혀 없었습니다.

(스키피오): 당신은 옳은 말을 하고 있소. 당신도 기억하고 있겠지만, 모든 사람이 동일하게 평민이었다가 어떤 때는 원로원 의원이었으며, 교대로 순번에 따라 몇 달 동안은 사람들이 평민의 의무를 수행하고 몇 달 동안은 원로원 의원의 임무를 수행했지요. 그리고 어

---

84) 기원전 141~139년에 동방시찰에 나섰는데, 이때 참여한 사람들은 스키피오 말고도 메텔루스 칼부스, 스푸리우스 뭄미우스였다. 이때 파나이티오스를 동반했다.

떤 경우든 사람들은 참여수당⁸⁵⁾을 수령했고, 집회장이나 원로원 의사당에서 중범죄 재판 또는 기타 모든 소송에 대한 판결을 내렸지요. 〔원로원은〕 그 같은 일을 할 수 있었고, 군중의 수만큼 많았습니다. ......⁸⁶⁾

〔이 다음에 이어지는 사분철은 거의 40장에 이르지만 단지 2장만 잔존함.〕

〔제3권의 일부로 추정되나 위치가 확인되지 않는 단편.〕

노니우스 p. 301, 5: 그러므로 개인에게는 어떤 무질서한 것이 있다. 왜냐하면 쾌락으로 즐거워하거나 고뇌로 인해서 좌절하기 때문이다.

노니우스 p. 364, 7: 그러나 그들 자신이 그러하듯 …… 또는 만약 그들이 정신을 잃는다면 …… 사람들은 무엇이 생길 것인지를 알고 있다.

노니우스 p. 431, 11: 최초로 페니키아인들이 자신의 상술과 상품을 통해 탐욕과 사치와 만물에 대한 만족되지 않는 욕망을 그리스에 도입했다.

---

85) conventicium: 민회에 참여하는 자에게 주는 수당을 말하는데, 이 단어는 이 책의 팔림프세스트에서 처음 나오는 것이다.

86) 여기서는 1권 42의 내용과 관련해 가장 잘 이루어진 민주정치의 예를 지시한다. 1권 47에는 로도스의 민주정치를 아테네의 것보다 더 우선 제시하는데, 전자의 것은 여기에 설명되고 있는 것처럼 일종의 순환 근무제를 보여주고 있다. 진정한 민주국가는 모든 시민이 공직에 나아가는 데 같은 권리를 가져야 한다는 의미를 읽을 수 있다.

『유베날리스의 풍자에 관한 주석』 10.362: 저 사르다나팔루스[87]는 도덕적 결함에서 그 이름보다 훨씬 더 흉했다.

프리스키아누스, 6.13.70 p. 255, 9 Herz: 어떤 사람이 아토스 산[88]을 통째로 기념을 하고자 만들어 내는 경우가 아니라면, 사실상 누가 거대한 아토스나 올림포스이겠는가?

아우구스티누스, 『신국론』 2.21: 키케로는 화자인 스키피오를 통해서 심지어는 자신이 수집한 많은 증거를 지니고서 또는 같은 토론에서 참여해 말한 자들의 의견을 통해서 국가란 무엇이어야 하며, 인민이란 무엇이어야 하는지를 간략히 제시했다. 나는 이 입장에서 키케로가 정의내린 바에 따라서 결코 진정한 정의가 있지 않았으므로 그 나라는 결코 국가가 아니었다는 점을 제시하고자 한다. 한편 좀더 설득력 있는 정의에 따르면 나름의 어떤 양식에 근거한 국가가 있었는데, 이는 후대의 로마인에 의해서라기보다는 옛날의 로마인에 의해서 경영된 것이다.

---

87) Sardanapalus: 아시리아의 마지막 왕으로, 사치한 것으로 유명하다. 대부분의 시간을 환관의 무리와 함께 보냈고 대개는 여자 복장을 한 채 후궁들 속에 있으면서 방적해 소일했다. 기원전 820년에 반란이 일어나서 패하게 되자 환관, 후궁과 함께 분신했다고 한다.

88) Athos: 마케도니아에 있는 산으로 현재는 몬테 산토(Monte Santo)로 불린다. 크세르크세스가 이 산의 하단부에 수로를 파서 2척의 배가 지날 수 있도록 했다고 전한다. 본문과 관련되는 것은 알렉산드로스에게 디노크라테스라는 조각가가 제안한 것이다. 그는 아토스 산을 알렉산드로스의 형상대로 깎아서 왼손에는 도시를, 오른쪽에는 물을 담은 분지를 만들자고 했으나 알렉산드로스가 이를 거절했다 한다.

제4권[1]

1

1 락탄티우스, 『신의 작품에 관해』 1.11~13: 그럼에도 육체와 정신에 관한 언급이 되었으므로, 나는 양자의 관계[2)]에 대해 나의 빈약한 지력이 도달하는 한도까지 설명해보고자 한다. 왜냐하면 나는 무엇보다도 이 근거로부터 의무를 떠맡게 되는 것이라고 생각하기 때문이다. 또 재능이 뛰어난 마르쿠스 툴리우스가 『국가론』 제4권에서 설명하려 했을 때 중요한 사항들을 경솔하게 제외한 채 널리 알려져 있는 그 문제를 좁은 한계 내에 제한했기 때문이기도 하다. 게다가 그는 왜 그러한 논제를 추구하지 않았는지에 관해서 아무런 변명도 하지 않으려고 스스로 "나에게는 하고자 하는 의도도 관심도 없지 않았다"고 밝힌 바 있다. 그는 『법률론』 제1권에서 같은 부류의 문제를 취급하면서 다음과 같이 말했다. "내게

---

2) 앞 권에서 일부 언급된 정신과 육체의 지배관계를 다룬 것으로 보인다. 비교해 볼 만한 구절은 살루스티우스, 『카틸리나의 음모』 1.2의 내용이다. "그러나 우리의 모든 힘은 정신과 육체에 놓여 있다. 우리는 정신의 지배, 육체의 종속을 더 크게 이용한다. 우리 인간에게 전자는 신들과, 후자는 짐승들과 공통된 부분이다."

는 당신들이 읽은 저 책들에서 이 논제를 스키피오가 충분히 밝혔다고 보인다."

노니우스, p. 500, 9: 또한 미래를 예견하는 마음 그 자체는 지나간 것들을 기억한다.

락탄티우스, 『신적 교양』 5.11.2: 사실 인간의 마음을 가질지라도 어떤 동물의 형상으로 변화되기보다는 차라리 죽기를 원하지 않을 사람이 없다면, 인간의 형상을 한 채 야비한 정신을 가지는 것이 얼마나 더 비참한지! 정신이 육체보다 더욱 뛰어난 만큼 나는 그렇게 생각한다.[3]

아우구스티누스, 『율리아누스에 대한 반론』 4.12.59: 결국 (스토아 학자들은), 당신이 하는 것처럼 인간들에게 있는 욕정보다는 차라리 가축들에게 있는 욕정을 찬양하기로 선택했다. 실제 툴리우스는 어떤 곳에서 그들의 의견에 부합해 말하기를, "나 스스로는 숫양의 좋은 것과 푸블리우스 아프리카누스의 좋은 것이 동일하다고 생각하지 않는다"고 했다.

노니우스, p. 234, 14: 마침내 그것은 상호간섭에 의해서 낮의 수에 일치하며 또 노동의 휴식에 적당한 그늘과 밤을 만들어낸다.

노니우스, p. 343, 20: 언제나 가을에는 땅이 씨앗을 받아들이기 위해서 열려 있었으며, 겨울에는 열매를 맺기 위해서 부드러워졌고, 여

---

3) 이 구절은 이 책 제3권에서 발췌했을 것으로 보는 학자들도 있다.

름에는 숙성함으로써 어떤 때는 과실을 많이 맺게 하고 어떤 때는 건조시켰다.

노니우스, p. 159, 16: 목자들을 가축[4] 돌보는 일에 부릴 때에

2

2   (스키피오) "……호의를[5] ……할당된 신분들, 연령에 따른 구분들,[6] 등급들,[7] 원로원의 투표권도 포함하는 저 기사신분이 이제 어리석게 이 유익함을 욕구하는 자들에 의해서 엄청나게 파괴되었습니다. 이들은 말을 반환하라는 어떤 평민결의[8]에 의해 새로운 인기전술[9]을 추구했습니다."

---

4) 가축을 표현한 'pecuda'라는 말에 근거해 이 자리에 놓인다. 『법률론』 1.25 '인간의 용익을 위한 가축'이라는 말과 관련해 인간의 육체와 정신에 관해 논하는 것으로 간주된다.

5) 이 결루된 부분은 '개인들의 호의를 줄이기 위해서', 즉 유력자들의 영향력을 줄이기 위해서라는 의미로 해석한다.

6) 이 책 184쪽 주 61) 참조.

7) classes: 보병 5등급과 무장의 관계는 기원전 4세기 중엽경에 확립된다. 이에 따르면, 1등급은 둥근방패(청동제), 청동투구, 흉갑, 정강이 받침, 찌르기창과 검을 갖추어야 하며, 2등급은 직사각형 방패(목제), 청동투구, 정강이 받침, 창과 검, 3등급은 직사각형 방패(목제), 청동투구, 창과 검, 4등급은 직사각형 방패(목제), 창과 검, 5등급은 투창과 투석기를 마련해서 출전한다. 이후 재산자격은 달라졌어도 편성원리는 기원전 107년 마리우스의 병제개혁까지는 그대로 유지되었다.

8) 기원전 133년에 티베리우스 그라쿠스가 제정한 공마반환법을 말한다. 이로써 원로원 신분과 기사 신분으로 지배층이 이원화되었으며 키케로는 이 조치를 국가에 가장 해로운 제도라고 평가한 바 있다.

9) largitio: 원래는 후하게 베푼다는 의미인데, 자신의 가산을 털어서 정치적인 지지를 얻은 이 행위는 당시 일반적인 관행이었다. 키케로는 이를 비난하고 있다. 『의무론』 2.52.

3

3 "이제 여러분은 시민들이 행복하고 도덕적으로 선하게 사는 저 사회를 위해 얼마나 지혜롭게 그밖의 조직들이 마련되었는지를 고려해보십시오. 사실상 그것이 단합의 첫째 이유[10]입니다. 그리고 인간들을 위해서 그것은 국가로부터 어떤 때는 제도를 통해, 어떤 때는 법률을 통해 생성됨이 틀림없을 것입니다. 우선 자유인들을 위한 소년교육이 있는데, 이 점에 관해서 그리스인들은 매우 헛되게 근심했지요. 이와 관련해 우리들의 손님인 폴리비오스[11]는 제도에 대한 우리의 무관심을 비난한 바 있는데, 사람들은 그것이 확실한 것도 아니며, 법으로 정해진 것도 아니며, 공식적으로 제시된 것도 아니고, 하나로서 모든 사람에게 속하는 것도 아니라고 생각했습니다.[12] 이를테면 ……"

〔이 사분철에서 내지 2 또는 4장이 빠진 것으로 보임.〕

세르비우스, 『베르길리우스의 아이네이스에 관한 주석』 5,546: 군대에 나가는 자들에게 돌보아주는 사람을 제공하는 것이 관례다. 병사들은 처음 1년간 이들의 지도를 받는다.[13]

---

10) 이 책 1권 39의 내용 참조. 같은 문구는 아리스토텔레스, 『정치학』 1252 b에 나온다. "더 많은 촌락들의 모임이 궁극적인 폴리스인데, 이 모두는 말 그대로 자급자족이라는 목적을 지니고 있습니다. 하지만 그것은 단지 생활을 위해서 있는 게 아니라 좋은 삶을 위해서 있는 것이지요."
11) 아밀리아누스 파울루스의 집에서 스키피오 아이밀리아누스와 함께 있었다.
12) 로마에서는 정해진 내용을 가르치는 교육이 없었다. 단지 처음에는 모친이, 후에는 가장인 부친이 자녀의 교육을 담당한다.
13) 즉 복무 첫해에는 고참병에게서 지도를 받는다는 의미로 해석된다. 아테네에서는 이처럼 복무 첫해에 교육받고 둘째 해에 복무하는 것은 없었던 것으로 알려진다.

노니우스, p. 20, 12: 소년들이 탈취하고 훔치는 것을 배우는 스파르타처럼만 아니라

세르비우스, 『베르길리우스의 아이네이스에 관한 주석』 10.325: 크레타인에 관해 우리는 그들이 소년들에 대한 사랑을 절제하지 못했음을 알고 있다. 후에 이것이 라코니아인에게 그리고 전체 그리스로 전파되었으므로 심지어 키케로도 『국가론』에서 "만약 애인이 없다면[14] 그것이 장년들[15]에게는 불명예스러운 것이었다"[16]라고 말했다.

<h2 style="text-align:center">4</h2>

4 (스키피오): ……소년이 나체가 되고[17] ……그래서 마치 어떤 수치심의 원천처럼 깊이 되풀이됩니다. 사실 청년[18]에게는 학교에서의 훈련이 얼마나 무가치한지! 청소년들[19]의 군복무가 얼마나 하찮은지! 접촉[20]과 사랑이 얼마나 거리낌 없고 자유로운지! 엘리스인과 테바이인은 생략하겠는데, 이들에게는 자유인들 사이의 사랑에서

---

14) 이 구절은 고대 그리스, 특히 스파르타나 크레타에서 기원전 4세기 말까지 유행했던 동성연애를 시사한다.

15) Adulescentes의 번역어로 33세 이상이다.

16) 이 말은 키케로가 했다기보다는 당시에 일반적으로 퍼져 있던 말을 키케로가 인용한 것으로 보인다. 이런 소년애나 동성애는 로마에서는 수치스러운 행위였다.

17) 관련 있는 구절은 키케로, 『의무론』 1.129: "우리의 관습에 따르면 다 자란 아이들이 부모와 사위가 장인과 목욕하지 않는다. 그러므로 이런 종류의 수치심은 지켜야 할 것이다."

18) Iuventus의 번역어로 20~40세에 해당한다.

19) Ephebos의 번역어로 18~20세에 해당한다. 아테네에서 군역을 지는 나이다.

20) contrectatio: 키케로는 이 말을 성적인 의미로 사용한 것이 아니라 결투하면서 있게 되는 신체적 접촉을 의미하는 말로 사용한다.

욕정이 인가되어 구속받지 않는 방종을 지니고 있습니다. 라케다이몬인은 젊은이들[21]의 사랑에서 불명예스러운 것을 제외하고는 무엇이나 허용하는데, 그들이 제외하는 것을 실로 낮은 벽으로 나누어놓은 것에 불과합니다. 왜냐하면 외투를 가운데에 놓은 상태에서는 껴안고 함께 자는 것을 허용하기 때문입니다.

라일리우스: 스키피오여, 확실히 나는 그대가 특히 ……할 때, 그대가 언급하지 않은 플라톤보다는 그대가 비난한 그리스의 교육에서 가장 유명한 인민들과 차라리 겨뤄보고자 하는 것임을 알겠소. ……

5

5   락탄티우스, 『신적 교양 강요』 33(38).1~5: 이 사람(소크라테스)의 제자이며 툴리우스가 철학자들의 신으로 부르고 있는 플라톤은 모든 사람 중에서 진리에 더욱 가깝게 접근하고자 철학에 몰두한 유일한 사람이다. 그럼에도 그는 신에 무지했기 때문에 어느 누구도 그보다 더 잘못할 수 없을 정도로 많은 점에서 실수를 범했다. 특히 정치에 관한 책들에서 모든 것을 모든 사람이 공유할 것을 주장한 점에서 그러하다. 가산에 관해서 (그가 말한 것은) 불의하나 이는 오히려 참을 만하다. 왜냐하면 어떤 사람이 자신의 근면함으로 인해서 더 많이 가진다고 하더라도 그것이 다른 사람들에게 불리하지 않고, 자신의 잘못으로 인해서 더 적게 가진다고 하더라도 다른 사람에게 유리하지 않기 때문이다. 이런 것은 이미 말했듯이 어떻게든 참을 만한 것이다. 심지어 배우자, 자식들도 공유되지 않는가? 혈연의 구분도, 어떤 씨족도, 가족이나 혈족이나 친족도 없고 오히려 가축의 무리에서처럼 모든 것이 혼합되고 구별되지 않을 것인가? 남자들에게는 어떠한 자제심도 없고 여자들에게는 아무런 정숙함도 없을 것인가? 그들

---

21) Iuvenis의 번역어로 20~40세에 해당한다.

속에는 확실하거나 고유한 마음이 없는데 남녀 사이에 어떤 혼인과 관련한 사랑이 있을 수 있겠는가? 자기가 누구에게서 태어났는지 모르는데 누가 친아버지에 대한 정을 지니겠는가? 남의 자식으로 생각되는 아들을 누가 사랑하겠는가? 왜 여자들에게 원로원을 돌려주고 군사권 정무관직 대권을 포기하지 않겠는가? 남자들의 의무를 여자들이 차지할 도시의 불행이 얼마나 클 것인지!

노니우스, p. 362, 11: 심지어 우리의[22] 플라톤은 리쿠르고스보다 더 한데, 그는 어느 시민도 나름의 것이나 자신의 것을 주장할 수 없도록 모든 것이 철저히 공유되어야 한다고 명한다.

노니우스, p. 308, 38: 그(플라톤)가 자신을 위해서 고안해낸 저 도시[23]에서 화관으로 둘러싸이고 향기가 배어 있는 호메로스를 축출했던 것과 같은 이유로 나도 그렇게 할 것이다.

6

6 노니우스, p. 24, 5: 호구조사관의 판결은 수치심이 아니라면 유죄선고를 받은 자에게는 거의 아무것도 부과하지 않는다. 그처럼 모든 판결행위는 오직 이름에만 관련되므로 처벌은 바로 불명예라고 이

---

22) noster: 이런 표현을 쓴 것으로 보아 스키피오의 말로 추정된다. 공유제에 관한 주장은 플라톤, 『국가』 416 d에 나온다.

23) 플라톤의 이상국가를 지시한다. 이와 관련되는 구절은 플라톤, 『국가』 398 a: "머리에 향을 뿌리고 양털로 둘러싸서 다른 도시로 보냅니다." 뷔흐너(371쪽)에 따르면, 스키피오가 플라톤처럼 한다면서 호메로스 같은 시인이 아니라 국가의 정서를 손상시키는 서정시인들을 축출하겠다는 생각을 표현한 것으로 이해한다. 마이도 이 단편이 왜 이 자리에 있어야 하는지 모르겠다고 말한다. 플라톤의 본문에는 사실상 호메로스에 대한 암시가 없다.

야기되었다.[24]

노니우스, p. 423, 4: 시민들은 처음에 이들의 가혹함[25]에 치를 떨었다고 한다.

노니우스, p. 499, 13: 그리고 실상 그리스인들 가운데서 선출된 바 있는 부녀자들에 대한 감시인[26]을 앞에 제시하지 않겠으나, 호구조사관이 있어서 부인들에 대해서 자제할 것을 남자들에게 가르친다.

노니우스, p. 5, 10: 정숙함에 대한 규율은 그처럼 큰 힘을 지니고 있어서 어떤 부녀자도 음주하지 않는다.[27]

노니우스, p. 306, 3: 게다가 비록 그녀가 잘 알려져 있어도, 친척들은 그녀에게 입맞춤을 하지 않았다.[28]

---

24) 여기서 판결(iudicium)이라는 말을 사용했으나, 어떤 법적 절차가 있는 것이 아니라 단순히 고지(nota)하는 것이다. 그래서 이런 고지의 결과로 불명예가 초래된다.

25) severitas: 이 말은 다른 문헌에서는 호구조사관의 성격을 지시하는 데 사용된다. 치를 떨었다고 번역한 inhorruisse는 키케로가 단 한 번 사용한 말로 정확한 의미는 알 수 없다. 다만 호구조사관의 힘이 크다는 점을 강조한 것으로 보인다.

26) Gynaikonomos: 일부 그리스 국가에서 있었다고 하는 부녀자 감시인이다. 이 제도는 팔레론의 데메트리오스가 아테네로 도입했다.

27) 고대 로마의 관습으로, 부녀자의 음주는 심한 처벌로 금지되었다. 이에 관해서 플리니우스, 『자연의 역사』 14.89: "파비우스 픽토르는 자신이 지은 연대기에서 결혼한 여자가 포도주를 저장하는 지하실의 열쇠가 있는 상자를 여는 한, 식구들에 의해서 굶겨죽도록 강요되었다고 기록했다."

28) 이도 음주에 관련되는 것으로 이해된다.

노니우스, p. 23, 17과 21: 그래서 뻔뻔스러움(petulantia)을 추구한다, 요구한다, 갈망한다는 말에서 몰염치(procacitas)라는 말이 생겼다.[29]

7

7   노니우스, p. 24, 15: 왜냐하면 나는 바로 그 인민이 땅들에 대한 사령관이며 통행세징수자[30]이기를 원하지 않기 때문이다. 반면에 사적인 가정에서든 국가에서든 가장 좋은 세입은 절약이라고 나는 생각한다.

키케로, 『의무론』 2.17.60: 나는 폼페이우스 때문에 극장, 주랑, 새 신전에 대해서 좀더 온건하게 비판한다. 그러나 내가 이 책의 많은 부분에서 따르고 있지만 번역하지는 않은 사람인 파나이티오스 그리고 저 아름다운 아크로폴리스의 관문에 엄청난 돈을 쏟아부었기 때문에 그리스의 제일시민인 페리클레스를 비난한 팔레론의 데메트리오스 같은 최고의 박학자들은 그것을 인정하지 않는다. 그런데 내가 국가에 관해 저술한 책에서 이와 관련된 종류에 관해서는 주의 깊게 토론되었다.

---

29) 이 말은 부녀자나 청년에 관련되는 말이라기보다 일반인의 윤리에 관련된 부분을 지시한다.

30) 호구조사관을 지낸 바 있는 스키피오의 말이라고 보는데, 이 말에서 로마 같은 지배자가 동시에 통행세 징수자가 되어서는 안 된다는 의미를 발견할 수 있다. 이런 태도와 연관해, 로마 정부는 제정기까지도 직접 세금을 징수하기보다는 청부업을 이용하는 것이 일반적이었다. 여기서 세입이라고 번역한 vectigal은 '끌다, 이동하다'라는 veho에서 비롯해, 애초 통행세를 지칭하는 말이었으나 일반적인 세입을 지칭하게 되었다. 절약(parsimonia)과 관련된 문구는 국가의 세출과 관련된다. 이에 관해서는 키케로, 『의무론』 2.60 참조.

노니우스, p. 24, 11: 이를테면 마르쿠스 툴리우스는 『국가론』 제4권에서 신의의 고유한 성격을 제시했다. 나는 신의란 말한 바가 이루어질 때 바로 그 이름을 지니는 것으로 본다.

노니우스, p. 194, 26: 뛰어난 시민과 명사에게 나의 아첨·과시·명예욕은 사소한 것에 속한다.[31]

폼페이우스 트로구스, 단편, p. XV 이하[32]: 올바르게도 키케로는 『국가론』에서 다음과 같이 기록했다. 음식과 잔치와 비용에 따라서 인간에 대한 평가를 내리는 자는 누구든지 덕과 위엄에서 생기는 진정한 자부심이 그에게 결여되어 있음을 공개적으로 드러낸다.

아우구스티누스, 『서한집』 91.3 = 『라틴교회저술집성』 34.428.21: 잠시간 바로 『국가론』을 주목하라. 여기서 당신은 가장 애국적인 시민의 상태, 즉 국가에 조언함에서 선한 자에게는 아무런 규모나 한계가 없다는 점을 수용한 바 있다. 당신에게 부탁하건대, 이 책에서 검약과 절제 그리고 혼인의 결속을 위해서는 신의와 정숙하고 도덕적이고 훌륭한 관습이 얼마나 많은 칭찬을 받았는지를 주목하고 인식해보라.[33]

---

31) 이 문구는 개인의 도덕성이 사회와 연관되어 있다는 주장을 전개하는 것이다.
32) 이 구절은 출전이 불분명하다. 비엘로프스키(Bielowski)가 오실린스키(Ossilinski) 서고의 수고에서 찾은 것으로 알려져 있으나 다시 발견되지 않았다. 그래서 이를 비엘로프스키의 위작으로 보기도 한다.
33) 이 편지는 넥타리우스(Nectarius)의 질문에 대해서 답변하는 내용이다. "국가에 조언함에서 선한 자에게는 규모나 한계"(consulendi modus aut finis bonis)라는 내용이 양자에게 있어서 이 책 제4권에서 인용한 것으로 보인다. 그러나 일반적으로 아우구스티누스가 키케로의 말 가운데 요점만을 제시한 것으로 파악한다.

8 노니우스, p. 430, 29: 나는 사물 자체의 세련됨만이 아니라 언어의 세련됨도 찬양한다. 그는 '그들이 말다툼한다면'이라고 말했다. 말다툼이라고 이야기되는 것은 호의를 지닌 자들 사이의 겨룸이지 적들 사이의 소송이 아니다. …… 그러므로 법은 이웃들이 그들 사이에서 말다툼한다[34]고 했지 소송한다고 하지는 않는다.

루피누스,『평화의 좋음에 관해』2, 16 col. 1632: 나아가 가정 평화가 나라 평화의 일부일 때, 만약 국가의 것이 소멸되지 않도록 가정의 평화가 가족에 의해서 침범된다면, 국가의 상태에 관해 더 유창하게 논쟁을 벌인 사람들의 기록을 우리가 읽은 바처럼, 그때에는 부자지간에 가족의 평화가 해체될 것이다.

노니우스, p. 174, 7: 인간들의 근심과 생활의 끝은 동일하다. 그래서 제관의 법에 따라서 장례에는 신성함이 있다.

노니우스, p. 293, 41: 그들이 폭풍으로 인해 바다에서 끌어낼 수 없었던 자들을 묻지도 않은 채 내버려두었으므로 살해했으되 무고하다.[35]

노니우스, p. 519, 15: 이 반론에서 나는 인민을 위한 것이 아니라

---

34) iurgare: 이 말의 고형태는 iurigare인데, 이 말은 iure와 agere의 합성어다. 이 구절은 이웃과의 분쟁 시에 사람들은 소송에 이르지 말고, 호의로써 문제를 해결하도록 하는 법을 인용한 것으로 생각한다.

35) 이와 관련해서는 키케로,『법률론』2.57.

선한 자를 위한 것을 주장했다.[36]

프리스키아누스, 15. 4. 20 p. 76, 14 Hertz: 만약 그대가 인민에게 권리를 전혀 부여하지 않거나 아주 적게 부여한다면, 강력한 인민에게 저항하는 것은 쉽게 이루어지지 않기 때문이다.[37]

노니우스, p.469, 16: 사실 그에게는 정말로 충실하게 그리고 충분하게 조점(鳥占)을 쳐 주었을 것이다.[38]

9

9   아우구스티누스, 『신국론』 2.14 ext: 키케로는 시인들에 관해 논의하면서 다음과 같이 말했는데 이는 헛된 것이다. 마치 각자의 위대하고 지혜로운 스승에게 하듯이 인민의 환호와 갈채가 그들에게 다가올 때 그들은 어떤 어두운 면을 숨기며, 어떤 공포심을 자아내며, 어떤 욕망을 불타게 하는가!(39)

---

36) 스키피오의 말로 생각되는데, 인민과 통치자의 영역을 구분하고, 귀족의 처지를 두둔하는 태도를 보여준다.
37) 다른 말로 하면 인민을 통제하기 위해서는 적절한 권리를 부여해야 한다는 생각을 보여준다. 이는 절제된(temperata) 국가의 핵심인데, 이런 생각과 관련해 스키피오는 현명한 인민파(sapienter popularis)로 여겨진다. 이 구절도 내부의 평화를 도모하는 방법으로 생각된다.
38) 스키피오나 라일리우스는 조점관의 직책을 수행했다. 여기서 대상이 되는 사람은 소요를 불러일으킨 사람인데, 가이우스 그라쿠스인 것으로 보인다. 티베리우스 그라쿠스가 죽자 스키피오는 『오디세이아』 1.47의 시를 인용했다고 전해진다. "그런 짓을 하는 다른 사람도 망하게 된다."
39) 여기서는 비극과 희극에 모두 관련되어, 그런 극이 대중에게 어떤 영향을 미치는지에 관한 내용이다. 집단심리의 측면이 부각되고 있는데, 어두운 면을 숨긴다(obducunt tenebras)는 말은 비극에 빠져드는 것을 말하며, 공포도 비극과 관련된다. 욕망을 불붙게 한다(inflammant cupiditates)는 것은 희극에서

세네카,『루킬리우스에게 보내는 서신』 49.5: 키케로는 만약 자기의
인생이 두 배로 길어진다고 해도 서정시인의 시를 읽기 위해서 시간을 가
지지는 않겠다고 한다.[40]

10

10 아우구스티누스,『신국론』 2.13: 키케로의 저술에서 보듯이 스키피오
는 같은 내용을 말한다. 무대예술과 극장 전체를 (로마인들이) 파렴치
행위[41]로 넣으므로, 그런 일에 종사하는 사람은 다른 시민들에게서
존경을 받지 못할 뿐 아니라 호구조사관의 고지에 의해서 지역구에
서 옮겨진다[42]고 생각되었다.

11 아우구스티누스,『신국론』 2.9: 한편 고대 로마인은 이에 관해서 무엇
을 느꼈는지 키케로가『국가론』에서 증언하고 있다. 여기서 논자인 스키

비롯한다. 연극의 부정적인 측면이 강조되고 있다. 이런 부정적인 키케로의
태도에 대해서 12세기에 솔리베리의 존(John of Salibury)은 반대로 키케로가
연극을 추천한 예도 있다고 말하고, 마이도 국가론에서 연극에 대한 추천이
없지 않다고 한다. 한편 이 단편과 관련해 이 부분을 제시한 사람은 솔리베리
의 존인데, 그가 키케로의 원문을 직접 보았는지가 문제된다. 이 문제에 관해
서 뷔흐너, 375쪽에서는 그가 직접 본 것으로 판단한다.

40) 이 부분은 세네카가 스키피오의 말을 통해서 표현한 키케로의 생각을 정리해
말한 것으로 본다. 여기서 시인은 카툴루스(Catullus)를 지시한다. 일부 학자
들은 이 단편이『호르텐시우스』에서 기인한 것으로 본다. 서정시에 대한 키케
로의 개념은 비서사적이거나 비연극적인 시를 총칭하는 것으로서 현재의 개
념과 같다. 시와 연극의 영향에 관한 평가는 키케로,『법률론』 1.47에서 부정
적으로 나타난다. 그래서 국가에 대한 유익이라는 관점에서 이런 판단이 나
온 것으로 볼 수 있다.

41) probrum: 이것은 호구조사관의 활동과 관련된 전문용어로서 불명예를 지시
한다.

42) 귀족에서 최하층의 평민으로 강등되는 것을 의미한다. 이런 점은 그리스에서
연극하는 사람들이 인정받고, 국가의 사절이 된 것과는 대비된다.

피오가 말하길, "생활의 관습이 알려지지 않았으면[43) 희극들은 극장에서 자체의 수치스러운 행위들을 보여줄 수 없었을 것"이라고 했다. 심지어 사실상 더 오래전의 그리스인은 자신의 사악한 생각에 대한 어떤 동감도 보존했는데, 그들 가운데서 각자가 원하는 것은 자신이 생각한 희극을 통해서 분명히 이야기한다는 법칙에 의해서 그점이 인정되었다. 그래서 아프리카누스는 같은 책에서 다음과 같이 말하고 있다. "그것이 누구에게 관련되지 않았습니까? 아니면 오히려 누구를 성가시게 하지 않았습니까? 누구에게 모욕을 줍니까? 옳습니다. 그것은 불성실하며 국가에서 소요를 일으키는 인민파[44)인 클레온,[45) 클레오폰,[46) 히페르볼로스[47)를 괴롭혔지요." 그는 말한다. "우리는 비록 같은 부류의 시민들이 시인에 의해서보다는 호구조사관에 의해서 감찰되는 것이 더 낫다고 할지라도 그점을 인정할 것입니다. 그러나 이미 자기 나라에 여러 해 동안 국내사와 전쟁에 관해 최대의 권위를 지니고 앞장섰

---

43) 이는 희극의 정의와 관련된다. 키케로, 『로스키우스를 위한 연설』 47에서 같은 말을 하고 있다. "(희극에서) 우리는 관습이 타인에게 적용되고 우리 일상생활의 형상이 표현되는 것을 봅니다."

44) Populares: 데마고고스에 대한 라틴어식 표현이다.

45) Cleon: 아테네인이며 제혁업자 출신으로써 연설과 지략으로써 장군직에 오른다. 여러 전투에서 무공을 떨친 후에 기원전 422년 스파르타와의 전투 중에 암피폴리스에서 전사한다. 그는 페리클레스에 대한 반대여론을 부추겼으며, 아리스토파네스에 의해서는 성급한 자로 묘사되고 있다.

46) Cleophon: 아테네인으로 자영업자 출신의 선동정치가다. 기원전 405년 아테네 봉쇄 때 끝까지 항전을 주장한 강경파다. 그가 재판으로 처형당한 이후에 아테네는 스파르타와 강화조약을 체결했다. 그는 전형적인 데마고고스로서 희극에서 공격을 받았다.

47) Hyperbolos: 아테네인 선동정치가다. 램프 제조업자 출신으로 기원전 425년에는 장수직을 역임했다. 아테네의 팽창에 기여한다. 클레온의 사후에 '인민의 지도자'가 되나 이로써 당시 희극의 풍자대상으로 조소받게 되었다. 후일 알키비아데스와 니키아스파의 제휴로 도편추방을 당해 사모스에 있다가 암살당한다.

을 때의 페리클레스가 우리나라의 플라우투스[48]와 나이비우스[49]가 푸블리우스와 그나이우스 스키피오[50]에게 또는 카이킬리우스[51]가 마르쿠스 카토에게 악담하는 것이 허용되는 것보다 더 많이 시구로써 모욕을 받고 그것을 상연하도록 한 것은 적절하지 않습니다."[52]

12 그리고 잠시 후에 그는 말한다. "반면에 우리의 12표법은 인신과 관련해 금지한 사안은 매우 적었는데, 만약 어떤 사람이 다른 사람에게 불명예나 모욕을 초래하는 노래를 부르거나 이를 만든다면 이 법률에서 또한 이것도 금지되어야 한다고 생각했습니다. 이는 분명합니다. 왜냐하면 우리는 시인들의 재능에 의해서 주어진 것이 아니라[53] 정무관들의 판결들과 합법적인 변론에 의해서 부여받은 삶을 살아야 하며, 또한 답변을 허용하고 재판에서 변호하도록 하는 저 법에 의해

---

48) Marcus Accius Plautus(기원전 254~184): 로마의 희극작가로 움브리아의 사르시나 출신이다. 빈한해서 제빵업자의 집에 하인으로 들어갔다고 한다. 25편의 희극을 남겼으며 이 중에 20편이 전한다. 그의 희극은 그리스의 이른바 신희극(新喜劇)에 토대를 두고 있는데 극의 배경과 인물은 그리스인이나 내용은 로마인에게 더 잘 알려졌다. 그의 희극은 매우 인기가 있어서, 바로(Varro)는 "만약 뮤즈들이 라틴어를 했다면 그들은 플라우투스의 표현으로 말했을 것"이라고 찬사를 보냈다. 중세 때는 8편이 전해졌고 르네상스기에 12편이 발견되었다. 플라우투스의 희극은 이탈리아의 극에 영향을 주고 전 유럽에 영향을 주었으며 금일에 이르기까지 극의 중요한 모티프를 제공한다는 평가를 받고 있다.

49) Gnaeus Naevius(기원전 ?~203): 제1차 포이니 전쟁에 종군해 이를 시로 표현했으며 이후 풍자를 연구했다. 메텔루스에 의해 추방당해 우티카에서 일생을 마친다.

50) Publius Scipio, Gnaeus Scipio: 이 책 1권 주8) 참조.

51) Statius Caecilius(기원전 220~168): 갈리아 출신의 희극작가로 30편 이상의 희극을 쓴 것으로 알려지며, 키케로가 그를 찬양했다. 여기에서처럼 노카토를 조소하는 것은 가능하지 않은 사례로 생각된다.

52) 그리스인이 로마인에 비해서 예의범절이 부족하다는 것(inverecundius)을 강조한 것으로 보인다.

53) 로마인의 입장에서 공인을 공격하는 구희극을 비판한 것으로 이해된다.

서가 아니라면 비난을 들을 필요가 없기 때문입니다." 비록 좀더 이해하기 쉽도록 몇 가지를 간과하거나 약간 바뀔 수 있겠으나, 이 말들은 키케로의 『국가론』 제4권에서 문자 그대로 발췌한 것이라고 나는 생각한다. 사실 그 말들은, 가능한 한, 내가 설명하고자 하는 것에 많이 관련되어 있다. 이어서 그는 다른 말들도 했는데, 이 견해를 제시하고자 다음과 같은 결론을 내렸다. "고대 로마인에게는 어떤 자든지 살아 있는 사람이 무대에서 칭찬받거나 비난받는 것이 인정되지 않았습니다."

11

13   도나투스, 『희극론』 p. 22, 19 Wessner: 키케로가 말하길 희극은 생활의 모방이며, 관습의 거울이고 진리의 외양이라고 한다.

아우구스티누스, 『신국론』 2.11 (cf. 2.12): 그들은 심지어 그 같은 극의 무대배우들도 나라의 작지 않은 영예에 어울리는 것으로 평가했다는 합의점에 도달했다. 왜냐하면 그는 『국가론』의 같은 곳에서 다음과 같이 기록했기 때문이다. 최고의 연설가인 아테네의 아이스키네스[54]는 젊었을 때 비극에 몰두한 적이 있었음에도 국정을 담당했고, 아테네인은 전쟁과 평화라는 중대사와 관련해 마찬가지로 비극배우였던 아리스토데모스[55]를 필리포스 왕에게 자주 파견했다.

---

54) Aischines(기원전 389~314): 아테네의 연설가로 한때는 비극 무대에 서기도 했다. 데모스테네스와 정적 관계에 있었는데, 한때 그가 배우였다는 점을 비난하기도 했다. 두 사람이 마케도니아의 필리포스에게 사절로 파견되었는데, 뇌물을 받은 아이스키네스는 귀국한 후에 데모스테네스의 연설에 패배해 로도스로 추방된다. 3편의 연설이 전한다. 여기에 로마인의 배우에 대한 경멸이 반영되어 있는데, 이는 그리스의 배우들이 명성을 누리고 있는 것과 대조된다.
55) Aristodemos: 유명한 연극배우로서 기원전 346년 제2차 사절로 마케도니아

14   아리스티데스,『음악론』2.6 p. 61~62 Winnington-Ingram: 왜냐하면 쾌락 전체가 비난받는 것은 아니며, 쾌락이 음악의 목표도 아니다. 그러나 위안은 부수되는 것인 반면 앞에 제시되는 목표는 덕을 지향하도록 도와주는 것이다. 이 점은 또한 많은 사람들에게 알려지지 않았으며, 키케로의 『국가론』에서 음악에 관해 반론을 펴는 화자들에게도 그러하다.[56) 나로서는 이 사람들이 그런 것들을 언급했는지 확실하지 않다. 왜냐하면 당시에 단순한 박자와 미천하고 싸구려인 것에 자신을 드러낸 춤꾼 로스키우스를 많이 찬탄해 그 결과 그가 신의 예정을 통해 인간에게 오게 되었다는 주장을 펼친 그 사람이,[57) 박자의 우수함과 미흡함을 구별하는 조화의 예술인 음악을 배척하고, 보잘것없는 것으로 보아서 거부했다고 말할 사람이 과연 누구인가? 그리고 그는 서술한 『국가론』에 있는 것들을 의도적으로 선택하고 반면 로스키우스에 관해서는 제시된 전제 때문에 달리 말했다고 누가 주장하더라도, 이런 주장을 우리가 뒤집지 못하도록 하는 것은 아무것도 없다. 그래도 또한 이런 식으로 어떤 자는 더 나은 것을 거부하면서 그리고 그 연설가와 합일해서 거부된 그 견해로 빠져버린

의 필리포스에게 파견되었다. 그는 마케도니아의 궁정에서 연극을 상연해서, 필리포스에게 좋은 평가를 받았다.

56) 키케로가 음악을 국가의 중요한 요소로 간주한 것은 『법률론』 2.15.39와 3.14.32에 나온다. 이 구절은 플라톤, 『국가』 424 c에서 주장하고 있는 대로, 음악의 변화가 정체의 변화라는 것을 입증하려는 의도에서 제시된다. "새로운 형식의 시가로 바꾸는 것은 나라 전반에 걸쳐 위험을 초래……, 국법 가운데 중요한 것들이 바뀌는 일이 없이 시가의 양식만 바뀌는 일은 결코 없기 때문이네"(박종현 옮김, 서광사, 1979, 266쪽 이하). 이를 키케로의 『법률론』 3.31~32와 종합하면 관습의 변화, 지도자의 변화, 음악의 변화는 바로 정체의 변화와 함수관계를 그리는 것으로 파악할 수 있다.

57) 실제로 키케로가 로스키우스에 관해서 이렇게 말한 것은 아직 발견되지 않았다. 대신 그를 존중했다는 것은 여러 구절에서 나온다.

다. 사실 진리를 발견하기 위해서 또는 올바른 판결을 위해서 법정과 관련된 또는 그 목적과 관련된 것에 예속되면서도 재산에 관련된 것에 예속되지 않는 자는 믿을 만한 가치가 없다. 그런데 나는 연설가들 중에서 뇌물을 받은 사람들 때문에 수사학 자체를 비난했던 사람은 아무도 없다고 생각한다. 이 점에서 비록 일부 예술가들이 많은 사람에게서 호응을 받기 위해 미천한 것들을 노래했다고 하더라도 비난은 예술에 합당하지 않는다. 특히 그 자신도 밝혔다시피, 그의 나라에서도 왕 누마의 치세 후 얼마 되지 않아서 여전히 야만의 상태에 있던 자들이, 개인적으로는 잔치에서, 공적으로는 신에게 드리는 모든 축제에서 음악을 통해서 순치될 수 있었다.

제5권[1]

---

1) 제5권은 제3장의 팔림프세스트만 남아서 재구성하는 데에 어려움이 많다. 247~248면과 253~254면이 남아 있고, 그 사이에 낀 내용이 2~4장 정도로 추정되며, 사분철의 겉장이 없다. 이외에도 199~200면이 5권에 해당된다. 주로 국가의 이상적인 정치가에 대한 대화가 중심 내용인 것 같다.

1

1   아우구스티누스, 『신국론』 2.21: 따라서 그때에 로마인의 국가는 살루스티우스[2]가 묘사한 바와 같다. 그러나 그가 말한 것처럼 그것이 가장 나쁘고 가장 방황하는 것이 아니다. 오히려 국가에 관해 당시 로마의 위대한 제일시민들 사이에서 이루어진 논쟁이 보여주고 있는 추론에 따르면 그 같은 것은 전혀 없었다. 심지어 툴리우스 자신도 스키피오나 기타 다른 사람의 주장을 통하지 않고 제5권의 서문에서 그렇게 말했다. 그가 우선 인용한 엔니우스의 시구는 다음과 같다.

로마의 것은 옛날의 관습과 위인들에 의해서 정립되었도다.

그가 말하길, 엔니우스가 그 시구를 마치 어떤 신탁에서 비롯한 것처럼 간결하고 진실하게 표현한 것으로 나에게는 여겨진다. 왜냐하

---

2) Gaius Sallustius(기원전 86~34): 로마의 유명한 역사가로 『카틸리나의 음모』 『유구르타 전쟁』을 남겼다.

면 그렇게 관습이 정비되지 않은 나라라면 위인들이 없었을 것이고, 이 위인들이 앞장서지 않았더라면 관습이 충분하고[3] 널리 지배하는 국가를 세우거나 그처럼 오랫동안 유지할 수 없었기 때문이다. 따라서 우리의 기록 이전에 선조의 관습은 그 자체로 뛰어난 위인들을 배출했으며, 뛰어난 위인들은 옛날의 관습과 조상들의 제도를 지켰다.[4]

2   사실 우리 세대는 영광스럽지만 오래되어서 이제는 퇴색하는 그림과 같은 국가를 계승했는데도 그것을 전의 것과 동일한 색으로 다시 칠하는 일을 하지 않았을 뿐만 아니라 심지어 그것의 온전한 모양과 최후의 윤곽을 보전하기 위해서 관심을 쏟지 않았다. 엔니우스가 로마라는 국가가 의존하고 있다고 말하는 옛 관습 중에 남아 있는 것은 무엇인가? 그처럼 망각에 의해서 그런 관습들이 진부해져서 사람들이 이에 관심을 돌리지도 않을 뿐 아니라 무시하는 것을 우리는 알고 있다. 한편 위인들에 관해서는 무슨 말을 할 것인가? 실제 위인들의 부족함 때문에 관습이 스스로 사멸된다. 그렇게 큰 악의 원인이 우리에게 제시되어야 할 뿐 아니라 심지어는 생명에 관련된 재판에서 피고를 위해서 하듯이 변호를 해야겠다. 왜냐하면 우리는 어떤 우연에 의해서가 아니라 우리들의 사악함에 의해서 말로는 국가를 유지하고 있다고 하나 사실상 이미 국가를 잃어버렸기 때문이다.[5]

오사누스, 『키케로의 「창작론」에 대한 필사주석』 p. 349[6]: 툴리우스

---

3) fuse를 번역한 것인데, 다른 본에는 iuste(정의롭게)로 표기되어 있다.
4) 키케로는 좋은 제도와 위인이 같이 존재해야 위대한 국가를 유지할 수 있다는 생각을 피력하고 있다.
5) 이 내용을 제5권의 서문으로 간주한다. 주제는 상황을 비관적으로 보는가 아니면 낙관적으로 보는가에 관한 것이 아니라 선량과 대중의 관계, 지도자의 도덕적 책임 문제를 제기한 것이다.
6) 출전표기는 Ziegler, 1984년판에 따른다. 이전에는 출전이 Grillius comm. in

는 자신의 『국가론』에서 국가의 통치자[7]는 최상의 위인이며 가장 학식이 많아서 지혜롭고 정의로우며 절제하고 연설을 잘해 평민을 통치하기 위해서 마음에 담은 비밀을 유창한 연설로 쉽게 표현할 수 있어야 한다고 말하고 있다. 게다가 그는 법도 알아야 하고 그리스 문학도 알아야 한다. 이점은 최노년에 이르러 그리스 문학에 노력을 기울이면서 그것이 얼마나

---

cic. rheto. p. 28, 14 Martin이라고 표기되었다.

7) rector: 옮긴이가 통치자로 옮긴 이 말은 이 책에서 키케로가 이상적인 것으로 파악하는 정치가상을 함축한 말이다. 사실상 이 책의 전체 주제라고 해도 과언이 아니다. 이런 개념의 정립에는 그리스인이 보았던 정치가상이 반영되어 있다. 특히 플라톤의 '정치가'(πολιτικός) 개념이 중요하다. 진정한 정치가는 철학자이어야 한다는 주장은 널리 알려져 있는데, 뷔흐너(58쪽)에 따르면, 소크라테스가 모델이었을 것이다. 정치가의 능력은 바로 직조공의 것과 비교될 수 있는데, 씨줄과 날줄을 조합해 직물을 만드는 것처럼 다양하고 대립되는 요소들을 통일해야 하는 것이다. 이를 위해서 우선 정치가는 최고의 지식을 가져야 한다. 그래서 대중의 동의에 의존하는 것이 아니라, 마치 의사나 키잡이에게 하듯이 사람들이 그를 신뢰해야 하는 것이다. 시대가 달라지면 해야 할 과제가 달라지게 마련이므로, 정치가는 법을 넘어서는 능력을 가져야 한다. 이 같은 생각은 키케로에게도 많이 반영되어 있다. 『국가론』 5.1에 나오는 '뛰어난 위인'(praestantes viros) 같은 말, '권위를 지닌 질서'(otium cum dignitate) 같은 말이 플라톤의 영향을 크게 받았음을 알게 해준다. 아리스토텔레스의 『정치학』 중 관련된 부분은 키케로가 참조하지 못한 것으로 알려져 있다. 그러나 키케로에게 중요한 것은 이상적인 정치가상을 그리는 것이 아니라 구체적인 정치 실천가다. 정치가의 상은 상황에 따라서 달라진다는 것이 그의 관점이었다. 또 키케로에게 중요한 영향을 준 사람은 파나이티오스로, 그가 제시한 '통치자'(ἀνὴρ ἀρχικός)의 개념이 중요하다고 보는 견해도 있다. 그러나 반론도 있는데, 파나이티오스가 국가나 정치가에 관해서 남긴 저술이 전하지 않고, 그에 관한 정보도 키케로의 서술, 주로 『의무론』을 통해서 알 수 있다는 것이다. 키케로가 보고 있는 이상적인 통치자는 헬레니즘 시대에 이상적인 통치자로 숭배되던 왕이나 군주와는 크게 다르다. 키케로에게 통치자의 역할은 사회를 공통의 계획 아래 통합하는 것인데 이를 위해서는 설득력, 다시 말해 높은 수준의 언변이 필요하다. 통치자는 시민들에게 법을 설명해, 각자가 어떤 권리를 가지고 있는지 알게 하고, 이를 위해서 국가가 어떤 역할을 하며, 무엇이 정의인지를 알게 해주는 것이 중요하다. 한마디로 통치자는 법률가라는 것이다.

큰 유익함을 지녔는지 제시한 카토의 행적에 의해서 입증된다.

2

3   (마닐리우스?): 법에 대한 해석도 포함해 공평함에 관한 설명[8]만큼 왕다운 것이 없고 …… 왜냐하면 개인들은 왕에게 그런 법을 요구해 왔기 때문이지요. 또 이런 이유들로 인해서 경작지, 삼림, 넓고 목초가 많은 방목지가 정해졌습니다. 이것들은 왕의 것이며 왕의 수고나 노력 없이 경작되었습니다.[9] 그래서 사적 용무에 관한 어떤 관심이라도 인민들의[10] 것들로부터 왕들을 제거할 수 없었던 것이지요. 그리고 진실로 어떤 개인도 소송의 심판이나 판결자[11]가 아니었으며 오히려 모든 소송이 왕의 재판을 통해서 이루어졌습니다. 또 실제 우리의 누마 왕도 그리스 왕들의 이 오랜 관습[12]을 누구보다도 더 고수했던 것으로 나는 생각합니다. 왜냐하면 다른 왕들은 비록 그들이

---

8) Explanatio aequitatis: 이 표현은 매우 이례적인 것이다. 이 대목에서 중점은 법에 대한 설명에 있다기보다 사실적인 것에 놓여 있다. aequitas는 법과 상통하는 의미다. 즉 형평은 법의 내적인 존재의미이고 법으로 표현되며, 건전한 법감정이고 시민법의 정신으로 이해된다. 아울러 이는 정당한 대우라는 의미에서 정의에 대한 표현이기도 하다. 법의 해석이란 이 형평성을 표현한 것이다.

9) 이 부분은 니부어(Niebuhr)가 『로마사』(1, 258ff)에서 최초의 토지분배의 증거로 인용한 사료다.

10) 여기서 복수로 표현되어 있어(populorum) 특정한 국가의 사정이 아니고 일반적인 것임을 시사한다.

11) disceptator, arbiter: 전자와 후자는 크게 구별되지 않으나, 전자가 후자에 비해 좀더 공식적인 직책인 것으로 생각된다.

12) 그리스 왕들의 옛 관습이 어떠한지는 아리스토텔레스, 『정치학』 1285 a와 b에서 확인할 수 있다. 그리스의 제도로 생각되는 것은 아가멤논처럼 선출되었으나 전쟁에서 생사에 대한 권한을 가지는 경우, 전쟁에 관한 주도권을 쥐고 있으나 사제가 아니고, 모든 사람들에 대해 재판권을 행사하는 경우를 들 수 있다. 이 대목에서 누마는 법제화한 사람으로 또 법학자의 비조로 대우받고 있음을 주목할 필요가 있다.

이 의무를 수행했을지라도 전쟁에 대부분을 소모했고 그들의 권리를 유지했기 때문입니다. 그렇지만 누마의 지속된 평화는 이 도시에서 법과 종교의 어머니였습니다. 심지어 그는 여러분이 현재 알고 있는 법들의 기록자였습니다. 사실 이것은 그에 관해 우리가 ……한바, ……이 시민의 특징입니다.[13]

〔이 사분철의 내지 2장 또는 4장이 빠짐.〕

3

4   노니우스, p. 497, 23: 그래도 선한 아버지에게는 가정을 지키고 세우고 관리하는 일이 필수적인 것처럼

5   (스키피오): …… 뿌리와 씨를 아는 일이 당신에게 성가신 것인가요?

(마닐리우스): 그렇지는 않습니다. 만약 일이 생긴다면요.

---

13) 여기서 통치자라고 번역한 rector와 제일시민(princeps)의 차이에 관해서 언급할 필요가 있다. 통치자 역시 시민으로 장기적 집권자는 아니지만, 통치자의 주과제는 법을 기록하고 시민의 거울로서 도덕과 질서를 유지하는 것이다. 제일시민 또한 비슷하지만, 국가의 지도층이며 전문적으로는 원로원의 수장를 말한다. 물론 제일시민이라는 번역은 여러 가지 문제를 안고 있다. 우선 프린켑스라는 말이 일반적으로 프린키파투스와 관련해 제정기 아우구스투스의 체제 아래서 황제에 대한 호칭으로 이해한다. 이 단어와 관련해 나오는 의문점은 그것이 개인을 지칭하는가 아니면 집단인가, 제도인가 아니면 장기지속되는 위치인가에 관해 나오게 된다. 초기 왕정기에 로물루스 주변에서 위원회를 구성한 자들은 프린켑스들로 표현된다. 또 재능과 덕을 갖춘 자로서 정의하고 있는 것에 따라서 보면, 이에 해당하는 자들은 호스티우스 호스틸리우스와 발레리우스 포플리콜라가 있다. 이 책에서 카토, 브루투스, 스키피오도 여기에 해당한다. 이들을 표현하는 용어로는 conservatores, conditores, tutores, gubernatores 등이며, rector는 이와 구별되어 있다.

(스키피오): 이제 그것에 관한 연구는 감독노예의 소관인가요?

(마닐리우스): 별로 그렇지 않지요. 특히 밭을 가는 데에 노동력이 부족할 때는 자주 그렇지 않지요.

(스키피오): 그러므로 감독노예가 토지의 성질을 알고 회계관[14]이 문자를 알지만, 두 부류의 사람이 아는 것의 즐거움으로부터 생산하는 유익함으로 다시 옮겨갑니다. 이처럼 우리의 통치자는 참으로 권리와 법률에 관해서 알도록 힘쓰며 어떻게 해서든지 이런 일의 근원을 통찰했겠지요. 그렇지만 국가를 관리하고 어떻게 보면 국가에서 감독노예 노릇을 할 수 있도록[15] 자문하고 읽고 쓰는 일에는 얽매이지 않을 것입니다. 만약 없다면 아무도 정의로울 수 없는 최고의 법에 통달해 시민의 법에 무지하지 않고 그는 오히려 항해사가 별들에 관해 또 의사가 신체에 관해 아는 것처럼 해박할 것입니다.[16] 사실 그 두 부류는 자신들의 기술을 위해서 그런 것을 이용하지만 자신의 의무에서 벗어나지 않습니다. 한편 이 사람은 그것을 …… 볼 것입니다. ……

〔어떤 부분이 얼마나 빠졌는지 불명.〕[17]

---

14) dispensator: 회계와 문서관리를 맡은 관리직이다.

15) vilicare: 감독노예인 빌리쿠스의 기능을 수행한다는 의미인데, 이 표현은 키케로, 『플랑키우스를 위한 연설』24에 나온다. "로마인민은 정무관직을 부여하는데, 마치 국가의 감독노예처럼(quasi rei publicae vilicos) 한다." 이는 통치자가 개별 법조문을 아는 것이 중요한 게 아니라, 제도의 핵심적인 본질을 아는 것이 중요하다는 비유로 사용된다.

16) 항해사와 의사는 플라톤 이래로 국가의 통치자에 대한 비유로 널리 사용되고 있다.

17) 이하는 팔림프세스트 199~200면에 해당한다.

6   (스키피오?): 최선량들이 칭찬과 영예를 추구하며 악명과 불명예를 회피하는 나라에서는 …… 사실 법률에 의해서 규정되어 있는 위협이나 처벌로 인해서 그들이 두려워합니다. 그렇지만 그런 두려움도 부당하지 않은 비난에 대해 지니는 어떤 겁처럼 자연이 인간에게 부여한 수치심에 의해서 야기되는 두려움만큼 크지는 않습니다.[18] 국가들의 통치자는 여론에 의해서 이 수치심을 증대시켰고, 제도들과 규율로 완성함으로써 시민들이 죄에서 벗어나는 데 정숙함이 가지는 효과는 어떤 위협 못지않게 되었습니다.[19] 또한 이런 것들은 사실상 칭찬의 대상인데, 더욱 광범하고 풍부하게 이야기될 수 있는 것입니다.[20]

---

18) 이 말은 3권에서 필루스가 법이 효력 있게 하는 것이 처벌이라는 주장에 대한 반론이다. '수치심'이라고 번역한 verecundia는 단정한 행위와 더 고상한 것에 대한 추구, 칭찬과 명예에 도달하기 위해 결정적인 것인데, 이는 공동체의 기초로 인식되어 추구되고 있다. 이 단어에 관해서는 키케로, 『연설의 부분』(*Partitiones oratoriae*) 79에 다음과 같이 소개되어 있다. "참으로 모든 덕의 수호자는 적합하지 않은 것을 피하고 무엇보다 찬사를 추구하는 수치심이다." 본문에 관해서 뷔흐너(395쪽)는 이 수치심에 관한 정의가 이제야 나온 것은 놀라운 일이라고 평하고 있다. 자연이 인간에 대해서 부당하지 않은 비난에 대한 두려움을 부여했다는 것이다. 이것이 국가통치의 기본이라는 생각을 엿볼 수 있다. 이 단어는 독일어의 외경(Ehrfucht)으로 번역되기도 하는데, 기본적으로는 나쁜 행동을 했을 때 느끼는 후회를 표시한다. 이는 동양에서 이른바 4단설(端說)과 일맥상통한다. 그중의 하나인 수치심은 의(義)와 관련되고 정치는 의에 기초해 이루어져야 하며, 이익에 좌우되어서는 안 된다는 것이다. 신채식, 『동양사개론』, 삼영사, 1993, 99쪽 참조.

19) 여기서 이상적인 지도자가 갖추어야 할 통치수단과 절차에 관해서 로마인의 생각을 엿볼 수 있다. 여론, 규율, 제도, 법으로 단계를 밟으며, 기본적으로 법에 대한 자발적인 동의에 기초한 것이 이상적인 정치운영임을 밝히고 있다.

20) 이 문장은 이하의 내용과 연관되는 것으로 해석된다.

5

7 한편 삶과 삶의 유익을 위해서 정당한 혼인, 합법적인 자녀, 국가와 가정의 신들[21]과 가문의 수호신들[22]의 경건한 자리에 관련하여 그 체계가 마련되었습니다. 그래서 모든 사람이 공동의 편익과 자신의 편익을 누리며, 좋은 국가가 없이는 잘살 수 없고 그래서 잘 구성된 나라보다 더 행복한 것은 아무것도 없게 되었습니다. 그러므로 …… 그렇게 가르쳐진 것은 내게 기이하게 여겨집니다. ……

〔팔림프세스트가 끝남.〕

---

21) penates: 로마의 하급 신들로 집과 가사를 돌보는 역할을 맡고 있었다. 이렇게 불리는 것은 그들을 집안에서 가장 은밀한 곳에(penatus) 두기 때문이다. 주인이 신을 선택할 수 있는데 경우에 따라서는 유피테르나 미네르바 같은 상급신이 보호신으로 불리기도 한다. 그러므로 모든 신이 여기에 망라된다고 보는 사람도 있다. 원래 이것은 사자(死者)의 영혼을 의미하는데, 후에 형상을 만들고 정기적으로 이를 숭배하는 관습으로 변화했다. 페나테스의 형상은 밀납·상아·은·점토로 만들어지고 제물은 포도주·향·과일·새끼양 등이 바쳐진다.

22) lares(단수는 LAR): 로마에서 낮은 등급의 신들로 페나테스와 같은 것으로 여겨지기도 한다. 이들은 원래 메르쿠리-라라(Mercury-Lara)의 두 아들이다. 이들의 힘이 촌, 바다, 도로 등에 확산되어 있다고 믿었다. 혹자에 따르면 라레스의 숭배는 옛 로마인이 시신을 집에 묻는 관습과 그들의 영혼이 식구를 보호하면서 집에 머문다는 믿음에서 비롯한다. 라레스의 형상은 원숭이의 모습에 개의 가죽을 씌운 형태로 문 뒤에 있는 벽감이나 벽난로에 놓였다. 매년 5월에 기념제가 열렸다. 피나테스(Penates), 라레스(Lares), 마네스(Manes)의 번역에 관해서는 성염이 옮긴, 키케로, 『법률론』 2.19와 해당 각주 참조. 이런 가족신이 가지는 의미는 가족의 배타성이나 사유재산권의 문제와 관련된다. 퓌스텔 드 쿨랑주, 김응종 옮김, 『고대도시』, 대우학술총서번역 478, 50쪽과 이에 대한 차전환의 해제, 같은 책, 551쪽을 참조.

8   키케로,『아티쿠스에게 보내는 서한』8.11.1: 그래서 우리가 실제 그대에게 제시했던 것처럼 나는 내 저서에서 충분한 열의를 지니고 표현했던 저 위인의 힘이 얼마나 클 것인지를 생각하면서 시간을 보낸다. 그런데 그대는 우리가 모든 것을 부여하고자 했던 국가조정자[23]를 생각하지 않고 있는가? 이를테면 그 책의 제5권에서 스키피오는 내 생각에 따르면 다음과 같이 말한다. "사실 항해사에게는 따라가야 할 항로가, 의사에게는 건강이, 사령관에게는 승리가 부여되는 것처럼 국가조정자에게는 시민의 행복한 생활이 제시되는데, 활동에서 안전하고 재산이 풍부하고 영예가 가득 차며 덕에서는 도덕적이어야 합니다. 왜냐하면 인간 중에서 이 일의 완수자가 가장 위대하고 가장 선한 자라고 생각되기 때문입니다."

아우구스티누스,『서한집』104.7 ext.=『라틴교회저술집성』34.587. 24: 그 자신의 의지보다 인민의 유익에 더 관심을 쏟는 자를 당신들의 문헌이 조국의 통치자로 찬양하는 근거는 무엇이며, 왜 그러한가?

9   아우구스티누스,『신국론』5.13: 심지어 툴리우스도 이 점을 국가에

---

23) moderator: 이 말은 통치자로 번역한 rector와 비교된다. 뷔흐너(408쪽)에 따르면, 이 단편은 위(이 책 274쪽)에 제시된 '오사누스,『키케로의「창작론」에 대한 필사주석』, p. 349'의 것과 다르다. 일반적인 치자에 대한 말이 아니라 키케로 자신의 정치적 태도를 설명한 것으로 파악된다. 즉 국가중재자의 목적은 시민의 행복한 삶인데, 당시 유력자들인 폼페이우스나 카이사르는 지배권력만을 생각했고, 키케로 자신은 화합(concordia)을 생각했다는 것을 간접적으로 나타내는 문장으로 파악된다. 또 여기서 프린켑스의 과제를 찾으려는 시도도 있으나 뷔흐너는 인정하기 어렵다고 생각한다.

관해 논한 책에서 감출 수 없었다. 그곳에서 그는 나라의 제일시민을 추대하는 것에 관해 말했는데, 제일시민은 "영예에 의해서 양육되어야 한다"라고 말하고, 계속해서 "그 자신의 조상들이 영예욕으로 인해서 놀랍고 훌륭한 일을 많이 했다"고 기록했다.

푸아티에의 피에르, 「서신」, 『리옹의 교부전집』tom. XXII p. 824: 툴리우스는 『국가론』에서 다음과 같이 기록했다. "나라의 제일시민은 영예[24]에 의해서 양육되어야 한다. 모든 사람들에 의해서 제일시민에게 명예가 부여되는 한 국가는 정립한다."[25]

노니우스, p. 233, 39[26]: 그때 그는 덕과 수고와 열심으로 최고 위인

---

24) gloria: 여기서는 국가를 위해서 직책을 수행하는 의미, 즉 honos로 사용된다. 이 구절은 정확한 의미와 관련해 논란이 된다. 이 책 스키피오의 꿈에서 그같은 영예를 대수롭게 보지 말 것을 제안하고 있을 뿐 아니라 플라톤, 『국가』 551에는 재산비례정치 아래서는 부자들만 관직을 가지게 되고, 가난한 자는 능력이 있어도 멸시당한다고 말하고 있다. 이 관점에 비추면 그 같은 영예에 의해서 통치자가 길러진다고 하는 것은 모순이 아닐 수 없다. 그래서 이를 해결하기 위해서 영예라는 것이 살신성인적인 행위에 대해 사회구성원의 자발적인 사의표시라는 것으로 해석한다. 즉 가치 있는 행위에 대해서 정당하게 평가해주고 인정해주는 것이 좋은 정치가를 기르는 방법이라는 의미로 볼 수 있다. 그에 비해 이 문장을 키케로가 처한 상황과 관련해서 해석해볼 수 있는데, 즉 위기에 처한 국가 상황에서 키케로 자신을 관직에 임명해 프린켑스로서 능력을 발휘하도록 합의해주기를 바라는 심정을 표현했다는 것이다.
25) 이 단편은 위 아우구스티누스『신국론』5.13과 같은 내용이다. 그런데 아우구스티누스의 것보다 더 상세하게 표현되어 있어서, 1100년경에 클뤼니 수도원에 키케로의 국가론 전부가 존재했을 가능성이 제기된다. 대부분의 학자들은 직접 키케로의 책에서 인용했을 가능성은 없다고 보고 있어서, 중간 매개물이 있었을 것으로 추정한다.
26) 뷔흐너(410쪽)에 따르면, 출전표기가 노니우스 p. 233, 33으로 되어 있다. 그에 따르면, 이 단편의 전승은 불확실하고 어떤 식으로 전해졌는지 이해되지 않는다.

의 자질을 추구했다. 지나치게 과격한 성격이 그를 ……한 점을 내가
알지 못했다면 ……

노니우스, p. 201, 29: 어떤 덕은 용기[27]라고 불린다. 여기에는 정신
의 대범함이 있는데, 이는 죽음과 고통을 담대하게 경멸하는 것이다.

8

10　노니우스, p. 337, 34: 마르켈루스는 사납고 호전적인 사람으로, 막
시무스는 신중하고 고집스러운 사람으로[28]

카리시우스, p. 176, 23 Barwick: 키케로는 『국가론』 제5권 여기저기서
"전 세계[29]에 알려진 자들……"이라고 했다. 옛사람이 자주 그렇게 말
한 것을 플리니우스는 같은 책, 제6권에서 적어놓았다.

노니우스, p. 37, 26[30]: 그가 당신의 가족들로 하여금 자기 노년의
근심에 끼어들게 할 수 있었으므로

9

11　겔리우스, 『아테네의 밤』 12.2.6.7: 그 후에 그(세네카)는 매우 무미건
조하게 이 말도 부가했다. "게다가 키케로 자신의 저술에서는 잘 다듬어

---

27) 이에 관한 내용은 키케로, 『의무론』 1.17을 보시오.
28) 사람들은 마르켈루스(Marcellus)를 로마의 검으로, 막시무스를 방패로 대
비했다고 한다. 제1권 주 9) 10) 참조. 이 문장의 끝에는 '찬사를 받는다'
(laudatur)가 들어가는 것으로 보인다.
29) 키케로 당시의 로마 제국을 일컫는 것으로 파악된다.
30) 출전번호가 뷔흐너에는 p. 37, 23으로 표시되어 있다. 이 부분은 어떤 맥락에
서 누가 제시했는지 불분명하다.

진 연설 속에서 그가 엔니우스를 읽었으므로 작품을 파멸시키지 않았음을 당신은 발견한다." 이어서 그는 키케로의 글에서 엔니우스의 아류로서 비난받아야 할 바를 제시한다. 즉 『국가론』에서 "라코니아인 메넬라오스[31]에게 듣기 좋게 말하는 어떤 매력이 있었던 것처럼", 그리고 다른 곳에서 "그는 말할 때에 표현의 간결함에 유의한다"고 그가 기록했다는 것이다.

암미아누스 마르켈리누스, 30.4.10[32]: 이 자들의 몰염치함으로 인해서 맹목이 자유를, 성급한 무모함이 강인함을, 어떤 공허한 달변이 연설을 흉내 내는데, 툴리우스가 관찰했듯이, 이런 섣부른 기술로 심판하는 자의 양식이 기만당하는 것은 부당하다. 사실상 그는 다음과 같이 말한다. "(스키피오) 그리고 국가에서 투표나 판결만큼 매수되어서는 안 되는 것이 없는데, 왜 돈으로 매수하는 자가 벌을 받을 만하고 연설로써 그렇게 하는 자는 심지어 칭찬을 유발하는지 나는 알지 못합니다. 나는 금전으로 배심원을 매수하는 자보다 연설기술로 그렇게 하는 자

---

31) Menelaos: 스파르타의 왕으로 아가멤논의 형제이며, 부인인 헬레나를 트로이의 파리스에 빼앗기자 트로이 전쟁에 참여해 헬레나를 데려왔다고 한다. 이것이 인용된 것은 제일시민이 갖추어야 할 교양 중에서 언변(eloquentia)을 지적하기 위함이다. 같은 내용으로 보이는 것이 키케로, 『브루투스』 50에 나온다. "호메로스는 메넬라오스를 지적해 감미로운(dulcem) 자라고 했으나 말을 별로 하지 않는 자라고 지적한다. 한편 과묵함은 어떤 부분의 대화에서는 칭찬감이지만, 일반적인 언변에서는 칭찬을 받지 못한다."

32) 이 부분은 출전에 관한 언급이 없어서, 과연 키케로의 『국가론』에 넣어야 할지 의문시된다. 그러나 이 내용을 검토하면 언변과 관련되는 점, 통치자와 관련된 내용으로 보아 이곳에 넣는 것이 타당하다고 파악된다. 스키피오의 언급으로 생각되는 이유는 연설의 오용을 막고, 공적 회의에서 건전한 판단력을 보장하기 위한 것이다. 특히 그라쿠스의 연설을 염두에 두고 있었을 것으로 보인다.

가 더 많은 악행을 하는 것으로 봅니다. 왜냐하면 돈으로는 아무도 수치심이 있는 자를 매수할 수 없으나 언변으로는 할 수 있기 때문입니다."

노니우스, p. 521, 12: 스키피오가 이를 말하고 나자 뭄미우스[33]는 완전히 동의하면서(왜냐하면 사실 그는 연설가들에 대한 혐오감에 사로잡혀 있었기 때문이다.)

『작가 미상 「베르길리우스의 농경시」에 대한 주석』 II, p. 348(키케로, 『국가론』 제5권): 그때 최상의 옥토에 훌륭한 씨앗이 파종되었을 것이다.

---

33) 뭄미우스의 화법에 관해서는 키케로, 『브루투스』 94에 나온다. "스푸리우스(뭄미우스)는 결코 더 장식적이지는 않지만, 더 간결하다." 스키피오가 한 말의 내용은 정치가의 기능을 결정하는 데 주요한 과제로 짐작되며, 연설을 전문적으로 가르치는 교사에 대한 태도를 나타낸 것으로 보인다. 이 구체적인 내용은 암미아누스 마르켈리누스, 30.4.10에서 제시하고 있다.

제6권[1]

1) 제6권은 두 부분으로 나누어볼 수 있다. 후반부에서 스키피오의 꿈과 그에 관련된 내용을 다루고 있다면, 6권 1~2절에서 보이는 단편들의 내용이 전반부다. 이 단편이 매우 소략해 구체적으로 어떤 내용이 전반부를 구성하고 있었는지 재구성하는 것은 어렵다. 뷔흐너(434쪽)에서는 이 단편을 통해서 다음과 같이 재구성하고 있다. 통치자는 내란을 막을 지혜를 지니고 있어야 하며, 이런 내분은 인간의 욕심에서 비롯한다. 이와 관련해서 통치자는 질서의 동요와 평등사상의 전파를 막을 수 있도록 준비해야 한다. 이를 위해서는 군중의 폭력을 진압할 수 있어야 한다. 이런 예를 과거 호구조사관의 엄격한 집행에서 찾아 제시한다. 아울러 로마의 예를 그리스의 예와 대조해, 로마의 근검절약과 정숙함을 의식이나 혼인식에서 찾는다. 마지막으로 참주 살해에 정당성을 부여하는 내용이 제시되는데, 이는 티베리우스 그라쿠스의 살해를 정당화하는 스키피오의 발언과 관련된다. 아마도 이 경우는 키케로가 처한 정황과 깊은 관련이 있다고 할 수 있을 것이다. 그러면서 정치가의 의무가 국가를 위한 것임을 상기하고 스스로 위로한다.

1

1 키케로, 『아티쿠스에게 보내는 서한』 7.3.2 기원전 50년 10월 5일:
게다가 당신도 인정한 바인데, 개선식에 관한 그 생각을 비록 내가 제시하
지 않았다고 하더라도 제6권에 이상적으로 기술되고 있는 위인에 관해 당
신은 많이 물어보지는 않았을 것입니다. 사실상 저 책을 섭렵한 당신에게
내가 하지 않은 말이 무엇인가요? 만약 그것이 더욱 옳다면, 이제 나는 그
큰 문제를 포기할 것을 왜 주저하지 않겠습니까? 사실상 야심적인 개선식
에 관해서 그리고 자유인에 합당한 국가의 일에 관해서 동시에 논의할 수
는 없습니다.[2]

---

2) 아티쿠스에게 보내는 이 편지는 제6권의 내용을 파악하는 데에 매우 중요하다.
편지는 우선 키케로가 임지인 속주 킬리키아에서 더 체류하는 것이 족주와 국
가에 더 좋은 것으로 기대되는데 조기에 귀국하는 것이 옳겠는가 하는 질문으
로 시작한다. 5권에서는 지도자들에 관해서 언급하고, 6권에서는 순수하게 통
치자에 관해서 논의를 전개하는 것으로 파악된다. 그런데 이 서한의 내용은 통
치자에 대한 이념을 포기하고 현실적인 문제를 생각하겠다는 뜻으로 보인다.
여기서 그는 제일시민으로 처신하면서, 통치자로서의 규범적인 행위를 포기
하고 개선식이라는 정치적 행위를 공화정의 위기라는 상황인식에 따라서 선

노니우스, p. 42, 3: ……마르쿠스 툴리우스는 ……『국가론』제6권에서……: 그러므로 너는 이 통치자의 온전한 예지(叡智, prudentia)를 기대하는데, 이 명칭은 바로 예견하다(providendo)[3]에서 비롯했다.

노니우스, p. 256, 27: 그 이유로 이 시민은 나라의 상태를 동요[4]시키는 것에 대항해서 언제나 무장을 갖출 수 있도록 준비하는 것이 필수적이다.

노니우스, p. 25, 3:『국가론』제6권에서; 세르비우스,『베르길리우스의 아이네이스에 관한 주석』1, 149: ……키케로는『국가론』에서 다음과 같이 말했다. "그리고 시민 사이의 불화(dissensio)는 다른 사람이 다른 사람에게로 나누어지므로(seorsum erunt) 이탈(seditio)이라 불린다."

노니우스, p. 519, 17(cf. p. 168, 17): 사실 시민 사이의 불화에서 선한 자들이[5] 다수보다는 더 큰 힘이 있으므로, 나는 시민들을 숫자를 따져서가 아니라 그 비중을 따져서 평가해야 한다고 생각한다.

택하려는 것으로 보인다. 결국 그간에 추구해온 화합의 정치를 포기하고 다른 세력이나 정파와 힘겨루기를 통해서 승리자로 남으려는 선택에 의해 선량들(boni)과 연합하고자 한다. 이런 사정을 6권 전반부의 배경으로 고려해야 한다. 김창성, 「키케로 정치사상의 전환과 '보니'의 의미」,『서양고전학연구』57-1, 2018, pp. 143-164.

3) 구체적으로 예견하는 내용에 관해서는 이 책 1권 45 참조.

4) 혁명의 의미로 생각된다. 곧 통치자는 국가 체제를 수호하기 위해서 준비해야 한다는 내용으로 이해된다. 여기서 무장을 갖춘다는 'armata'의 번역인데, 무기만 지시하는 것이 아니라 모든 수단을 마련하는 것으로 파악된다.

5) boni: 이들은 국가를 유지하는 세력으로, 이들이 다수보다 더 큰 영향력을 행사해야 한다는 의미로 볼 수 있다.

노니우스, p. 424, 31: 생각에 대한 지독한 여주인인 욕정은 어떤 무한한 것들[6]을 이끌고 지휘한다. 이 욕정은 어떤 수단으로도 채워지거나 만족되지 않기 때문에, 그 마력에 의해서 욕정이 불붙은 자들은 무슨 짓[7]이든지 가리지 않고 하게 된다.

노니우스, p. 492, 1: 그의[8] 힘과 제멋대로인 저 오만함을 쳐부술자.

2

2   겔리우스, 『아테네의 밤』7.16.11: 노니우스, p.290, 15: 키케로는 『국가론』제6권에서 다음과 같이 기술했다. "실제 그는 저 사람보다 위대했다. 왜냐하면 그들은 업무에서는 동일한 동료들이었으나 혐오감이라는 면에서는 같지 않았을 뿐만 아니라 심지어는 그라쿠스[9]에 대한 사랑이 클라우디우스에 대한 혐오를 무마했기 때문이다."

---

6) 이 무한한 것들(infinita quaedam)은 사상적인 유토피아로 언제나 국가 체제의 변화를 요구한다.
7) omne facinus: 조롱조의 언급이며, 뷔흐너(431쪽)에 따르면, 이 같은 상태가 모든 혁명의 근본적인 원인으로 드러난다.
8) 특정인을 가리킨다기보다는 참주를 지시하는 것 같다.
9) 유명한 그라쿠스 형제의 아버지인 티베리우스 그라쿠스(Tiberius Sempro-nius Gracchus)를 말한다. 그는 기원전 177년에 통령이 되었으며 가이우스 클라우디우스 풀케르(Gaius Claudius Pulcher)도 역시 같은 해의 통령이었다. 기원전 169년에 두 사람이 호구조사관을 역임하고 있었는데, 기사들과 심하게 대립해서 호민관 푸블리우스 루틸리우스와 충돌하게 된다. 호민관은 이들을 반역죄로 평민회에 소환했고, 이 자리에서 클라우디우스가 위험에 처하게 되자, 그라쿠스는 자신도 클라우디우스와 같이 추방당하겠다고 밝힘으로써 이 위험을 벗어나게 된다. 이 사건을 통해서 귀족들이 큰 타격을 입지 않게 되었다. 한편 이 문제와 관련된 법은 피해방민의 선거권에 관한 것이었는데, 이 문제를 둘러싸고 두 사람이 대립하게 되었고, 그라쿠스는 이 법을 제안했다.

노니우스, p. 409, 31: …… 최선량들과 제일시민들의 수에 올라간 그는 자신의 무게 있는 목소리[10]에서 저 슬프고도 위엄으로 가득 찼던 소리를 빼버린다.

노니우스, p. 501, 27: 그가 기록하고 있듯이, 매일 천 명의 사람들이 자색으로 물들인 팔리움[11]을 입고 광장에 내려왔던 것처럼.

노니우스, p. 517, 35: 이 점에서,[12] 당신들도 기억하다시피, 그 장례식은 돈으로 집합시킨 가장 하찮은 군중에 의해서 급조해 치장되었다.

노니우스, p. 512, 27; 프리스키아누스, 『라틴문법』 III. 70. 11: 왜냐하면 우리의 조상은 혼인이란 확고하게 결정되었다고 생각했기 때문이다.

노니우스, p. 398, 28: 그가 기록하듯이 불멸의 신들에게 바쳐진 제

---

10) vocis et gravitatis suae: 이 구절은 이사일어(二詞一語, Hendiadyion)의 구조를 가진다. 없어진 것들은 바람직한 것들이므로, 최선량이나 제일시민에 걸맞은 변화를 지시하는 것으로 이해된다.

11) pallium: 그리스식의 외투. 이 문구가 어느 곳에 놓일지 더 확실하게 추론할 수는 없다. 다만 짐작할 수 있는 것은 자색을 물들인 천 명이라는 표현에서 사치스러운 상태를 표현하고 있다는 점이고, 또 이것이 로마가 아닌 그리스 도시에서 있었던 일이라는 점이다. 키케로는 이를 라틴어로 된 역사서에서 인용해, 로마인의 검소함이나 윤리와 대조하고자 했던 것으로 그 의도를 추론할 수 있다.

12) 이 부분은 어떤 내용인지 불분명하다. 전체적으로 이 장례식은 참주와 그를 추종하는 대중의 관계를 나타내는 것으로 보인다. 아울러 이것은 국가의 위기와 내란의 문제와도 연관된다.

관들의 헌주 잔과 사모스의 희생용 단지가 얼마나 고마운지 우리가 손에 지니고 있는 라일리우스의 연설(이 보여준다).[13]

8

8 마크로비우스, 『키케로의 「스키피오의 꿈」에 대한 주석』 1. 4. 2 sq.[14]: 이 좋은 기회는 스키피오 스스로 꿈에 관해 말하게 부추겼다. 그의 침묵이 그 꿈은 오래전[15]에 꾸었던 것임을 입증했다. 왜냐하면 참주살해를 보상하기 위해 나시카[16]의 입상이 세워지지 않았음을 라일리우스가 불평하자, 잠시 후 스키피오가 다음의 말로 답했기 때문이다. "그러나 비록 지혜로운 자들에게 탁월한 업적들에 대한 인정이 덕에 대한 최고의 보상이라고 할지라도, 저 신성한 덕은 납으로 고정된 입상이나 말라빠진 월계수잎으로 된 개선식도 원하는 것이 아니라 그보다 안정

---

13) 기원전 145년부터 공개적으로 한 연설문을 지시한다. 라일리우스는 연설에서 이런 집기들이 얼마나 신들에게 소중한지 밝힌 바 있다.

14) 이 자리에 재배치된 것은 1929년 하르더(Harder)의 논문이 나온 이후다.

15) 20년 전으로 계산된다.

16) 원명은 푸블리우스 코르넬리우스 스키피오 나시카 세라피오(P. Cornelius Scipio Nasica Serapio)다. 그는 개인 자격으로 원로원을 이끌고 민회가 열리고 있는 장소를 습격해 티베리우스 그라쿠스와 추종자들을 몰살시키는 데에 앞장선다. 이에 관해서는 다음의 기사를 참조. Valerius Maximus, iii. 2.17: "통령, 무키우스 스카이볼라가 그러한 대혼란에서 어떤 일을 하기 위해 피데스 신을 모신 공공의 신전 건물에 소집한 원로원 의원들이 숙고했으며, 전체의 의견에 의해 통령이 무력으로 국가를 지키도록 했는데 스카이볼라는 자신이 힘으로 어떤 일을 하길 거부했다. 그러자 스키피오 나시카가 '통령이 법의 질서를 따르는 동안 그것은 모든 법률과 더불어 로마의 대권을 전복시키게 되는 것이다. 나는 내 스스로 개인으로서 그대들의 지도자로 나서는 바이오 …… 국가가 안전하기를 바라는 자들은 '나를 따르시오'라고 말한다." 나시카의 개인적 동기에 관해서는 플루타르코스, 『티베리우스 그라쿠스』 8. 7: "티베리우스를 향해서 증오심을 아주 많이 품게 되었다. 왜냐하면 그는 매우 넓은 공유지를 차지했으며 강제로 그것을 포기한다는 것을 승인하지 않았기 때문이다."

되고 생생한 종류의 보상을 요구합니다.” 라일리우스가 말한다. “그
런데 그런 것들은 무엇이오?” 스키피오. “양해하십시오. 이미 축제를
3일째 맞이했군요.” 그리고 꿈에 관해 언급하면서, 부수적으로 그는 하
늘에서 국가들의 선한 통치자들을 위해서 더 안정되고 생기 있는 종류의
보상이 간직되고 있음을 보았다고 했다.

3

3   파보니우스 에울로기우스, p. 1, 5 Holder: 키케로는 플라톤을 모방
해 『국가론』을 저술할 때 심지어 팜필리아인 에르[17]의 부활에 관한 주제
를 다루기도 했다. 그는 “그 사람이 장작더미 위에 놓였다가 다시 살아
났으며 저승에 관한 많은 비밀을 이야기했다”라고 말한다. 그런데 그
는 그 주제를 우화적인 흉내로써 언급하지 않고, 이해할 수 있고 합리적인
꿈을 통한 형상화로써 구성했다. 그는 “영혼의 불멸성에 관해서 그리고
하늘에 관해서 이야기된 것이 몽상적인 철학자들의 허구도 아니고
에피쿠로스 학파가 비웃는, 믿을 수 없는 우화도 아니고 현명한 자들
의 해석”이라는 점을 교묘히 지시했다.

4

4   아우구스티누스, 『신국론』 22.28: 가장 훌륭한 말솜씨 때문에 그리
고 그가 성실히 생각하지 않은 것이 없다는 사실 때문에 우리 중의 일부
는 플라톤을 좋아해 그가 심지어 죽은 자들의 부활에 관해서 우리의 생각
과 유사한 것을 고안했다고 이야기한다. 실제로 툴리우스는 『국가론』에서
“그것이 진리였으므로 말하고자 했다기보다는 차라리 그 사람을 모

---

17) Er Pamphylius: 팜필리아는 소아시아의 한 지역이며, 에르란 이름은 동방 특
히 헤브라이 계통의 이름이다. 이 주제는 플라톤, 『국가』의 마지막 부분에 해
당한다.

방했다"[18]고 주장하면서 그 문제를 다룬다. 왜냐하면 그 사람이 다시 살아나서 플라톤의 주장들에 일치되었던 어떤 것을 이야기했다고 소개하기 때문이다.

6

6　마크로비우스, 『키케로의 「스키피오의 꿈」에 대한 주석』 I.1.8~2.5: 툴리우스는 재능에 걸맞은 판단력으로써 이 순서를 고수하는 것으로 드러났다. 그는 국가의 일을 떠맡았던 여가를 얻었던 간에 언제든지 정의를 논의하는 데 이르러서는 불멸하는 정신들의 신성한 거주지들과 하늘의 비밀을 완성된 작품의 정상에 놓았다. 그러면서 이성·정의·용기·절제[19]로 국가의 일을 다루었던 자들이 이곳으로 가야 한다고, 아니 오히려 되돌아와야 한다고 지적했다. 그러나 플라톤이 비밀의 누설자를 언급했는데, 이름은 에르, 출신은 팜필리아로, 복무 중인 군인이었다. 그는 전투에서 입은 상처로 인해서 숨이 끊어졌던 것으로 보여져 함께 전사한 다른 사람들과 마지막으로 정확히 12일째 되는 날에 화장하기로 예정되었다. 그런데 그는 곧 숨을 되찾고 유지해 두 번의 생명 사이에 지나간 날짜 동안 그가 행했거나 보았던 것을 마치 공개적으로 고백하듯이 사람들에게 알렸다. 이 가공의 이야기가 무지한 사람에 의해서 조소거리가 되자 키케로는 마치 자신은 진실한 것을 의식한 것처럼 그점을 괴롭게 생각했을 것이다. 그

---

18) 내용상 부활한 사람이 플라톤이 말한 것과 동일한 말을 하는 역할을 맡았다고 한다. 이 내용이 「스키피오의 꿈」 뒤에 들어갈지 앞에 들어갈지 확정되지 않았다. 이 점과 관련해 「스키피오의 꿈」이 이 책의 마지막인지 논란이 된다. 대체적인 의견은 서술의 전통에 따라서 「스키피오의 꿈」으로 종결짓는 것이 아니라, 그 뒤에 키케로 자신의 발문이 있을 것이라는 방향으로 집약된다. 뷔흐너, 439f.

19) 이 덕성에 관한 언급은 「스키피오의 꿈」에 나오지 않는다. 제5권에서 다루어지는 주제다.

래서 어리석은 비난의 예가 되는 것을 피하려는 것처럼 죽은 자가 되살아나서 말하기보다는 꿈에서 깨어나서 이야기하는 것을 채택했다.

7

7 또 꿈 이야기를 언급하기에 앞서서 툴리우스가 플라톤의 저 비웃음을 사는 가공의 이야기를 어떤 부류의 사람에게서 들어서 기록했는지 또는 자신에게도 똑같은 것이 생기지 않을까 두려워하지 않았는지를 분명히 알아야겠다. 왜냐하면 그는 이 말을 무지한 군중이 이해하기를 원한 것이 아니라, 오히려 경험에 의한 지식을 과시하면서 실제로 그 가공의 이야기를 읽고 그것을 비판하기로 분명히 마음먹은 자로서 진실을 알지 못하는 부류의 사람들이 이해하기를 원한 것이기 때문이다. 그러므로 우리는 그 위대한 철학자에게 그 사람들이 어떤 경솔한 판단을 한 것이 문제이거나 또는 누군가가 그들의 비난을 기록해 남겨 놓았다고 말할 것이다. …… 전체 에피쿠로스파는 언제나 동일한 잘못으로 진실에서 벗어났고, 알지 못하는 것들은 언제나 비웃음을 사게 되는 것으로 평가하면서 신성한 기록이나 자연의 가장 존엄한 비밀들을 조소했다. 실제로 에피쿠로스의 제자들 중에 더욱 명망이 있고 언변이 뛰어났던 콜로테스[20]는 이 사람에 관해 그가 심하게 조롱했던 것을 책에 남겨놓았다. 그런데 그가 부당하다고 지시한 다른 것들은 이 사람이 말하고자 한 꿈과는 무관하므로 이 자리에서는 생략하겠다. 만약 지적되지 않았다면 키케로와 플라톤에게 공통적으로 남아 있는 잘못된 비난을 추적해보자. 그가 말하길, 어떤 종류의 허구도 진실의 전문가에게는 부합하지 않으므로 철학자가 가공된 이야기를 구성하는 것은 적합하지 않았다고 한다. 계속해서 말하길, 만약 그대가 천상의 것들

---

20) Colotes: 에피쿠로스의 제자로 많은 저술에서 다른 철학체계를 비판하고, 특히 플라톤을 격렬히 비난했다. 그에 관한 사항의 대부분은 플루타르코스를 통해서 알려진다.

에 관한 인식이나 영혼의 성질에 관해서 우리에게 가르쳐주기를 원했다면 간단하고 절대로 쉬운 이 표현으로 하지 않고 왜 기이한 인물과 생소하게 고안된 사례와 허구의 대변자로 이루어진 무대가 진실을 추구하는 문을 거짓으로 더럽히도록 했는가라고 묻는다. 플라톤에 의해서 언급된 에르에 관해서 이런 비난을 던지는 동안 그들은 우리의 꿈꾸는 아프리카누스의 휴식을 비난하기 때문에 …… 우리는 그런 억지를 부리는 자에게 저항하며, 헛되이 주장하는 자가 몰락해 하나의 잘못된 비난이 해소된 상태에서 각자의 행위가 정해진 대로 안정된 권위를 지니게 될 것이다.

「스키피오의 꿈」[21)

9(1)

9 (스키피오): 마니우스 마닐리우스가 통령[22)]이었을 때, 당신도 알다

---

21) 이하는 마크로비우스가 주석을 달아 전함으로써 중세를 통해 근대에 이르기까지 널리 연구되었다. 특히 키케로의 종교관과 관련해 기독교나 이교도의 학자들에 의해서 널리 연구되었으며, 최근에 키케로의 철학적 세계관을 알기 위해 많이 다루어지는 대목이다. 그러나 이 부분이 키케로 자신의 글인지에 관해서는 19세기에 의문이 제기되었다. 1820년 이 문서를 분석한 쿤하르트 (Kunhardt)는 이 대목이 키케로에게 어울리지 않으므로 키케로의 글이 아니라고 주장했다. 이런 반대 의견 중에서 결정적인 것은 『국가론』 제5권에서는 명예가 바람직한 것으로 다루어지고 있는데, 「스키피오의 꿈」에서는 이를 평가 절하하고 있다는 점이다. 그래서 사료에 관한 의문이 제기되었다. 이런 의문을 가진 사람들은 「스키피오의 꿈」이 포세이도니오스의 것이라고 주장했다. 이런 본원성 문제에 대한 적절한 답을 한 사람은 하르더(R. Harder)로, 그는 다른 연구에서 사료비판의 문제가 충분히 해명되었다고 보고, 1929년에 다루어진 주제를 분석해 이것이 키케로의 글임을 밝힌다. 우선 정치가를 신으로 보는 것이 플라톤적인 생각이라는 점, 명예에 반대한 헬레니즘적인 논제, 그리고 우주에 대한 기술을 통해서 보았을 때 작품 전체는 플라톤 사상이라고 본다. 그러나

시피, 나는 제4군단의 천부장으로서 아프리카에 갔지요. 그때 정당한 이유로 인해[23] 우리 가문과 가장 절친했던 마시니사[24] 왕을 만나는 일보다 더 우선한 일이 내게는 없었습니다. 내가 그에게 다가가자 그 노왕은 나를 껴안고 함께 울었습니다. 잠시 후에 하늘을 보고 말하기를 "지고의 태양신이여, 나는 당신에게 감사하며[25] 아울러 하늘

당시 키케로는 권력의 정점에 서 있는 정치가로서 스키피오의 꿈은 하나의 휴식이며, 이 꿈에서 중요한 점은 로물루스가 신이 된 사실에 근거를 두고 있는 정치가의 변용이다. 「스키피오의 꿈」은 네 가지 내용으로 이루어진다. 1. 꿈의 상황 2. 노(老)스키피오의 출현 · 예언 · 약속 3. 친아버지인 파울루스의 위로와 인간 조건의 해명 4. 우주 · 명예 · 영혼에 대한 스키피오의 언급.

22) 기원전 149년에 마르키우스 켄소리누스(L. Marcius Censorinus)가 동료 통령이었다.

23) 'iustis de causis'의 번역인데, 말 그대로 합법적이라는 의미보다는 오히려 마시니사와 로마 상호간에 이익이 되고, 이와 관련한 어떤 도덕적인 문제가 없었다는 의미로 볼 수 있다. 살루스티우스, 『유구르타 전쟁』 5.5에서 "그러므로 마시니사의 우정은 선하고도 도적적인 것으로 우리에게 남겨져 있다"고 말하고 있는데, 이 관계를 보여준다.

24) Masinissa(기원전 240~148): 북부 아프리카 소왕국의 왕이다. 처음에는 카르타고를 도와서 로마에 적대적이었으나 노스키피오가 포로로 잡힌 자신의 조카를 되돌려 보내면서 많은 선물을 보내자 그의 관대함에 놀란 마시니사는 마음을 바꿔서 로마를 지원하게 되었다. 이로써 로마의 군대가 아스두르발(Asdrubal)과 시팍스(Syphax)의 군대를 패배시키는 데 크게 기여한다. 그는 포로로 잡힌 시팍스의 부인에게 마음을 빼앗겨 진영에 데려와 혼인했으나 스키피오의 비위를 거스를 것을 두려워해 자결하도록 한다. 자마 전투에서 그는 크게 공헌했고 로마는 그에게 시팍스의 왕국과 카르타고의 일부를 주었다. 이로써 그는 대 누미디아 왕국의 기초자가 된다. 기원전 149년에 91세를 일기로 60년 이상의 통치를 마감한다. 죽기 전에 스키피오 아이밀리아누스로 하여금 왕국을 왕자들에게 분할해주는 일을 위탁한다. 본문에서 기원전 149년에 스키피오가 천부장으로서 마시니사를 방문한 것은 키케로가 허구로 만든 것이라고 보인다. 왜냐하면 사료에 따르면 스키피오는 기원전 150년에 코끼리를 구하러 에스파냐에서 나와서 누미디아에 도착해 왕의 환대를 받았으나 이후에 그는 천부장으로서 왕의 임종 때 초빙되었고, 살아서는 보지 못했기 때문이다.

308

에 있는 나머지 신들에게도 감사를 드립니다. 왜냐하면 내가 이승을 하직[26]하기 전에 내 왕국과 이 거처에서 푸블리우스 코르넬리우스 스키피오를 보았기 때문이오. 그의 이름만으로도 나는 기력을 찾았소. 그처럼[27] 가장 선하고 불굴인 사나이에 관한 기억이 내 생각에서 결코 떠나지 않고 있다오." 그 후에 나는 그에게 가서 그의 왕국에 관해 물어보았고, 그는 나에게 우리나라의 사정을 알아본 다음 여러 주제에 관해 많은 말을 나눈 채 그날을 보냈지요.

10

10   그때 나는 왕의 의전에 따라 영접을 받았고, 우리는 밤이 깊도록 담화했지요. 왕은 아프리카누스 님에 관한 것을 제외하고는 아무것도 말하지 않았는데, 그는 그의 업적뿐만 아니라 심지어 그가 말한 바도 모두 기억하고 있었습니다. 말을 마친 후에 침소에 들기 위해서 헤어졌는데, 여정으로 인해서 피곤했고 밤이 깊도록 자지 않고 있던 나는 여느 때보다도 더욱 강하게 꿈에 사로잡혔습니다. 물론 이것으로부터 우리가 말했던 것을 믿습니다. 왜냐하면 거의 나의 생각과 말이 엔니우스가 호메로스에 관해 쓰고 있는 바, 즉 종종 깨어 있으면서 흔히 생각하고 말해왔던 무언가를 그 같은 꿈[28]에서 만들어내는

---

25) 여기서 마시니사는 오리엔트 종교에 최고 존재인 태양신을 부르고, 로마식의 표현을 같이 사용한다. 일종의 종교혼합적인 태도를 보여준다.

26) 하직이라고 번역한 'migro'는 방황을 의미하는데, 당시 누미디아 사람들의 죽음에 관한 관념을 잘 보여준다.

27) 이 문장은 선후 관계가 의문시된다. 마시니사의 스키피오에 대한 호감이 먼저이고 그 이름으로 인해서 소생할 수 있었다는 식으로 문장이 되어야 할 것이다. '그처럼'은 연결부사(itaque)인데 문맥상 '왜냐하면'으로 번역해야 할 것이다. itaque를 ita와 같은 의미로 보고, 고형의 어법으로 간주하기도 한다.

28) 호메로스가 엔니우스의 꿈에 나타나서 눈물을 흘리고 지하세계의 신비를 설명해주었다는 이야기를 말한다. 엔니우스, 『연대기』 5,6을 참조. 이처럼 꿈을

일이 있기 때문입니다. 여기서[29] 아프리카누스 님이 나에게 나타났는데, 그 자신의 실물보다는 그의 조상(彫像)[30]으로부터 내게 더욱 친근했던 형태를 지니고 있었습니다. 내가 그를 알아보았을 때 나는 떨고 있었지요. 그러나 그는, "스키피오, 주목하고 겁내지 마라. 그리고 내가 말하는 바를 기록하라.[31]

11(2)

11　나에 의해서 로마 인민에 복종되었으나 전의 전쟁을 다시 일으키고자 들썩이는 저 도시[32]가 보이지 않는가?"라고 말합니다. 그 말을 마치고 높고, 별로 가득 차 환하고, 밝게 보이는 어떤 장소에서 카르타고를 보여주었습니다. "지금은 병사나 다름없이 저 도시를 공격하고자 왔지만, 너는 2년 내에 통령이 되어 그곳을 멸망시킬 것이다.[33]

─────────

이용해 사상을 표현하는 것은 선례가 있는 것이라 할 수 있으며, 뷔흐너(449쪽)는 키케로처럼 꿈과 우주에 대한 관찰을 결부시킨 것은 완전히 로마인의 독창적인 창작이라고 보며, 따라서 이 글이 포세이도니오스의 것이 아니라 키케로의 것이라는 주장을 편다.

29) 옮긴이는 hic를 스키피오가 꾼 꿈이라고 보았으나, 일반적으로는 꿈의 장면을 전환해주는 말로 본다.

30) Imago의 번역어다. 스키피오 아프리카누스는 기원전 183년에 사망했는데, 이때 소(少)스키피오는 생부인 파울루스의 집에서 살고 있었고 2세도 되지 않았다. 이 조상은 밀랍으로 된 마스크로 로마 귀족가문의 관습에 따라서 다른 조상들의 것과 아울러 집의 안방에 모셔지거나 상자에 넣어 보관되었다.

31) 이 과정은 헬레니즘 시대에 기적을 표현하는 상투적인 방식을 보여준다. 즉 현상이 있고 나서, 놀라서 떨게 되고, 진정된 후에는 두려움의 대상이 듣고 명심하도록 한다.

32) 기원전 2세기에 카르타고가 다시금 로마에 위협이 되었다는 주장은 허구라고 본다.

33) 소스키피오는 기원전 149년과 148년에 천부장직을 맡아서 임기를 마치고, 기원전 147년에 통령, 146년에는 그 직책을 연장해 프로콘술(대행통령)로서 카르타고를 멸망시킨다.

이제껏 나에 의해서 세습되어 네가 물려받은 그 별명을 너 자신의 힘으로 차지하게 될 것이다.[34] 카르타고를 멸망시킨 이후에 너는 개선식을 거행하고 호구조사관이 될 것이며, 사절이 되어서는 징발하러 이집트, 시리아, 아시아, 그리스로 갈 것이다. 부재중에 통령으로 재선되어 최대의 전쟁을 끝내고 누만티아를 궤멸시킬 것이다.[35] 그러나 카피톨리움으로 마차를 타고 갈 때, 너는 내 외손자[36]의 계획으로 동요된 국가를 만나리라.

12

12   아프리카누스,[37] 여기서 너는 네 정신과 재능과 경륜의 빛을 국가에 비추도록 해야 할 것이다. 그러나 나는 이때 마치 운명처럼 두 갈래의 길[38]이 있음을 본다. 왜냐하면 너의 생애는 태양이 7회 회전하고 8회 복귀함[39]을 이루기 때문이다. 이 두 숫자는 각각 다른 원인에

---

34) 기원전 240년 로마 원로원은 이러한 존호를 장자에게만 물려주도록 결정했다. 여기서 양조부인 노스키피오의 존호를 물려받은 것에 대한 자부심이 잘 표현되어 있다.

35) 누만티아 정벌은 기원전 133년에 완성된다. 다른 전쟁에 비해서 수월했는데도, 키케로가 이를 최대의 전쟁이라고 한 이유는 분명하지 않다.

36) 기원전 133년 호민관이 된 티베리우스 그라쿠스를 지칭하는데, 노스키피오의 딸인 코르넬리아를 통해서 본 아들이다.

37) 이 장면에서 누만티누스라고 부르지 않고, 아프리카누스라고 부르고 있는 점이 주목된다. 체제의 계승이라는 점과 관련해 이 호칭을 중요하게 여기고 있음을 보여준다.

38) 내용상으로 소스키피오가 자신의 가능성을 총동원해 국가를 정비하든지 아니면 친척의 음모로 희생당하느냐다.

39) 이 숫자를 곱하면 56이 되는데, 소스키피오가 기원전 185년에 태어나서 기원전 129년에 죽은 것과 연관시킨 것으로 보인다. 그러나 어떤 근거에서 이 숫자들의 조합이 완전수를 이루는지는 분명하지 않다. 특히 8과 관련해 그러하다. 일반적으로 위기를 초래하는 조합은 7 7, 7 9다.

의해서 다시 완전한 것으로 간주된다. 그 숫자가 자연적인 순환에 의해서 네게 운명의 정점을 가져다줄 것이다. 나라 전체가 오직 네 속에서 그리고 네 이름에서 변화하며,[40] 원로원과 모든 선한 자들, 그리고 동맹국과 라틴인이 너를 주목할 것이며, 너는 나라의 안녕이 달려 있는 유일한 인물이 될 것이다. 한마디로 너는 친척들의 불손한 손을 회피한다면[41] 독재관으로서 국가를 안정시켜야 할 것[42]이다"라고 말했지요.

이때 라일리우스가 한탄하고 다른 사람들이 더욱 심하게 한숨을 내쉬자, 스키피오는 부드럽게 웃으면서 "쉿, 나를 꿈에서 깨지 않도록 해주시오. 그리고 잠시 나머지 말을 들어보세요"라고 했다.

13(3)

13   계속해서 "그러나 아프리카누스, 국가를 지키는 일에 네가 더욱 신속할 수 있도록 다음과 같이 생각해라. 즉 조국을 보존했고 도와주었고 확장시킨 모든 자들에게는 행복한 상태에서 영생을 누릴 장소가 하늘에 분명히 정해져 있다는 것이다. 왜냐하면 모든 세상을 지배하는 저 제일신[43]에게 위원회와 민회와 나라라고 불리는 인간의 법적

---

40) 이것은 'convertet'의 번역인데, 관용적으로 위인의 출현에 대해서 쓰이는 말이다.

41) 키케로의 묘사와는 달리, 그는 그라쿠스의 농지법에 반대했고, 그의 죽음을 당연시해 인기를 잃고 있었다. 그의 급사에는 그의 부인이자 죽은 그라쿠스의 누이인 셈프로니아가 관련되었다는 소문이 돌았다. 이 죽음에 대한 조사는 아무런 결정적 증거를 확보하지 못한 채 의문의 여지만을 남겼다. 본문에서 키케로는 독살설을 따르고 있음을 보여준다. 그러나 다른 연설문에 따르면, 자연사한 것으로 나타난다.

42) 구체적으로 어떤 계획으로 사태를 수습하려고 했는지는 밝혀진 바가 없다. 그러나 그라쿠스의 농지법을 중지해 원로원의 이익과 이탈리아 동맹국의 문제를 해결하려는 방향으로 나갔을 것이라고 짐작된다.

인 연합 상태[44]보다 땅에서 인정받는 것은 아무것도 없기 때문이다. 이런 것들의 통치자와 보존자들은 이런 이유로 이곳으로 되돌아올 것이다"라고 말했지요.

14

14   여기서 나는 죽음에 대한 공포에 의해서라기보다는 나의 친족들의 음모에 대한 공포로 두려웠지요. 그래도 그와 나의 친아버지인 파울루스[45] 그리고 우리가 죽었다고 생각한 다른 사람들이 살아 있는지를 물어보았습니다. 그가 말합니다. "참으로 그러하다.[46] 이들은 마치 감옥에서 나오듯이 육체의 속박에서 벗어난 자로서 살고 있다. 사실상 삶이라고 이야기되는 너희의 것이 죽음[47]이다. 왜 너는 네 친부인 파울루스가 네게로 다가오는 것을 보지 못하는가?" 내가 그분을 보니 눈물이 쏟아져 나왔는데, 그분은 나를 껴안고 입 맞추고 나서 울지 말도록 했습니다.

---

43) pincipi deo: princeps deus 신들 중에서 첫째가는 신이라는 의미로, 만물의 질서를 주창한 신이라는 의미로 사용된다.

44) 국가에 대한 정의는 이 책 1.39를 보시오.

45) 소스키피오의 친부인 파울루스는 기원전 168년 퓌드나 전투에서의 승자로, 죽은 지 11년이 되었다.

46) immo vero의 번역인데, 문맥상 오히려로 번역하는 것이 자연스럽다.

47) 피타고라스 학파나 플라톤 학파 등에서는 육체를 정신의 감옥으로 본다. 이런 주장은 플라톤의 『파이돈』 62 b에서 소크라테스를 통해서 요약된다. "이 문제에 관해서 은밀히 이야기되는 이론이 있네. 그것은 인간들이 일종의 감옥에 갇혀 있는데, 아무도 자신을 이로부터 풀려나게 해서도 안 되며, 몰래 도망해나가도 안 된다는 주장이지만"(박종현 옮김) 이런 생각은 피타고라스의 학설이고, 또한 오르페우스 비의와 연관되어 있다.

15   내가 비로소 울음을 억누르고 말할 수 있게 되자 나는 말합니다.
"가장 신성하고 선하신 아버님, 아프리카누스 님께서 하신 말씀을
듣건대, 이것이 삶이라면 왜 내가 땅에 머물고 있는지 묻고자 합니
다. 여기서 바로 당신들에게 신속히 가서는 왜 안 됩니까?" 그분이
말합니다. "그건 바르지 않다. 왜냐하면 네가 보는 모든 것이 바로 신
의 성역[48]인데, 그 소유자인 신이 너를 육체의 구속에서 바로 해방시
킬 때가 아니라면[49] 이곳으로 오는 것이 네게는 허용될 수 없기 때
문이다. 참으로 이 법에 따라서 사람들이 태어났는데, 네가 이 성역
에서 중간이라고 보고 땅이라고 말하는 저 지구[50]를 그들이 돌볼 것
이며 그들에게는 네가 별자리와 별이라고 부르는 저 영원한 불에서
정신이 부여되었다.[51] 그것들은 구형이고 회전하는 것[52]으로서 신

---

48) 이 같은 관념을 오리엔트적으로 보는 견해도 있으며, 스토아 학파나 플라톤
    의 영향으로 보는 견해도 있다. 세상이 곧 신전(mundus templum)이라는 키케
    로의 관념은 『법률론』 2.26에도 표현되어 있다.

49) 이 문장은 문두에 NISI ENIM CUM이 있는데, 필사본에 따라서는 CUM이
    없이 nisi enim으로 되어 있다. 전자의 판독을 따르는 사람은 치글러를 비롯해
    여러 명이다. 옮긴이도 이에 따른다. 후자의 가능성을 염두에 두는 사람은 뷔
    흐너다. 뷔흐너에 따르면(462쪽) 후자의 판독은 죽는다는 것이 신의 의지에
    따르는 것으로 해석할 여지를 주고, 전자의 판독은 신의 의지와 더불어 죽음
    의 시점이 명시되어 있는 것으로 볼 수 있다는 것이다. 어느 것이 키케로적인
    관점인지 분별할 필요가 있다.

50) globus: 구(球)라는 뜻이다. 그리스인도 이를 같은 뜻인 sfara로 표시했다.

51) 인간의 영혼이 불(火)과 동일하다는 생각은 스토아 학파가 지니고 있었다.
    키케로는 영혼의 성격에 관한 이론을 정립하지 않고 있었다. 다만 영혼이란
    물질과는 다른 것이고, 본성상으로 신적인 것이라고 보았다. 그렇지만 스토
    아 학파의 주장을 따랐던 것으로 보이지는 않는다. 키케로, 『투스쿨룸 논쟁』
    1.25.60과 1.28.70을 참조. 로마에서는 루크레티우스가 이를 대변하고 있는 것
    으로 보인다. 그러므로 아프리카누스가 설명하고 있는 당시 그리스에 널리
    퍼진 개념을 설명하는 것이다. 이와 관련해서는 플라톤, 『티마이오스』 90 a에

의 마음들에 의해서 정신이 부여되어[53] 놀라운 속도를 지니고 자체로 회전하고 궤도를 만든다. 푸블리우스야, 그 때문에 너 자신과 또 경건한 모든 사람이 정신을 육체의 구속 속에 유지해야 한다. 아울러 신에 의해서 할당된 인간의 의무를 회피했다고 여겨지지 않도록 네게 정신을 부여해준 신의 명령이 아니라면 인간의 삶에서 떠나지 않아야 한다.

16

16 스키피오야, 너의 이 조부처럼, 너를 낳은 나처럼, 정의를 기르고 경애심[54]을 길러라. 이것은 부모와 친척들에게 중요한 것이면서 조국에게는 가장 큰 것이야. 하늘에 그리고 이제껏 살았다가 육체로부터 놓여져서 네가 보는 바로 저 장소에 거주한 사람들의 회합 속에 그러한 삶이 바르게 존재한다.[55] 그곳은 불타는 별 가운데서 가장 찬란한 광채를 내는 구역[56]인데, 너희들은 그곳을 그리스인에게서 받

는 혼이 탄생하게 된 것을 천체로 지칭하고 있다.

52) quae globosae et rotundae: 이 말은 이사일언으로 간주된다. 즉 구체의 완전한 형태를 강조하기 위해서 사용된 것이다.

53) 'divinis animatae mentibus'의 번역이다. 아리스토텔레스는 이 책 6.17 이하에서 설명되고 있는 행성의 역진현상을 설명하기 위해서 별자리의 각 영역에 영혼 또는 분리된 동기를 부여했다. 이에 관해서는 아리스토텔레스, 『형이상학』1073 a 26~b 1을 보시오. 플라톤은 『티마이오스』 41 d에서 각 별을 영혼에 할당하고, 『법률』899 b에서는 별들의 영혼이 신성하다고 했다.

54) pietas: 원래 이 개념은 신과 가족에게 사용되는 것이었으나, 키케로는 이에 조국을 더한다. 그러면서 조국에 대한 경애심이 가장 큰 것으로 설명한다. 이런 생각은 신에 대한 가장 경건한 복종심을 가지고 과업을 이어나가도록 하면서, 자살에 대한 동기가 소멸된다.

55) 조국에 대한 과업, 다시 말해 정의로운 상태에서 국가를 운영하는 것이 하늘에 이르는 길이라는 말인데, 여기서 하늘의 개념은 천문학적인 의미보다는 후대의 기독교에서 말하는 천국에 가깝다고 할 수 있다.

아들인 대로 우윳빛의 궤도(은하수)[57]라고 부르고 있다." 이 말에 따라서 곰곰이 생각해보니 모든 것이 내게는 더욱 훌륭하고 놀라운 일로 보였습니다. 한편 저 별들은 이곳에서는 우리가 결코 본 적이 없는 것이었고, 모든 별의 거대함은 우리가 상상도 못해본 것이지요. 이것들 중에서 가장 작은 것[58]은 하늘에서 가장 멀리 떨어져 있는 것이고, 땅에 가장 가까이 있어 빛으로 다른 것들을 밝혔습니다. 한편 둥근 별들은 땅의 크기를 쉽게 압도해 버렸지요. 이제 땅은 사실상 나에게 매우 작은 것[59]으로 보여서, 우리의 제국이란 마치 땅의 한 점에 우리가 접근하는 것 같으므로 나에게는 하찮은 것으로 여겨졌습니다.

17(4)

17 내가 이것을 더 보고 있으려니, 아프리카누스께서 내게 말합니다. "언제까지 너는 마음을 땅에 두려는가? 너는 내가 어떠한 성역에 들어왔는지 알지 못하는가? 네가 생각하듯이 궤도, 아니 오히려 구체라고 해야 할 9개에 모든 것이 연계되어 있으며, 그것들 중의 하나가

---

56) circus: 일부 주석에서는 circulus를 원주로 읽는다. 이곳이 영혼의 안식처라는 개념은 피타고라스에게서 비롯하는 것으로 알려져 있다. 그런데 여기서 정치가들이 와서 영원한 삶을 영위한다는 주장은 키케로에게 고유한 것으로 인식된다(뷔흐너, 467쪽).

57) 은하계를 뜻하는 Galaxy의 본래 의미다. 그리스어로는 γαλάκτιος κύκλος, 즉 우유의 원호라고 말할 수 있다.

58) 구체적인 명칭은 제시하지 않으나 태양을 의미하는 것으로 볼 수 있고, 그 빛을 받아서 밝게 된 것은 지구를 의미한다. 지구가 자체의 빛을 지니고 있지 않다고 하는 점은 탈레스 이래로 상식이다. 이 문장에서 하늘(caelum)은 가장 먼 전체를 의미하고 있다.

59) 헬레니즘 시기에 지구가 작음을 묘사하기 위해서 흔적(στιγμή)이나 자취(σημεῖον)라는 말을 사용했다.

가장 외부에 있는 천구[60]다. 이것은 나머지 모든 것들을 감싸 안고 있으면서 바로 최고의 신으로서 다른 신들을 간섭하고 통제한다.[61] 이 안에 영원히 도는 별들의 궤도가 고착되어 있다. 이[62] 아래에 놓이는 것들로서 뒤로 역진하는 운동[63]을 지니고 움직이는 7개의 궤도와 하늘이 있다. 이것들 중의 한 구체는 지상에서 토성[64]이라고 부르는 별이 차지하고 있다. 이어서 인류에게 호의적이고 건강에 이로운 목성[65]이라고 부르는 빛이 있다. 그다음에 붉은색이고 공포로 가득

---

60) 같은 구절이 키케로의 『점술론』(De divinatione) 2.91에 보인다. 아울러 제논의 단편 115에 "하늘은 에테르의 가장 먼 것(οὐρανὸς ἐστὶν αἰθέρος τὸν ἔσχατον) ……자신을 제외하고 모든 것을 두루 감싼다(περιέχει γὰρ πάντα πλὴν αὐτοῦ)"라는 구절과도 비교된다. 키케로는 에테르에 관해서 언급하지 않았다.

61) 이 구절은 아리스토텔레스, 『자연학』267 b 6~9에 대한 오역으로 파악된다. 키케로는 회의주의적인 입장에서 신의 성격에 대한 확실성을 찾는 것은 불가능하다고 보았으나, 우주를 움직이는 힘의 정신적 실체 또는 신의 섭리 같은 것에 대한 믿음이 있었다.

62) huic: 다른 사본에는 관계사인 cui로 되어 있기도 하다. 일반적으로 huic를 더 좋은 표현으로 간주한다.

63) 이런 행성의 불규칙성이 고대 천문학의 과제였다. 피타고라스 학파는 처음에 태양과 달과 5개의 행성이 원을 이루며 균일한 궤도를 움직인다고 생각했다. 그런데 그런 역진현상을 두고서 신적이고 영원한 별들이 어떤 때는 빠르고 어떤 때는 느리게 움직인다고 생각할 근거가 없었다. 그래서 이런 현상을 설명하기가 어려웠다. 본문의 번역 원문은 retro contrario motu인데, 역진(contrario)은 중복된 표현으로 간주된다.

64) 본문에는 Saturnia, 즉 사투르누스 신의 형용사로 표현되어 있다. 그래서 '사투르누스 신에게 속하는'으로 번역해야 할 것이다.

65) iovis라고 유피테르의 소유격으로 표기되어 있는 점이 눈에 띈다. 즉 '유피테르 신에 속하는'의 의미로 번역할 수 있겠으나, 키케로는 어원상으로 유피테르라는 단어가 도와준다의 뜻을 가진 iuvare와 연관시키는 것을 의도했다는 의견도 있다. 이 점은 뒤에 나오는 화성의 성격과 대비된다. 목성은 동양에서는 세성(歲星)이라고 불렸다. 목성의 공전 주기는 11.9년으로 동양에 사용되어온 12지는 바로 이 목성의 궤도에 근거한 것이었다.

찬 땅이 있는데 너희들이 화성[66]이라고 부르는 것이다. 다음에는 아래로 거의 중간지역을 태양[67]이 장악하고 있는데, 나머지 빛들의 지도자요, 제일인자요, 다스리는 자이며, 세상의 심장이고 조직원리로서 모든 것을 자신의 빛으로 비추고 채울 만한 크기를 지닌다. 이것에 이어서 어떤 때는 금성의, 어떤 때는 수성의 경로가 종자처럼 따르고,[68] 가장 낮은 궤도에는 태양 광선에 의해서 빛나는[69] 달이 돌고 있다.[70] 한편 그 아래에는 인류에게 신들의 의무를 부여받아 주어진 정신을 빼놓으면 죽고 사라지지 않을 것이 아무것도 없으며, 달 위로

---

66) martius: 이 말도 로마의 군신 마르스의 소유격으로 표현되어 있어 '군신 마르스에 속하는'의 의미다. 색과 관련해서는 플라톤도 같은 뜻인 ὑπέρυθρος 로 표시한다.

67) 여기서 태양의 영역에 최고 신격을 부여하고 수성과 금성이 종사로서 따르게 한 것은 우주를 싸고 있는 전체를 최고신으로 한 것과 모순된다. 그런데 이 태양을 정치가 특히 왕이나 최고 통치자를 표상하는 것으로 생각한다면, 키케로의 의도가 잘 반영되어 있다고 볼 수 있다. 이 책 제1권의 초두에 두 개의 태양에 관한 논의가 바로 이와 연관된다.

68) 이 구절은 키케로가 폰토스의 헤라클레이데스(Heracleides)의 천문학 이론을 알고 있었다는 점을 시사한다.

69) 달이 태양빛을 반사한다는 생각은 탈레스가 처음 정립했다.

70) 플라톤, 『티마이오스』 38 d에 따르면 태양은 달 바로 위에 있고, 그 위에 금성과 수성이 있다. 이것은 종래 그리스인이 가졌던 생각이다. 그러나 키케로가 제시한 이 순서는 바빌로니아의 스토아 학자인 디오게네스에 의해서 기원전 2세기에 등장하는 것이다. 마크로비우스는 이런 항성배열을 유형화해, 전자를 이집트 식, 후자를 칼다이아 식으로 명명했다. 우리나라에서 사용되는 요일의 명칭은 바빌로니아 점성술과 관련이 있는데, 바빌로니아 사람들은 지구에서 관측한 7개 천체의 공전주기를 산정해, 토성(30년)-목성(12년)-화성(2년)-태양-금성-수성-달의 순서로 배열했다. 각 행성이 차례로 24시간 운행한 후에 첫 시간을 차지하는 순서로 배열하면 토성-태양-달-화성-수성-목성-금성-토성의 순서가 되어 우리가 쓰는 일월화수목금토가 된다. 우리나라에서는 5개 행성의 순서를 태양-수·금·화·목·토로 중국에서는 목·화·토·금·수로 했다.

는 모든 것이 영원하다.[71] 왜냐하면 중심이며 아홉 번째인 땅[72]은 움직이지 않으며 가장 낮으므로 그것의 중력에 의해서 무게를 가진 것은 모두 그곳으로 떨어지기 때문이다."[73]

18(5)

18 놀라서 이런 것들을 보다가 나는 정신을 차리고 말합니다. "이것은 무엇입니까? 나의 귀를 채우는 크고도 감미로운 소리는 무엇인가요?" 그가 말합니다. "이것은 동일하지는 않아도 계산된 부분에 따르는 비례로 구별되는 간격들에 의해서 서로 연결된 채 저 궤도들이 밀고당기면서 생기는 것이다. 그리고 그것은 고음을 저음으로 완화시키면서 평균적으로 다양한 합창을 만들어낸다. 왜냐하면 침묵으로는 그렇게 큰 운동을 야기할 수 없으며, 자연은 어떤 끝부분으로부터 장중하게, 다른 부분으로부터는 날카롭게 소리가 나게 했기 때문이다. 이 이유로 별을 품고 있는 하늘의 저 가장 높은 경로는 그 자체의

---

71) 이런 이론은 아리스토텔레스, 『천체론』(De caelo) bks, 3과 4에서 찾아볼 수 있다.

72) Tellus: 키케로는 땅을 원반으로 생각한 것이 아니라, 구체(globus)로 생각했음을 알 수 있다. 그런데 불확실한 점은 달을 비롯한 천체가 모두 운동하고 이를 영원한 것으로 표현하고 있는데, 지구만이 움직이지 않고 우주의 중심이 된 채 구체로 존재할 수 있는가 하는 점이다. 고대에는 지구가 자전하는 것은 알려져 있지 않았다. 일찍이 에라토스테네스는 플라톤이나 아리스토텔레스에 의해서 제시된 견해를 대변해 대지(Gaia)를 아홉 번째의 천구로 묘사했다. 태양중심설은 이미 아리스타르코스에 의해서 제시되었으나 잘 알려지지 않아서, 코페르니쿠스의 설이 나올 때까지 기다려야 했다. 키케로는 지구가 자전하는지 명백하게 표현하지 않고, 단지 무게를 지닌 물체가 떨어지므로 중심이라고 말한다. 이와 관련해서는 플라톤, 『파이돈』 108 e 참조.

73) 키케로가 이런 식으로 천체를 기술한 것을 하나의 상징으로 보는 견해가 있다. 이에 따르면 키케로의 글은 확실한 근거가 없는 것으로, 이렇게 서술해서 천체를 묘사함으로써 질서의 개념을 내포하고자 했다는 것이다.

회전이 더욱 빠르므로 날카롭고 높은 소리를 지닌 채 움직이고, 달이 이루는 가장 낮은 경로는 여기에서 가장 낮은 음을 지니고 움직인다.[74] 그런데 아홉 번째인 땅은 움직이지 않는 상태에서 세계의 가운데에 있으며 한자리에 언제나 머물면서 고착되어 있다. 그렇지만 저여덟 개의 경로에는 두 개의 같은 힘이 있어서 간격으로 구분되는 일곱 개[75]의 소리를 낸다. 이 숫자는 거의 모든 사물의 결합물이다. 왜냐하면 뛰어난 재능을 지니고 인간의 생활에서 신적인 연구에 전념하는 다른 사람들처럼, 어떤 학자들이 현과 노래로써 모방해 이 장소

---

74) 천구의 위치에 따라서 다른 음이 난다는 사상은 플라톤, 『국가』10.617 b에 잘 정리되어 있다. 천체에 대한 묘사는 이 책 제2권 67~69와 관련되는데, 세르비우스에 의한 위계질서인 등급제의 이념을 표현하기 위해 설정한 상징으로 보인다. 특히 원로원이 그런 조정 역할을 합리적으로 해야 한다는 생각을 함축하고 있다.

75) 이런 숫자에 대한 의미부여는 피타고라스 학파의 영향을 많이 받았다는 것을 알 수 있게 한다. 특히 7은 신성한 수인 3과 최초의 제곱수인 4의 합이라는 의미를 지니고, 8은 최초의 입방수라는 점에서 중요시되었다. 7은 철학이나 산술학이 등장하기 훨씬 이전에 아폴론 숭배에서 중요한 역할을 했다. 철학이 정립된 이후에도 수에 대한 신비화는 특히 피타고라스의 영향을 받은 플라톤에 자극받았다. 이 수의 신비는 후에 네오플라톤 주의에서도 유행했다. 근대의 헤겔이 천왕성의 발견 후에 7개의 행성이 있어야 하는 필연성을 주장한 것은 이런 설의 영향이 얼마나 컸음을 보여준다. 음조와 천체 궤도와의 관계는 키케로가 칠현금을 생각하고 있었음을 보여준다. 즉 바깥쪽의 현이 고음을 내는 것에서 착안한 것이다. 고대인은 음조가 현의 길이에 달려 있고, 높낮이를 맞추는 데 일정한 간격이 있는 것처럼 비슷한 비율이 행성의 궤도 간에 있다고 보았다. 이처럼 악기의 현과 행성을 대비한 사람은 니코마코스로서 최저음을 나타내는 히파테(hypate)에는 토성, 그다음 현인 파르히파테(parhypate)에는 목성, 그 위의 현인 리카노스(lichanos)에는 화성, 중간음(mese)에는 태양, 그 위의 현인 파라메세(paramese)에는 수성, 다음 현인 파라네테에는 금성, 최고음을 나타내는 네테(nete)에는 달이 연관된다. 이 내용은 기원전 5세기 후반의 피타고라스 문헌에 근거를 두고 있는 것으로 간주된다.

로 되돌아가는 것을 알아냈기 때문이다.

19   이 소리로 채워진 인간의 귀는 들리지 않는 상태가 될 것이다. 이 생각은 너희들에게도 애매하지 않다. 이는 마치 나일 강이 카타두파[76]라 불리는 곳에 이르러서 매우 높은 산에서 떨어지므로 그 근처에 사는 종족이 큰 소리 때문에 청각을 상실하는 것과 같다. 사실상 전체 세계의 급속한 회전에 의해서 이렇게 큰 소리가 나므로 인간의 귀는 그 소리를 들을 수 없는데, 이는 마치 너희들이 태양을 마주하고 볼 수 없으며 그 빛에 의해서 너희들의 예민함과 느낌이 압도되는 것과 같은 이치다."

19(6)

20   나는 이런 것들을 찬탄하면서도 되풀이해서 땅으로 나의 눈을 돌렸습니다. 그러자 아프리카누스께서 말합니다. "나는 네가 지금도 인간의 자리와 집을 생각하고 있음을 알고 있다. 사실 그러하지만, 만약 그것이 매우 사소한 것으로 보인다면 언제나 이 하늘의 것들을 우러러보고 인간적인 것들을 경멸하도록 하라. 너는 인간의 말에서 비롯하는 어떤 명성이나 어떤 영예를 기대할 만한 것으로서 추구할 수 있겠는가? 네가 보다시피 땅에서는 드물고 비좁은 지역에 사람이 거주하며, 사람이 거주하는 점 같은 그곳에 광대한 황무지가 사이에 있으며, 땅에 거주하는 사람들은 그들에게서 아무것도 다른 사람에게로 가는 것이 불가능할 정도로 단절되어 있을 뿐 아니라, 너희가 사는 곳에 대해서 부분적으로는 비스듬하고[77] 부분적으로는 가로질러 있고[78] 부분적으로는 대칭[79]인 상태다. 너희들은 이로부터 분명히

---

76) Catadupa: 나일 강의 필라이와 엘레판티네 사이에 있는 폭포다.
77) obliqui: 같은 경도상에서 위도를 달리해서 산다는 뜻으로 해석된다.
78) transversi: 동일 위도선상에서 다른 경도에 사는 상태를 의미한다.

어떤 영예도 기대할 것이 없다.

20

21   한편 어떤 띠 같은 것으로 둘러싸인 저 땅[80]을 식별하는데, 그것들 중에서 두 가지가 특히 그들 간에 구별된다. 어느 부분이든 하늘의 소용돌이 자체에 매달려 있는 구역은 흰 서리에 의해서 응고되고 중간에 있으며 가장 넓은 저 지역은 태양의 열기에 의해서 불타는 것을 너는 보고 있다. 두 곳에 거주할 수 있는데, 그중의 남쪽 지역은 그 구성원이 너희들에게 반대되는 족적만을 찍으며 너희 씨족을 위해서는 아무것도 하지 않는다. 한편 너희들이 거주하는 북쪽에는 얼마나 좁은 부분이 너희들을 포괄하고 있는지 알도록 하라. 왜냐하면 너희들이 거주하는 모든 땅은 극지에서는 비좁고 측면지역에서는 더 넓으나, 마치 작은 섬과 같다. 땅에서 너희들이 아틀란티쿠스, 큰 바다, 오케아누스[81]라고 부르는 바다에 둘러싸여 있고, 그 바다조차도 큰 이름에 비해서는 얼마나 작은지 네가 보고 있기 때문이다.

22   바로 경작되고 알려진 이 땅에서 이제 너의 이름이든 우리 중 어떤 사람의 이름이든 어떤 이름이 카우카수스[82]를 넘을 수 있거나 저 갠지스 강을 건널 수 있다고 너는 생각하는가? 그밖에 태양이 뜨거나 지는 먼 지역에서 또는 북이나 남쪽의 부분에서 너의 이름을 누가

---

79) adversi: 위도와 경도가 다른 곳에 거주하는 것을 의미한다.

80) 이것은 기후대의 개념이라고 하겠는데, 지구가 구형이라는 설만큼이나 오래된 것이다. 이것은 지리학적인 관찰의 결과라기보다는 천문학적인 것이며, 이런 진술은 피타고라스와 파르메니데스(Parmenides)가 처음 한 것으로 알려져 있다.

81) atlanticus, oceanus.

82) Caucasus: 흑해와 카스피 해 사이의 큰 산이다. 프로메테우스가 이 산의 꼭대기에 묶였다고 한다.

듣겠는가? 이런 지역들을 잘라내면 너희 영광이 얼마나 비좁은 곳에서 과시되기를 원하는지 너는 완전히 깨달을 것이다. 한편 우리들에 관해서 말하는 자가 있다고 해도 얼마나 길게 스스로 이야기할 것인가?

21(7)

23 참으로 미래의 후손이 우리들 각자에 대한 칭찬을 조상에게 받아서 후세로 전해주고자 원한다 하더라도, 땅에서는 정해진 때에 필연적으로 발생하는 홍수와 화재로[83] 인해서 우리가 추구할 수 있는 영예란 영원하기는 고사하고 별로 지속되지도 않는다. 한편 너에 대한 이야기를 한다는 것은 먼저 태어난 자에게 아무런 의미도 없었는데, 그것이 후에 태어날 자들에게 무슨 차이가 있겠는가?

22

24 그 선조들은 우리보다 적은 수도 아니고 오히려 더 나은 위인들이었다. 특히 우리들의 이름을 들을 수 있었던 자들 가운데서 어느 누구도 1년의 기록을 추적할 수 없다. 왜냐하면 사람들은 일반적으로 한 별에 불과한 태양의 공전으로 저 1년을 측정하지만, 실제로는 모든 별들이 처음 출발했던 곳으로 되돌아올 때 그리고 전체 하늘의 배열이 오랜 간격을 두고 되풀이될 때, 저것이야말로 진정하게 돌아오는 1년이라고 불릴 수 있고, 여기에는 인간이 말하는 세기가 얼마나 많이 포괄되는지를 감히 말하기 어렵기 때문이네. 게다가 로물루스

---

83) 지구에 대화재나 홍수가 정해진 때에 난다는 이론은 스토아 학파의 것이다. 화재가 일어나는 원인은 태양과 기타 천체가 불로 되어 있어, 이들은 바다를 먹어야 하기 때문에 궁극적으로 다른 천체를 흡수한다고 한다. 이 같은 화재나 홍수가 있은 후에는 새로운 세계가 열린다고 보았다.

의 정신이 이 신성한 영역에 들어왔고 그때에 태양이 기울고 소멸되는 것이 인간들에게 보였다. 이처럼 태양이 같은 부분에서 나와 같은 시각에 다시 소멸했을 때, 모든 표시에 따라서 동일한 출발점으로 별들이 되돌아오면[84] 1년이 채워지는 것으로 생각하도록 하라. 실제로 이 1년 동안의 20분의 1이 아직도 회전하지 않았음을 깨달아라.

23

25   그러므로 만약 위대하고 뛰어난 사람들을 위해서 모든 것이 준비되어 있는 이곳에 되돌아오는 것을 포기할 것이라면, 그 1년의 매우 작은 부분에도 거의 도달할 수 없는 인간들의 영예란 결국 얼마나 큰 것이겠는가? 따라서 이 자리와 영원한 집을 염두에 둔다면, 너는 높은 곳을 쳐다보고 군중들의 평판에 너를 맡기지 말고 네 업적에 대한 인간적인 보상에 희망도 두지 말아라. 덕 그 자체가 나름의 매력에 의해서 참다운 영광으로 너를 이끈다. 다른 사람들이 너에 관해서 언급한 것을 그들 스스로 보도록 하라. 그들도 역시 앞으로 말할 것이다. 그렇지만 그런 모든 평판은 네가 보는 지역의 편협함으로 싸여 있으며, 어느 것에 관해서도 결코 영원하지 않으며, 인간들의 죽음에 의해서 매장되고, 후손들의 망각에 의해서 사라진다."

24(8)

26   그가 이 말을 마치자 나는 말합니다. "아프리카누스 님, 만약 참으로 조국에 대하여 봉사를 잘한 사람들에게 하늘로 올라가는 문 같은 것이 열려 있다면, 비록 제가 소년시절부터 아버지와 당신의 발자취

---

84) 이 주기는 플라톤, 『티마이오스』 39 d에 따르면 1만 2,954년이다. 이 주장은 피타고라스의 영향을 받은 듯하다.

를 따라서 나아가 당신들의 영광에 못 미치지는 않았지만, 그럼에도 지금 그렇게 큰 보상이 제시된 상황에서 훨씬 더 경계하면서 노력하고자 합니다." 그러자 그가 말합니다. "참으로 너는 노력해라. 그리고 죽는 것은 바로 네가 아니고 육체라고 생각하라. 왜냐하면 너의 형상이 제시하는 육체는 네가 아니라, 각자의 마음이 바로 그 사람이지 손가락으로 지시될 수 있는 형태가 아니기 때문이다. 그러므로 네가 바로 신임을 알라. 왜냐하면 신은 활기차며 느끼고 기억하며 예견하고, 저 제일신이 이 세계를 지배하듯이 육체의 사령관이 되어 육체를 다스리고 통제하며 움직이는 자이기 때문이다. 그리고 영원한 신 자신이 어떤 부분이든지 죽게 된 세계를 움직이는 것같이, 영구한 정신은 연약한 육체를 움직인다.

25

27   항상 움직여지는 것이 영원한 것이다.[85] 반면 다른 것에 운동을 전달하고 또 그 자체는 다른 것에 의해서 이끌어지는 것은 운동이 한계를 지닐 때 필연적으로 삶의 한계를 지닌다. 그러므로 스스로 자기를 움직이는 것만이 스스로에 의해서 단절되지 않으므로 실제 운동하지 않도록 멈추지 않는다. 오히려 움직여지는 다른 것들에 대해서 이것은 원천이며, 운동의 시초다. 한편 이 시초는 아무런 기원을 지니지 않는다. 왜냐하면 모든 것이 시초에서 나오지만 그 자체는 다른

---

85) 이 이하 두 절은 키케로가 플라톤, 『파이드로스』 245 c 5~246 a 2를 번역한 것이다. 대부분의 경우 플라톤의 용어를 일치시키고 있다. 영원한(aeternus)은 ἀθάνατος에서, 움직이다(movere)는 κινεῖν에서 그대로 번역했고, 항상 움직여진다(semper movetur)는 ἀεικίνητον를 그대로 반영한다. 한편 같은 내용이 키케로, 『투스쿨룸 논쟁』 1.53~54에서 나오는데, 약간 다르다. 학자들은 스키피오의 꿈이 더 오래된 번역이라고 본다.

것에 의해서 태어날 수 없기 때문이다. 사실상 다른 것에 의해서 태어나는 것은 시초가 아닐 것이다. 그리고 만약 결코 올라오지 않는다면 결코 떨어지지 않는다. 즉 소멸된 시초는 그 자체가 다른 것에 의해서 다시 태어나지도 않으며 그 스스로에서 다른 것을 만들어내지도 않을 것이다. 왜냐하면 모든 것들이 시초에서 비롯하는 것은 필연이기 때문이다. 결과적으로 시초의 운동은 스스로 자신에 의해서 움직여지는 것에서 비롯한다. 그러나 그것은 태어날 수도 죽을 수도 없다. 오히려 모든 하늘이 무너지고 모든 자연이 멈추는 것이 필연이니, 최초의 것에 의해서 밀려 움직여지므로 그것은 아무런 힘을 지니지 못한 것이다.

26(9)

28 따라서 스스로 자기를 움직이는 것이 바로 영원한 것임이 명백한 때에, 이 본성이 정신들에 부여되었음을 부인하는 자는 누구인가? 왜냐하면 외부의 자극에 의해서 움직여지는 것은 모두 비정신적이지만, 바로 동물은 내적이고도 스스로의 운동에 의해서 움직여지기 때문이다. 바로 이 점이 정신의 본성이요 힘이다. 만약 그것이 스스로 움직이는 모든 것 중의 하나라면 분명히 태어난 것이 아니요 영원한 것이니라.

29 너는 최선의 것들 속에서 이것을 행하라! 조국의 안녕에 대한 관심이 최선인데, 이런 것에 의해서 움직여지고 강해진 정신은 이 자리로 그리고 자신의 집으로 더 빨리 날아갈 것이며, 그것을 더욱 재촉할 것이다. 비록 당장은 그 정신이 육체 속에 포함되어 있을지라도 밖으로 튀어나올 것이고 외적인 것들을 생각하면서 가능하면 많이 스스로 육체에서 벗어난다. 그런데 스스로 육체의 쾌락에 전념하고 시종

처럼 그것에 자신을 바치고 정욕의 자극과 쾌락에 귀를 기울이는 자들의 정신은 신과 인간의 법을 위반한 것이며, 육체에서 미끄러져 나와서는 땅 주위를 돌고서 수백 년 동안 비난받지 않았다면 이곳으로 되돌아오지 않을 것이다."

그는 사라졌고 나는 꿈에서 깼습니다.

[『국가론』의 몇 권에 들어갈지 분명하지 않은 단편들.]

세르비우스, 『베르길리우스의 아이네이스에 관한 주석』 6.875: (베르길리우스는) 소년시절에 수사학적으로 희망을 찬양했다. 왜냐하면 그는 현실들을 알지 못했기 때문이다. 그러나 키케로의 대화에는 다음과 같이 기록되어 있다. "판니우스[86]에게는 소년을 찬양하는 것이 어려운 일이다. 왜냐하면 사실이 아니라 희망을 칭찬하기 때문이다."

락탄티우스, 『신적 교양』 I.18.11.sq.: 엔니우스의 글에서 아프리카누스는 다음과 같이 말한다.

만약 어떤 사람이 하늘에 속하는 것들의 영역으로 올라갈 운명에 속해 있다면.

나에게만 오직 하늘의 가장 큰 문이 열려져 있도다.

즉 그가 많은 부분의 인류를 죽여서 없앴기 때문이라는 것이다. 오! 아프리카누스여, 그대는 얼마나 큰 몽매함에 빠졌는지! 아니 오히려 그대 시인이여, 그대는 어떻게 살인과 상해에 의해서 인간에게 하늘로 올라가는

---

86) Fannius: 시인으로 능력에 걸맞지 않게 그의 시와 그림이 아폴론의 도서관에 보존되었다고 해서 호라티우스가 비웃었다.

길이 열려 있다고 생각했는지! 키케로마저도 헛된 생각에 그를 추종해 말한다. "아프리카누스여, 그것은 참으로 그러합니다. 왜냐하면 헤라클레스에게도 그 같은 문이 열려 있었기 때문이지요."

세네카, 『루킬리우스에게 보내는 서신』 108.32 sq.: 그 책(국가론)을 문법학자가 해설할 때에 먼저 그는 키케로에 나오는 'reapse'라 표시된 단어를, '그것은 re ipsa'라고 주석에 적는데, 마찬가지로 'sepse'도 '그것은 se ipse'라고 표시한다. 이어서 긴 시간의 관행으로 인해 변화된 것으로 옮겨가는데, 이를테면 키케로가 "왜냐하면 그가 대화를 중단시켜 우리가 바로 목적(calce)에 관해 상기하게 되었으므로"라고 말했지만, 우리가 도처에서 크레타돌(creta)이라고 부르는 것을 옛날 사람들은 석회석(calx)이라고 말해왔다.[87]

---

87) 이 문장에서는 언어의 관행이 변화하는 것을 예시한 것이다. 'calx'라는 단어는 통상 석회석이지만 키케로가 『국가론』에서 목적의 의미로 사용하고 있었음을 보여준다. calx는 석회로 경기장에 그어놓은 목표선을 지시하며, 이에서 차용해 목적, 목표의 의미로도 사용되었다.

『국가론』을 인용한 문헌
(저자는 가나다순)

겔리우스(A. Gellius, 130~ 180?), 『아테네의 밤』(*Noctes Atticae*): 겔리우스의
출신지는 알 수 없다. 그는 로마와 아테네에서 수학하고 로마에서는 배심원
의 역할도 수행했다. 『아테네의 밤』은 총 20권으로 되었으나 처음과 끝 부
분이 빠지고 8권은 제목만 남아 있다. 이 책에 붙은 제목은 지은이가 겨울
철 아테네에서 체류하면서 긴 밤 동안 저술했던 것에서 유래한다. 이 작품
은 역사, 철학, 문헌 비평 등 잡다한 주제에 관한 단편을 모아놓은 식으로
구성되었으며, 후에 노니우스나 마크로비우스 같은 수집가에 의해서 많이
인용되고 있다. 중세 시대에도 널리 읽혔다.

노니우스(Nonius Marcellus, 4세기 초): 아프리카 출신의 사전편찬자이며 문
법학자다. 그의 『필수적인 학설에 관해』(*De compendiosa doctrina*)는 20권으로
되어 있는데, 처음부터 12권까지는 문법에 관한 지식을 담고 있으며, 나머
지는 다양한 내용을 담고 있다. 각 주제는 알파벳 순으로 배열되었고, 각각
은 인용문으로 예를 들고 있는데, 여기에 공화정 시기의 많은 시구들이 포
함되어 있다.

도나투스(Aelius Donatus), 『희극론』(exc. de com=tractatus de comoedia): 기
원후 353년에 유명해졌으며, 『문법』(*Ars Grammatica*)을 두 가지 판으로 저
술했으며, 이 저술은 표준적인 문법서가 된다. 그는 베르길리우스와 테렌티
우스에 관해서도 주석을 썼는데, 이중 후자의 것만이 전해진다. 저명한 문

법학자로 성 히에로니무스의 스승이다.

디오메데스(Diomedes): 358년경 3권으로 된 『문법』(*Ars Grammatica*)을 남긴다. 1권은 어법의 문제를 다루면서 기초적인 문법 원리를 제시한다. 2권은 문체에 관해서, 3권은 운율의 문제를 제시하고 있다. 그의 취급방법은 다소 파격적인데, 그것은 교육적인 배려에서 나온 것으로 보인다. 그의 저서는 로마 공화정 시기 작가들이 사용한 어법을 예로 들었던 앞선 문법학자들의 글에 많이 의존하고 있다. 『라틴문법학자들』(*Grammatici Latini.*)(Leibzig, 1855~1923)은 케일(H. Keil)이 4세기의 문법학자들의 저술을 편집한 것이다.

락탄티우스(Caecilius Firmianus Lactantius, 240~320): 북부 아프리카 출신으로 기독교 호교론자다. 303년경에 기독교 신자가 되었다. 박해를 피해서 니코메데아에 있다가 후에 서방으로 와서 콘스탄티누스의 장남인 크리스푸스의 가정교사가 되었다. 여러 주제에 관해 저술했으나 기독교에 관련되는 것만 잔존한다. 『신의 작품에 관해』(*De opificio Dei*)는 303~304년 동안 인간의 신체 구조로부터 신의 계시를 드러내려는 의도로 저술된 것이다. 『신적 교양』(*Divinarum institutionum libri 7*)은 303~313년 동안에 철학자와 고관들이 기독교에 대해서 공격하자 이를 물리치기 위해서 저술했으며, 『신적 교양 강요』(*Epitome divinarum institutionum*)는 317년경에 『신적 교양』을 요약해 간행한 것이다. 그의 문체는 기독교 라틴 저술가들 중에서 가장 고전적 문법에 충실했으므로 르네상스 시기에 그는 '기독교인 키케로'라고 알려진다.

루피누스(Rufinus, 345~410), 『평화의 좋음에 관해』(*De bono pacis*): 성 히에로니무스의 친구였다가 반대자가 되었다. 에우세비우스의 『교회사』를 라틴어로 번역하고 나름의 작품도 저술했다. 아티나의 주교를 지냈다.

마크로비우스(Aurelius Ambrosius Macrobius Theodosius, 4세기 말~5세기 초), 『키케로의 「스키피오의 꿈」에 대한 주석』(*Commentarii in Ciceronis somnium Scipionis*): 이탈리아 태생은 아니지만 원래 로마인처럼 말을 잘했다. 이 주석은 스키피오의 꿈에 관한 신플라톤주의적인 해석을 보여주고 있다. 이는 플라톤의 『티마이오스』에 관한 포르필리오스의 주석을 모방한 것으로 보인다. 중세시대에 아직 키케로의 『국가론』이 발견되지 않았지만, 마크

로비우스의 주석을 통해서 스키피오의 꿈이 알려짐으로써 중세의 철학저
술에 영향을 미친다.

세네카(L. Annaeus Seneca, 기원전 4~기원후 65), 『루킬리우스에 보내는 서
신』(Epistulae Morlaes ad Lucilium): 노(老)세네카의 아들로 황제의 조언자와
원로원 의원을 역임한다. 피소의 음모에 가담한 혐의로 자살하도록 강요받
았고 그의 죽음 과정을 타키투스가 묘사해서 전한다. 이 서신은 124편으로
이루어져 20권의 책으로 분철되었다. 이 편지들은 루킬리우스에게 보내는
것으로 되어 있으나 실제적인 편지는 아니고 편지형식을 빈 작품으로 생각
된다.

세르비우스(Maurus Servius Honoratus): 문법학자 겸 주석가다. 그의 활동시
기를 4세기로 보는 견해도 있으나 5세기 초로 보는 견해가 우세하다. 『베르
길리우스의 아이네아스에 관한 주석』, 『베르길리우스의 농경시에 관한 주
석』 등이 있다. 그의 주석은 단순한 편집이 아니라, 나름대로의 견해를 적절
하게 부가했다. 혹자는 그가 없었다면, 베르길리우스에 대한 오늘날의 이해
는 피상적인 것에 불과했을 것이라고 말한다.

아루시아누스 메시우스(Arusianus Messius, 4세기 말): 문법학자로서, 명사·형
용사·동사·전치사를 자모순으로 배열한 표(exempla elocutionem)를 작성
한다. 살루스티우스의 작품에서 인용한 문구들이 특히 가치 있게 평가된다.

아리스티데스(Aristides Quintilianus, 3~4세기), 『음악론』(De Musica, Περὶ
μουσικῆς): 이 책은 3권으로 구성되었다. 제1권은 하모니, 리듬, 박자에 관
해서, 제2권은 교육과 심리치료에서 음악의 기능에 관해서, 제3권은 음악과
자연 세계 사이에 존재하는 것으로 여겨지는 수적인 관계를 취급한다. 신피
타고라스 학파의 인물로 간주된다.

암미아누스 마르켈리누스(Ammianus Marcellinus, 330~395): 안티오코스 출
신의 그리스인이다. 최후의 로마사가로 인정되는 그는 타키투스를 계승해
96~378년 동안의 역사를 정리해 31권으로 편찬한다. 이중에서 1~8권은
전하지 않고 353년 이후의 것만 남아 있다.

아우구스티누스(Augustinus, 353~430): 『신국론』(De Civitate Dei)은 기독교 때
문에 로마제국이 쇠퇴한다는 주장에 대한 반론으로 413~426년에 쓴 작품
이다. 기독교를 이교도와 네오플라토니즘과 대립시키고 있다. 이 책에서는

기독교의 일직선인 역사관이 체계화되어 있다. 『서한집』(*Epistulae*)은 270편의 편지를 모은 것이다. 그의 편지는 개인간의 사적인 교제 수단이 아니라 일종의 소논문처럼 길고 또 성서를 인용하고 있을 뿐 아니라 정보와 논쟁으로 가득 차 있다. 이런 점에서 고대의 서한집과는 상이한 면모를 보여준다. 「율리아누스에 대한 반론」(Contra Iulianum)은 429~430년에 작성된 것으로 자유의지론자인 펠라기우스의 추종자 율리아누스에 대한 반론으로 작성한 논문인데, 미완성이다.

암브로시우스(Ambrosius), 『사티루스의 죽음에 관해』(*De Excessu fratris Satyri*): 암브로시우스는 갈리아 총독의 아들로 태어나, 기독교 집안에서 성장했다. 관직에도 진출해 큰 성과를 거두었으며, 370년에는 리구리아의 관리자로 밀라노에 거주한다. 374년에는 대립하는 아타나시우스와 아리우스 추종자들 양편의 지지를 받아서 밀라노의 감독이 된다. 386년에는 그의 설교를 듣고 아우구스티누스가 기독교로 개종했다. 이 책은 그의 형인 사티루스의 죽음을 애도하고, 죽음에 대한 그의 신앙을 확인해주는 작품이다.

오사누스 소장, 『키케로의 「창작론」에 대한 필사주석』(*Commentarius ms. in Cic. de invent. apud Osannum*), 『유베날리스의 풍자에 대한 주석』(*Scholia ad Iuvenal. sat*): 유베날리스는 50년 또는 65년에 태어났고, 127년까지 활동하고 있었던 것으로 알려져 있다. 빈곤해 부자의 식객이 되기도 했으며, 풍자당할 것을 두려워한 사람들의 사주로 추방되기도 한다. 16편의 풍자시를 남긴 그는 중세와 르네상스를 거치면서 풍자시인의 모범으로 추앙받았다. 그의 작품 전체와 주석을 편집하는 데는 세르비우스가 영향을 미쳤으며, 352~399년 사이에 이루어진 것으로 판단된다.

이시도루스(Isidorus Hispalensis), 『어원』(*Etymologiae*): 602~636에 세빌리아의 주교로 연대기를 남겼다. 『어원』은 자유 7학을 비롯해 지리, 법률, 의학, 이적, 보석, 음식 등에 관한 내용을 다루는 백과사전이다. 전거는 밝히지 않고 있으나 대개는 플리니우스와 수에토니우스에서 인용했다.

카리시우스(Flavius Sosipater Charisius, 4세기 후반): 아프리카 출신의 문법학자로서, 5권으로 된 『문법』(*Ars grammatica*)을 간행한다. 여기에는 엔니우스, 루킬리우스, 카토의 글에서 인용한 중요한 글들이 수록되어 있다.

키케로(Cicero), 『아티쿠스에게 보내는 서한』(*Epistulae ad Atticum*): 키케로가

기원전 68~44년 동안 친구이자 동생의 처남인 아티쿠스에게 보낸 편지를 모은 것이다. 기원전 34~33년경에 안토니우스에 대한 악선전의 일환으로 간행했다는 설과 네로 시기에 간행되었다는 설이 있다. 『의무론』(*De officiis*): 기원전 44년 11월에 완성된 작품이다. 스토아 학파와 파나이티오스의 가르침을 반영해 인간의 바른 행실을 아들에게 훈계하기 위해서 서술했다. 『최고선악론』(*De finibus bonorum et malorum*): 윤리의 문제와 관련해 스토아 학파, 에피쿠로스 학파의 주장을 비교하고 후에 아카데미아 학파의 의견을 제시한 작품이다.

파보니우스 에울로기우스(Favonius Eulogius): 아우구스티누스 시기에 활약한 카르타고 출신의 수사학자다. 『스키피오의 꿈에 관한 논쟁』(*Disputatio de somnio Scipionis*)을 저술한다.

트로구스(Pompeius Trogus), 단편(비엘로프스키 소장 오솔리니아 서고 필사본 번호 45 Cod. ms. nr. 45 biblioth. Ossolinianae apud Bielowski): 1세기에 살았던 역사학자로서 갈리아 출신으로 생각된다. 그는 리비우스와 경쟁하기 위해서 근동지역을 중심으로 한 세계사를 서술해 44권을 지어, 『필리피의 역사』(*Historiae Philippicae*)라 이름붙였다. 이에 관해서는 유스티누스가 요약집을 남겼다.

프리스키아누스(Priscianus Caesariensis, 6세기 초): 문법학자로 모리타니아의 카이사레아에서 출생하고 콘스탄티노플에서 교사로 활동한다. 그의 저술 가운데 가장 유명한 것이 『라틴문법』(*Institutoines grammaticae*)으로 16권으로 구성되었는데, 키케로·베르길리우스·호라티우스 등의 인용문으로 설명하고 있는 점이 특징이다. 중세 시대에 널리 읽혔고 이에 관한 주석도 만들어졌다.

푸아티에의 피에르(Petrus Pictaviensis, 1125/1135~1205), 「서신」, 『리옹의 교부전집』(epist. ad column. *Bibl. patr. Lugd.* tom. XXII, p. 824): 푸아티에에서 탄생했으며, 파리에서 피에르 롬바르드에게서 가르침을 받는다. 여러 성서주석과 59편에 이르는 설교문을 남겼다.

플리니우스(C. Plinius Secundus, 23~79), 『자연사』(*Naturalis historia*): 코뭄 출신으로 로마 시에서 교육받았다. 58년경에 군복무를 마치고 수사학과 문법 연구에 전념한다. 후에 베스파시아누스와 티투스의 조언자(amicus)가 되었다. 말년에 베스비우스 화산의 폭발장면을 관찰하다가 사망한다. 『자연사』는 77년 티투스 황제에게 헌정된 것이다. 이는 100명의 저술가들의 작품에서 발췌한 2만 개의 항목으로 구성되어 수집의 범위가 광범한 것으로 유명하다. 그 내용의 구성을 보면 1권이 색인, 2권이 우주, 3~6권이 지리, 7권이 인간, 8~11권이 동물, 12~19권이 식물, 20~27권이 약용식물, 28~32권이 약용동물, 33~37권이 광물질을 취급하고 있다. 다소 신빙성이 떨어지는 것이 약점으로 지적된다.

옮긴이의 말

  흔히『국가론』하면 플라톤을 연상한다. 이상국가로 요약되는 그의 저서는 많은 사람들의 관심을 끌었고 큰 영향을 주었다. 그래서 여러 번역본이 나와 있는 것은 우연이 아니다. 최근 박종현의 번역으로 다시 정리된 것은 여러모로 뜻깊은 작업이다(『국가/정체政體』, 서광사, 1997). 반면 키케로의『국가론』은 우리나라에서는 아직까지 번역되지 않았으며 이 번역이 초역이 될 만큼 일반의 주목을 받지 못해 왔다. 그렇게 된 이유의 하나는 키케로의 저술이 독창적인 면에서 대체적으로 이류의 대접을 받고 있기 때문일 것이다. 사실상 키케로의 『국가론』은 플라톤의 것을 구도상으로 보아 크게 모방하고 있어서 새로운 창조물이라는 것과는 거리가 멀다.

  게다가 키케로의『국가론』은 이 책에서도 인용되어 있다시피 락탄티우스, 아우구스티누스, 마크로비우스 등에 의해서 전해진 단편을 통해서나 그 존재가 알려져 있었을 뿐이며, 키케로의 작품 자체가 우리에게 알려진 것은 1822년이나 되어서였다. 이는 4~5세기에 양피지 문서에 작성되었던 것이다. 그나마 온전한 상태로 발견된 것이 아니라 팔림프세스트(Palimpsest)라고 해 아우구스티누스가 남긴 시편 주석 글씨 밑에서 지워진 상태의 다른 서체로 작성된 것을 바티칸 도서관의 관장인 마이가 판독해 출간함으로써 세상에 알려지게 된다. 이렇게 해서 우리에게 전해져 있는 것은 151장(folia)으로, 원 작품의 3분의 1 정도로 추정된다.

이처럼 어렵게 발견된 키케로의 『국가론』이 불완전할 뿐 아니라 플라톤의 아류임에도 번역되어 읽혀야 할 이유는 무엇인가? 우선 이 작품이 헬레니즘 시대의 정치사상을 전체적으로 전해주는 유일한 사료라는 점에 주목해야 할 것이다. 키케로는 기원전 79년에 로마를 떠나서 2년간 그리스와 오리엔트에서 수학했다. 이런 유학 경험은 그가 플라톤이나 아리스토텔레스에 관한 이해를 넓히는 계기가 되었음은 분명하다. 그러나 플라톤이 속했던 시대는 고전기로서 키케로의 당대와는 매우 상이한 시대로 인식해야 한다. 즉 전자의 시대가 소규모의 폴리스를 중심으로 한 체제였던 데 비해서, 후자의 시대는 그러한 사정이 변화해 제국을 중심으로 한 세력이 각축을 벌이고 그 와중에 로마가 패자로서 등장했던 것이다. 이런 사정 아래서는 폴리스에 기반을 두는 사상은 현실을 정확하게 분석할 수 없는 한계에 다다른 것이 분명하다. 이런 점에서 국가 사이의 정의를 논하고 있는 키케로의 분석은 헬레니즘 시대에 잘 들어맞는 것이었으며, 따라서 키케로의 작품은 형식상의 모방이 문제될 뿐이며 그 시대 정치사상의 충실한 보고라는 점에서 중요한 지성사적 가치를 지닌다.

두 번째로 플라톤의 『국가』는 현실정치에 대한 혐오나 부정에 동기를 두고 있어서 하나의 이상향을 지향했던 데 비해서 키케로의 것은 자신의 정치적 경력에 토대를 둔 것이어서 마치 하나의 임상보고와 같은 가치를 지니고 있다. 주지하듯이 키케로는 31세인 기원전 75년에 재무관, 69년에는 귀족 관리관, 66년에는 법무관을 역임한 후에 43세가 되는 해인 기원전 63년에 로마의 관직 중 최고봉인 통령에 당선되는 영광을 누린다. 그가 직접 자랑하다시피 신인으로서의 한계를 넘어서서 제 나이에 명예로운 관직의 경로를 통과한 셈이다. 그는 통령 재직 중에 카틸리나의 모반음모를 사전에 분쇄해 국가를 구했다는 선서를 끝으로 관직에서 물러났으나, 정적에 의해서 추방된 바 있었고 공화정을 지키려는 최후의 노력도 물거품이 되어 결실을 거두지 못하고 63세를 일기로(기원전 43년) 안토니우스의 병사들에 의해서 피살되었다. 정치생활의 영욕을 두루 맛본 그의 인생이 한 편의 감동적인 드라마를 이루고 있다.

그가 『국가론』을 저술한 시기는 기원전 55~기원전 51년 사이로 알려져 있으며 이 시기는 정치적으로 보아 낙망의 시기였으나, 활발한 저술활동을 통해서 더 큰 영향을 남겼다고 하겠다. 그 자신도 본문에서 밝히다시피 그는 정치활동과 교육 두 가지 일에 모두 능한 보기 드문 인물이었다. 혹자는 그런 이유로 키케로의 『국가론』이 플라톤의 것보다 더 가치 있는 저술이라고 평가하기도 한다. 우리가 정치학 교과서보다는 정치가의 회고록에서 더 중요한 역사적 체험을 얻을 수 있는 것처럼 키케로의 글은 우리에게 행동하는 정치가로서의 귀감과 포부와 덕을 제시하고 있으며 그만큼 더 큰 감동을 자아낸다고 하겠다. 또한 그의 국가론에 등장하는 인물은 모두 당대의 로마 정치가로서 그들의 입을 통해서 로마 지배층의 현실 파악의 시각을 엿볼 수 있도록 해준다는 점에서 로마의 역사를 연구하는 1차 사료로서의 중요성도 간과해서는 안 된다.

최근 우리나라는 국가의 정체성을 상실한 채 표류하고 있다고 해도 크게 틀리지 않을 것이다. 국가가 무엇인가 하는 물음은 어느 시대나 제기되어온 문제이고 영원히 문답되어야 할 과제이지만 우리 시대의 문제와 관련해서 이 문제를 다시금 돌아볼 기회가 되기도 한 것 같다. 그중의 하나로 키케로의 국가론을 통해서 우리의 현실정치를 조명해보는 것은 의미 있는 투자일 것이다. 1844년 영국에서 간행된 키케로의 국가론 번역자의 서문에는 다음과 같이 기록되어 있다. "우리는 키케로가 왕, 영주, 평민을 포괄하는 제한된 군주정을 한 국가의 영광과 번영을 영구히 확립할 수 있는 유일한 정부로서 찬양하고 있음을 본다."(Francis Barham, *Treatise on the Commonwealth*, London, 1841, Preface xi-xii) 이런 인식이 현실의 요구를 수용하고 체제를 유지하는 이념이 되었다는 점을 염두에 두고 이 책을 통해 공화국의 실체를 접할 필요가 있다.

이 번역서는 학술진흥재단 동서양학술명저 번역지원을 받아서 2002년도에 착수한 것이므로, 햇빛을 보기까지 실로 5년의 시간이 흘렀다. 애초 번역지원을 신청할 때는 성염 교수와 공동으로 키케로의 『법률론』을 함께 번역하는 과제였으나, 최근 이 책과 『법률론』을 별도로 간행하는 추세에 따라서, 한국학술진흥재단의 허락을 받아 각각 낱권으로 출간했다. 특히 『국가론』은 일반적인 고전과 달리 매우 까다로운 편집과 교정이 필요한 저술인데도, 이를 무난히 소화한 한길사의 역량을 높이 사며, 편집진에도 감사의 말씀을 드린다.

한 면에 불과하지만 서고에 보관된 세계 유일의 원자료를 촬영하여 이를 출판하도록 허락한 바티칸 도서관장 파리나 대주교(S. E. Arcives-covo Raffaele Farina) 님과 관계자께 고마움을 표한다.

이 책을 번역하는 데 도움을 준 고전학 동학들에게 감사를 표하며, 앞으로 고전학의 신예들에 의해서 더 차원이 높은 키케로의 번역이 나오길 기대한다.

2021년 3월
김창성

찾아보기

지은이 마르쿠스 툴리우스 키케로

키케로(Marcus Tullius Cicero, 기원전 106~43)는 로마의 가장 걸출한
연설가이자 라틴 문학의 최고 문장가요 공화정에서 제정으로 넘어가던
로마 정치사 한가운데서 이념적으로 결연하게 공화정을 수호하던 정치가이며,
그리스와 로마로 표방되는 서양 고대문학의 대가 가운데 한 사람이다.
키케로는 기사(騎士)신분 출신으로 로마에서 철저한 교육을 받았다. 그 뒤 아테네와
로도스 섬으로 건너가 철학과 수사학을 연구해 당대에 가장 진지한 로마인
철학자로 활동했다. 탁월한 연설로 재무관·법무관·통령을 지냈으며,
통령직에서 이룬 업적 중 가장 뛰어난 것으로는 카틸리나의 정부 전복 음모를
알아내 그 일당을 소탕한 일이다. 귀족의 공화정을 수호하려는 그의 정치적인
입지는 카이사르와 맞먹는 것이었으므로 삼두정치가 출현한 이듬해인
기원전 58년에 유배를 가기도 했지만 폼페이우스의 중재로 귀환할 수 있었다.
내란 중에는 폼페이우스와 원로원을 편들었으며 카이사르가 암살된 이후에는
안토니우스에 맞서 원로원의 입지를 완강하게 수호했다. 안토니우스가 보낸
자객들이 키케로를 피살한 것은, 키케로가 공화정을 회복시켜줄 인물로
기대하면서 적극 옹호하던 옥타비아누스의 묵인 아래 이루어졌는데, 그의
목이 로마 광장 연단에 걸림으로써 사실상 공화정 시대의 종말을 고하게 된다.
키케로는 한 세기에 걸친 로마의 내란기에도 평화를 애호했으나 정치적으로는
원로원의 귀족정치를 옹호하고 평민의 정치 참여와 권리신장을 반대했다.
그의 철학사상을 간추리자면 인식론에서는 회의주의적인 신(新)아카데미아
학파 사상을 견지하면서도 윤리학에서는 우주와 대자연의 이치가 인간 이성에
깃들여 있다는 스토아 학파를 따랐으며, 에피쿠로스 학파 계열의 유물론과
대중의 미신적 종교사상을 배격했다. 생애 중기(기원전 54~51)의 작품이면서
그의 핵심 정치사상이 담긴 『국가론』『법률론』에서 그는 로마 공화정 역사에
비추어 본 이상국가론, 로마의 정치 파국을 막아보려는 진지한 충언,
인간 존엄성의 천명, 인간 개개인이 인류와 우주에 참여하는
존재라는 보편사상을 피력하고 있다.

옮긴이 김창성

김창성(金昌成)은 1958년 서울에서 태어났으며, 1985년 서울대학교 사범대학
역사교육과를 졸업하고, 1989년 같은 대학교 대학원 역사교육과에서 교육학
석사학위를 받고, 1993년 같은 대학원 서양사학과에서 문학 박사학위를 받았다.
1993년부터 2021년 현재까지 공주대학교 역사교육과 교수로 재직하고 있다.
저서로는 『사료로 읽는 서양사: 1. 고대편, 2. 중세편』,
『로마 공화국과 이탈리아 도시』 등이 있으며,
역서로는 키케로의 『최고선악론』과 막스 베버의 『고대농업사정』이 있다.
최근 주요관심분야는 공화정기 로마의 지방통치 문제다.

HANGIL GREAT BOOKS 171

국가론

지은이 마르쿠스 툴리우스 키케로
옮긴이 김창성
펴낸이 김언호

펴낸곳 (주)도서출판 한길사
등록 1976년 12월 24일
주소 10881 경기도 파주시 광인사길 37
홈페이지 www.hangilsa.co.kr
전자우편 hangilsa@hangilsa.co.kr
전화 031-955-2000~3 **팩스** 031-955-2005

부사장 박관순 **총괄이사** 김서영 **관리이사** 곽명호
영업이사 이경호 **경영이사** 김관영 **편집주간** 백은숙
편집 김대일 노유연 김지연 김지수 최현경 김영길
마케팅 정아린 **관리** 이주환 문주상 이희문 원선아 이진아
디자인 창포 031-955-2097
CTP출력·인쇄 영림 **제본** 영림

제1판 제1쇄 2007년 10월 15일
제1판 제3쇄 2013년 12월 5일
개정판 제1쇄 2021년 4월 15일

값 29,000원

ISBN 978-89-356-6491-7 (94080)
978-89-356-6427-6 (세트)

한길그레이트북스 인류의 위대한 지적 유산을 집대성한다